区域研学理论与实践

柳斌 题签

区域研学

游必有方 学必实践
研学落地生根

柳斌 书

本书为全国教育科学"十三五"规划2018年度教育部规划课题
"区域研学资源开发的实证研究"（课题编号：FHB180623）研究成果

区域研学理论与实践

THEORY AND PRACTICE OF REGIONAL RESEARCH

姜玉祥　谷立江　纪文颉　著

知识产权出版社
全国百佳图书出版单位
—北京—

图书在版编目（CIP）数据

区域研学理论与实践/姜玉祥，谷立江，纪文颉著．-- 北京：知识产权出版社，2021.7
ISBN 978-7-5130-7540-4

Ⅰ．①区… Ⅱ．①姜…②谷…③纪… Ⅲ．①教育旅游 Ⅳ．① F590.75

中国版本图书馆 CIP 数据核字（2021）第 100483 号

内容提要

本书具体展示了区域研学资源开发的理论及实践成果，是区域研学教师在研学实践中不断研究，反复探索，总结出的经过反复实践检验的研究成果和实践经验。全书指导思想正确，观点明确，论证充分，结构严谨，层次分明，内容充实，全面系统，概念准确，体系完整，实用性强，反映了区域研学的实质和运行规律。

责任编辑：李石华　　　　　　责任印制：刘译文

区域研学理论与实践
QUYU YANXUE LILUN YU SHIJIAN

姜玉祥　谷立江　纪文颉　著

出版发行	知识产权出版社 有限责任公司	网　址	http://www.ipph.cn
电　话	010-82004826		http://www.laichushu.com
社　址	北京市海淀区气象路50号院	邮　编	100081
责编电话	010-82000860转8072	责编邮箱	lishihua@cnipr.com
发行电话	010-82000860转8101	发行传真	010-82000893
印　刷	三河市国英印务有限公司	经　销	各大网上书店、新华书店及相关书店
开　本	787mm×1092mm 1/16	印　张	18.25
版　次	2021年7月第1版	印　次	2021年7月第1次印刷
字　数	300千字	定　价	88.00元

ISBN 978-7-5130-7540-4

出版权专有　侵权必究
如有印装质量问题，本社负责调换。

前 言

社会在进步，教育在发展，在经济社会迅猛前行的当代，教育事业必须跟上时代的步伐。素质教育正适应了 21 世纪经济发展的环境，更是现代教育改革的需要，是人才培养的需要。

素质教育以提高全民族素质为宗旨，依据国家教育方针，着眼于受教育者及社会长远发展的要求，全面提高学生的核心素养。它是注重培养受教育者的态度、能力，促进他们在德、智、体、美、劳等方面生动、活泼、主动地发展为基本特征的教育，是在打破旧的传统教育方式基础上的一种新的教育形式。

多年的素质教育在不断地创新模式，改变方式，其宗旨是人才的培养，学生素质的提高。研学旅行就是在教育改革不断推陈出新中诞生的新的教育方式。在 2013 年教育部提出研学旅行以后，国务院及各部委先后多次颁发通知，从不同角度、不同层面强调了研学旅行在现代教育改革与人才培养中的重要作用。特别是 2014 年 12 月 16 日，教育部基教育一司司长王定华在全国研学旅行试点工作推进会上强调了开展研学旅行四个方面的重要意义：一是研学旅行是贯彻《国家中长期教育改革规划和发展纲要》和党的十八大及党的十八届四中全会精神的重要举措；二是研学旅行是培育和践行社会主义核心价值观的重要载体；三是研学旅行是全面推进中小学素质教育的重要途径；四是研学旅行是学校教育与校外教育相结合的重要组成部分。并倡导中小学全面开展研学旅行。

至此，研学旅行在全国各地轰轰烈烈地开展起来。然而研学的内容形式和方法各具千秋，效果各有不同。教育专家及有识教师对研学实践进行了广泛的探索和研究，取得了显著成效。

秦皇岛市教育局于 2014 年就开始了研学实践的探索研究，他们以课题研究为抓手，先后参与了北京大学全国教育科学"十二五"重点规划课题子课题的研究，又独立申报立项了全国教育科学"十三五"教育部规划课题"区域研学资源开发的实证研究"。课题对研学旅行各个方面的内容进行了全面的实践研究，其目的是通过研究开发研学资源，创编研学教材，创建研学基地，开发并实施研学课程，编制研学标准，探索教学模式及课程评价体系等，使区域研学科学、规范、有效地运行。

几年来，经过课题组及实践教师的不懈努力，研究取得了丰富的成果，《区域研学理论与实践》就是成果之一。本书涉及区域研学的各方面内容，系统全面，论证充分，具有如下特点。

一是时代性。素质教育是时代的主题，时代需要高素质人才，提升国民素质已成为中国教育，尤其是基础教育改革的迫切需要。教育要改革，改革要创新，中小学区域研学就是素质教育的崭新形式，是教育改革的重大创举。本书正是把握了这一时代主题，开创基础教育改革的崭新领域，立足科学地培养中小学生的综合能力、人文精神和适应社会的健全人格，对培育和践行社会主义核心价值观具有一定的现实意义。

二是创新性。时代需要创新，教育需要创新，区域研学就是教育创新的重要内容和举措。在新的教育形式下，开展区域研学不论是内容还是形式，方法还是过程，在我国教育史上都是前所未有的。本书体例新颖，内容独到，特别是从研学资源的开发到研学基地的创建，从研学教材的编写到课程建设，从研学课程的实施到课程评价，从研学安全保障到各项服务，形成了完整的区域研学教育体系，这在现代教育改革发展中是一项重大成果。

三是实践性。区域研学是一项崭新的教育形式，没有先例借鉴，只有潜心研究，大胆实践，不断总结，反复验证，才可能实现研究目标。本书就是课题组成员在实践研究中取得的创造性的具有借鉴价值的研究成果。本书全面地论述了研学旅行的现状意义，开创性地阐述了区域研学的资源开发、基地建设、课程建设、课程实施、研学标准、课程评价及研学机制、教师、安全、服务等保障，这些都是经过实践检验的成功经验，有利于研学实践者的运用与实践，对区域研学的开展具有一定的指导借鉴价值。

四是科学性。"区域研学资源开发的实证研究"依据坚实的教育理论，运用科学的研究方法，研究过程规范完整，取得的研究成果系统、深厚。本书是研究成果的总结，指导思想正确，观点明确，论证充分，结构严谨，层次分明，内容充实，概念准确，体系完整，反映了区域研学的实质和运行规律。本书完整的理论体系和实践体系也是对教育理论的一大贡献。此外，本书语言文字贴切、流畅，力求通俗易懂，具有一定的可读性。

本书由北京大学姜玉祥教授、秦皇岛市政府副县级督学谷立江、北京博大乐航秦皇岛分校董事长纪文颉联合创著。全书分四个部分，即论证部分，论证了研学教育的意义、现状、理论依据及区域研学的可能性；建设部分，论述了区域研学资源的开发、基地建设、课程建设及课程的实施；保障部分，阐述了区域研学机制、教师、安全和服务保障；附录部分，展示了区域研学课程案例和实践手册。全书内容全面、系统，实用性强，可以称为区域研学的实用大全。

《区域研学理论与实践》是区域研学教师在实践中深入研究，反复论证，总结出的经过实践检验的研究成果和实践经验，具有一定的借鉴和推广价值，它适合开展研学旅行教育研究的教师和研究者，适合开展研学的中小学校及教师，适合参加研学的中小学生和学生家长。但相关人员在运用时也可根据各区域及学生实际进行。希望本书能够为研学事业的发展起到一定的促进作用，希望本书能为大家带来有益的借鉴，希望大家不断总结经验，锐意改革，大胆创新，增强信心，把区域研学这项关乎人才培养的大事推向一个新的阶段。

北京大学物理系教授、中国社会科学院院士

甘子钊

2021 年 1 月

目 录
CONTENTS

第一章　研学旅行的意义 ……………………………………………（1）
　　第一节　研学旅行的概念 ……………………………………（1）
　　第二节　研学旅行的意义 ……………………………………（6）
　　第三节　区域研学的优势 ……………………………………（12）

第二章　研学旅行的现状 ……………………………………………（14）
　　第一节　国内外研学现状 ……………………………………（14）
　　第二节　学校研学现状 ………………………………………（20）
　　第三节　秦皇岛地区的研学现状 ……………………………（23）

第三章　区域研学的可能性 …………………………………………（27）
　　第一节　新课改理念支撑 ……………………………………（27）
　　第二节　教育理论依据 ………………………………………（33）
　　第三节　政府政策推动 ………………………………………（44）

第四章　区域研学基地的建设 ………………………………………（50）
　　第一节　区域研学资源开发 …………………………………（50）
　　第二节　区域研学基地创建 …………………………………（53）
　　第三节　区域研学特色基地创建 ……………………………（58）

第五章　区域研学课程的建设 …………………………………………（61）

第一节　区域研学课程标准 ……………………………………………（61）

第二节　区域研学教材编写 ……………………………………………（82）

第三节　区域研学课程建设 ……………………………………………（88）

第六章　区域研学课程的实施 ………………………………………（110）

第一节　区域研学教师职责 ……………………………………………（110）

第二节　区域研学课程概述 ……………………………………………（114）

第三节　区域研学课程评价 ……………………………………………（133）

第七章　区域研学运行机制 …………………………………………（140）

第一节　完整的组织体系 ………………………………………………（140）

第二节　区域研学保障机构 ……………………………………………（143）

第三节　区域研学管理系统 ……………………………………………（146）

第八章　区域研学师资保障 …………………………………………（152）

第一节　区域研学教师道德知识素养 …………………………………（152）

第二节　区域研学教师课程实施技能 …………………………………（159）

第三节　区域研学教师活动指导技能 …………………………………（163）

第四节　区域研学教师组织管理技能 …………………………………（172）

第九章　区域研学安全保障 …………………………………………（179）

第一节　区域研学安全制度 ……………………………………………（179）

第二节　区域研学安全责任 ……………………………………………（187）

第三节　区域研学安全措施 ……………………………………………（193）

第四节　区域研学安全事故认定 ………………………………………（208）

第十章　区域研学服务保障……………………………………………（212）
　　第一节　区域研学服务理念…………………………………………（212）
　　第二节　区域研学过程服务…………………………………………（218）
　　第三节　区域研学配套服务…………………………………………（221）
　　第四节　区域研学平台建设…………………………………………（227）

附录……………………………………………………………………（246）
　　附录一：区域研学课程实施方案……………………………………（246）
　　附录二："金钥匙"学能成长训练营…………………………………（261）
　　附录三：区域研学学生实践手册……………………………………（271）

参考文献………………………………………………………………（281）

后　记…………………………………………………………………（282）

第一章　研学旅行的意义

第一节　研学旅行的概念

一、研学旅行的起源与发展

（一）研学旅行的起源

在古代中国，文人一向有游学之风，既要读万卷书，又要行万里路，游与学一直紧密结合。孔子56岁率众弟子周游列国，先后到过卫国、曹国、宋国、郑国、陈国、蔡国、楚国、齐国、匡地、蒲地等，共游历14年。他考察各地的风土人情，宣传礼乐文化，堪称世界研学旅行的先师和典范。晋代高僧法显，唐代高僧玄奘去印度取佛经的故事也流芳千古。李白和杜甫也是游历了祖国名山大川才写出了中国诗歌的巅峰之作，杜甫曾作《壮游》："东下姑苏台，已具浮海航。到今有遗恨，不得穷扶桑。王谢风流远，阖庐丘墓荒。剑池石壁仄，长洲荷芰香……"沈括自幼随父到处游历，成年后亦四处游学，这才有了《梦溪笔谈》。有"旅圣"之称的徐霞客在游历中学习研究，写下了《徐霞客游记》。

17世纪在欧洲兴起了"大游学"运动，英国人、德国人、法国人和意大利人都崇尚"漫游式修学旅行"，起初是年轻人一到中学毕业便被送往外国旅行，他们一边游历名胜古迹，一边学习社交艺术等，并逐渐形成风气，后来修学旅行成为知识阶层和社会上层的一种生活方式。

现代"修学旅行"一词源于日本，自明治维新时期开始鼓励研学旅行，政府在教学大纲中规定，小学生每年要在本市做一次为期数天的社会学习，初中生每年要在全国范围做一次为期数天的社会学习，高中生则每年要在世界范围做一次为期数天的社会学习，谓之"修学旅行"。

（二）现代研学旅行在中国的发展

在我国，陶行知先生倡导研学旅行，并积极推动"新安小学长途研学旅行团"作全国性旅行，一路修学，一路宣传抗日，慰劳抗日军人，成为当时闻名国内外的"新旅"。

改革开放后，我国与世界各国的文化交流日益增强，作为一项有特色和有意义的专项旅游项目，在入境、出境和国内研学旅行三方面都有较大的发展。2003年，上海成立了"修学旅行中心"，还编写出版了《修学旅行手册》，又提出联合江浙皖等地区打造华东研学旅行黄金线路。2006年，首届"孔子修学旅行节"在儒家文化的发祥地山东曲阜举办，这是中国第一个修学旅行节庆活动。

随着我国教育模式由"应试教育"向"素质教育"的转变，国内研学旅行作为一种传统而现代的素质教育手段被广泛关注，正在逐渐兴起和推广。2008年，广东省率先把研学旅行列为中小学必修课，写进教学大纲。2013年，安徽省、西安市和苏州市进行研学旅行试点，取得了丰富的经验和成果。安徽省合肥市中小学将研学旅行的成绩纳入学分统计。有些地区还建立了研学旅行活动基地，组织培训研讨，如西安、合肥、武汉等地均举办了全国及本地区的研学旅行论坛和研讨会。加强各部门联动，一些省份的旅游、文物、物价等部门积极支持研学旅行工作，许多家长也成为研学旅行的志愿者；有的地区将研学旅行纳入综合素质评价，有的学校制定了包括研学旅行在内的操行量表；各地运用社会力量，通过购买优质服务、同旅行社合作建设基地等方式，积极为研学旅行的发展创造条件。

2013年2月2日，国务院办公厅下发了《关于印发国民旅游休闲纲要（2013—2020年）的通知》，向全国印发了《国民旅游休闲纲要（2013—2020年）》，该纲要提出"逐步推行中小学生研学旅行"的设想。此后全国各地便都把研学旅行作为推进素质教育的一个重要内容积极地开展起来。

二、研学旅行的内涵

（一）研学旅行含义

研学即研究性学习，国际上统称为探究式学习（Hands-on Inquiry Based Learning，

HIBL）。研学旅行是研究性学习和旅行体验相结合的校外教育活动，是学校教育和校外教育衔接的创新形式。研学旅行是由学校根据区域特色、学生年龄特点和各学科教学内容需要，组织学生通过集体旅行、集中食宿的方式走出校园，在与平常不同的生活中拓展视野、丰富知识，加深与自然和文化的亲近感，增加对集体生活方式和社会公共道德的体验，是一种新的教育方式。

研学旅行继承和发展了我国传统游学"读万卷书，行万里路"的教育理念和人文精神，成为素质教育的新内容和新方式，研学旅行的最大作用是提升中小学生的自理能力、创新精神和实践能力。

2014年4月19日，教育部基础教育一司司长王定华在第十二届全国基础教育学校论坛上发表了题为《我国基础教育新形势与蒲公英行动计划》的主题演讲，演讲中给研学旅行的定义是：研究性学习和旅行体验相结合，学生集体参加的有组织、有计划、有目的的校外参观体验实践活动。研学要以年级、以班级为单位进行集体活动，同学们在教师或者辅导员的带领下，确定主题，以课程为目标，以动手做、做中学的形式，共同体验，分组活动，相互研讨，书写研学日志，形成研学报告。

（二）研学旅行的特点

王定华司长对研学旅行提出了"两不算，两才算"的特点，具体如下。

第一个特点，校外活动。校外排列课后的一些兴趣小组、俱乐部的活动、棋艺比赛、校园文化，不符合研学旅行的范畴。

第二个特点，有意组织。就是有目的、有意识的，作用于学生身心变化的教育活动，这才是研学旅行。如果周末三三两两出去转一圈，那不叫研学旅行。

第三个特点，集体活动。以年级为单位，以班级为单位，乃至以学校为单位进行集体活动，同学们在教师或者辅导员的带领下一起活动，一起动手，共同体验，相互研讨，这才是研学旅行。如果孩子跟着家长到异地转一圈，那也只是旅游。

第四个特点，亲身体验。动手做，做中学，学生必须有体验，而不仅是看一看、转一转，要有动手的机会、动脑的机会、动口的机会、表达的机会，在一定情况下，应该有对抗演练和逃生演练，应该出点力、流点汗，乃至经风雨、见世面，这才是真正的研学旅行。

由于研学旅行作为学校基础教育课程体系中的有机组成部分，承载着基础教育阶段素质教育的重任，研学旅行也就有了与传统意义的修学旅行不同的特点，主要体现在以下几方面。

一是普及性。以往的修学旅游都是部分学生参与,而研学旅行则是面向全体中小学生,以班级为单位,以年级为单位,乃至以学校为单位进行集体活动,学校必须创造条件,让每个学生都能享有参与研学旅行的机会。

二是课程性。研学旅行是根据教育行政部门的规定,在中小学实施的综合实践活动课程。学校必须根据学生不同年龄特点、不同学段素质教育的需求,制订学校、学段、学期可操作性研学旅行课程计划,要有具体的课程目标、课程安排和课程评价,避免将研学旅行变为盲目的"放羊"式旅游活动。

三是教育性。对学生进行素质教育是开展研学旅行活动的宗旨,因此研学旅行要遵循教育规律,注重知识性、科学性和趣味性,注重人文素养的培育,特别是要重视旅行过程中良好习惯的养成教育,突出活动的教育目的和学生成长指向。通过研学旅行,学生不仅能收获知识和快乐,而且能提高各种能力、人文素养及综合素质。

四是体验性。研学旅行是让学生走出教室,走向自然,走向社会,让学生在亲身实践和体验中增长知识,实现人文素养的内化。因此要对研学旅行活动进行精心设计和安排,让学生有动脑的机会、动手的机会及表达的机会,引导学生一起活动,共同体验,相互研讨,在过程参与和旅行体验中亲近自然、拓展视野、了解社会,培养团队合作能力和社会实践能力。

三、体验性教育

（一）体验教育的内涵

研学旅行最突出的特点就是体验性。"体验"的"体",意为设身处地、亲身经历;"验",意为察看感受、验证查考。体验具有过程性、亲历性和不可传授性,是充满个性和创造性的过程。1916年,被誉为"现代体验教育之父"的美国教育家杜威在其《民主与教育》一书中,提出"教育即生活"和"做中学"的理念,自此,体验教育真正成为一项教学方法和研究领域,为后来体验教育的发展奠定了根基。

素质教育是以全面提高人的基本素质为根本目的,以尊重人的主体性和主动精神,以人的性格为基础,注重开发人的智慧潜能,注重形成人的健全个性为根本特征的一种教育。素质教育与应试教育相对应,但并非绝对的对立。素质教育是社会发展的实际需要,是以提高国民素质为目标的教育理念。

体验式素质教育是促使学生不断产生新经验、新认识,并由此发展学生适应自然与社会的能力,形成积极的人生态度,促进个性成长的一种教学方式。

体验教育的核心在于"知能态习",即知识、能力、态度和习惯的培养。在教育的过程中将这四个要求作为体验式素质教育的基本范畴。知识教育、能力教育、态度教育和习惯教育是体验教育的核心要素,实现了这四个层次的教育,人的能力和素质才能得到培养与提高。

经过几十年的发展,我国对体验式教育的认知和运用有了很大的进步与发展,呈现多元化发展的态势。从市场层面考察,体验教育目前的开展形式有校外教育、户外拓展、自然生态教育、营地教育、历奇教育、冒险教育、社会教育、人本教育、职业体验教育等,学习方式有小组学习、团队协作、高峰体验、合作学习等。这种在"做中学""游中学""玩中学"的形式都统称为"体验式素质教育"。

（二）体验教育的价值

体验教育在素质教育中对于人的发展起着一定的促进作用,体验教育有利于唤醒学生的自我意识;有助于学生形成良好的情感模式;有利于促进学生特长及潜力的发掘;有助于健全学生的人格。

传统教育的理念是让学生以课堂学习、课本学习为主,教师根据教学计划从头至尾给学生授课,学生按照传统的教学方式进行学习。尽管教育改革几十年的发展为我国输送了大批的人才,但是这种教育方法在某种程度上存在严重的弊端。整体表现为缺少户外活动的机会,身体素质得不到有效锻炼;人的个性和创造性无法得到挖掘;缺少冒险和挑战精神等一系列问题,受教育者由于受到环境和学习方式的束缚,难以全面均衡发展。这种狭隘的教育观,具有一定的局限性。而体验式素质教育则是这种教育体制的有效补充,是提升国民素质的有效途径,具有深远的意义。

（三）体验教育特点

体验教育具有以下特点。

1. 教育主体发生深刻变革

传统教育中,教师是整个教育过程中的主体,学生是被动地接受学习。体验教育中则以学生为主体,在学习过程中发挥其主动性、参与性、体验性。其特色在于"做中学""玩中学""游中学"。

2. 强调过程体验、快乐教学

体验教育的整个过程就像是一个"游戏",充分调动和发挥学生的参与性、积极性、娱乐性。教师通过组织活动、引导反思等充分激发学生的想象力、思维能力、批判能力，学生的快乐是在学习过程中体验出来的，学生在快乐中体验，在体验中成长。

3. 注重综合素质的培养

体验教育的实质是实践，通过户外拓展、团队分工协作、社会教育、职业体验等具体形式，为学生提供动手实践、环境体验、社会学习的机会。学生的社会实践能力和对社会的适应能力等综合能力和综合素质是在体验的过程中培养出来的。

4. 重视主题情境化学习

体验教育是在各种情境中进行教学，情境分为实际情境和虚拟情境。区别于传统教育的特点在于将教学目标和任务置于实际情境和虚拟情境当中，强调知识的实际应用。在学习的过程中通过体验、思考、感悟提高学生解决问题和处理问题的能力。

第二节　研学旅行的意义

改革开放以来，我国的教育取得了很大的进步，培育了一大批德、智、体全面发展的人才，为社会主义建设事业做出了贡献。但是，我们也不能忽视当前教育中存在的问题。

一、中小学生成长存在问题

现阶段，我国素质教育取得了一定的成效。素质教育的观念已经深入人心，教育界、家长和社会普遍对素质教育的意义已达成共识。教育领域在素质教育方面积累了一定的经验，但在素质教育的实施过程中依然面临很多困难，我国中小学生身心素质还存在很多问题。

（一）学习时间过长，身体素质下降

2000年以来，我国中小学生体质健康状况呈下降趋势。有资料显示，我国6~18岁的学生中，城市肥胖生的比例达到15%，一些原本在中老年身上出现的如高血压、高血脂、冠心病、糖尿病等与肥胖相关的症状，近年来在中小学生身上也时有发生。

《北京市中小学生体质下降原因的调查分析》的结果表明，随着年级增长，学生每天用于课外活动的时间越来越少，小学五年级学生从来不参加课外活动的占18%，初二学生占30%，高二学生高达39%。高中学生仅有16%的学生每天用于课外锻炼时间超过1小时，而每天课外锻炼时间超过1小时的小学生也只能达到38%。与日本相比，我国青少年的爆发力、耐力、肺活量持续下降。

几年来《我国青少年体质健康发展报告》的数据显示，我国中小学生的身体素质整体上依然处于下降趋势，如超重及肥胖率继续走高，而体重过低者也依然占据了相当的比例；视力不良尤其是近视比率居高不下；耐力素质持续在低谷徘徊，心肺功能不足的现象普遍存在。

比较中日7～17岁青少年的身心素质发展状况，随着年龄的增长，我国学生在立定跳远距离、50米跑步速度、握力等方面在逐步下降，已经被日本青少年超越。我国青少年的身心素质的确令人担忧。

显然，这与我国的应试教育环境，以及社会上长期强调学业成绩、课外活动时间被无形剥夺不无关系。

（二）学业负担过重，身心素质下降

根据中国社会科学基金针对《中学生暑期休闲生活》的研究，通过对全国五大地区、12000余份调研问卷数据进行统计，结果表明中小学生的课外负担并未减轻，时间被各种不同方式占据。

从调研结果可以看出，即便是放假期间，学习依然是大部分学生课外生活的主旋律。受应试教育的影响，一些家长将暑期假期视为孩子提高学习成绩的"良机"，据教育部一项调研表明：64.4%的小学生、39.1%的中学生在暑期内参加过学习培训班。可见，青少年的课外时间非常有限，学生自身发展受到限制，沉重的负担使学生压力过大，失去快乐时光的学生，心理健康状况受到不同程度的影响，导致学生心理素质下降。

（三）沉迷网络游戏，学习和健康水平下降

在信息技术飞速发展的今天，上网、玩电子产品等已成为中小学生假期生活中必不可少的一部分。调查结果表明：54.6%的学生假期的主要活动是上网。经过进一步调查，在上网的青少年中，近六成的学生每天上网，其中休闲娱乐、打发无聊的时间分别占比58.4%和16.4%。上网地点多在家中，占72%以上。信息技术的发展推动了教育的发展，上网有利于学生查阅资料、学习知识，对学习有一定的帮助。但不可避免地也有一定的弊端，很多学生把上网的时间用于打游戏、看视频、聊QQ，更有甚者沉迷在网络中不能自拔，成了昼伏夜出的"夜猫子"，严重影响了学生的学习和健康。

（四）过分关注成绩，道德素质缺失

随着社会的发展和变迁，人们的价值观和思维、行为方式等都在发生变化，传统的道德教育受到强烈的冲击。社会上普遍的虚荣、拜金主义、民族自豪感弱化、个人利益高于一切等不良思想充斥在社会各个角落，中小学生由于缺少判断能力很容易被误导，产生错误的价值观和不良的思想。家庭教育方面，面对日益激烈的竞争，很多家长在"望子成龙"的思想下，过分关注孩子的学习成绩，忽视了孩子的思想道德教育，另外有些生活在单亲家庭的孩子在情绪管理和人际交往方面也普遍存在问题，甚至有些孩子有犯罪倾向。

学生的素质教育关系国家和民族未来的命运，从经济一体化发展和全球竞争的态势来看，未来的竞争归根结底是人才的竞争。人才的培养靠教育，研学旅行无法代替全日制的素质教育活动，但把研学旅行作为中小学生课外教育的一种补充，契合中小学生的心理和情感，寓教于乐、寓游于学，能够形成良好的素质教育风气，提升中小学生的整体素质和综合能力。

（五）过度强调应试，综合素养下降

受教育体制的影响，应试教育指挥着中小学的教育方向，教师、家长和学生自己以成绩论成败习以为常。因此，经常性的题海战术、重复性的练习透支了中小学生的学习兴趣和探索精神，压抑了学生的批判思考和创新意识，使综合素养的发展受到影响。对比美国，我国有很大的差异。美国强调"个体本位"，中小学校均以学生为中心展开教学。课堂上大部分时间让学生自己动手动脑，如上语文课，老师布置任务后，同学们就几人一组，分工负责，有人设计版面，有人绘制插图，有人剪辑报刊，学生完全是主角，课堂气氛活跃宽松，学生的个性和创新精神得到培养。

家务劳动方面，在传统的美国家庭，几乎每个孩子都被要求从小参与家务劳动，从小承担起属于家庭的一份责任。美国哈佛大学曾对456个孩子做跟踪调查，20年后发现爱做家务的孩子和不爱做家务的孩子差别很大：失业率是1∶15，犯罪率是1∶10，收入相差20%，而且，爱做家务的孩子离婚率低，心理健康。根据中国青少年研究中心的调查显示，46.7%的父母经常会代替孩子劳动，41.4%的父母明确认为该子不做或几乎不做家务。

我国的家长非常重视孩子的智力开发，却不知智力的核心是思维能力，而思维活动离不开实践活动。在劳动中孩子往往会遇到或发现新问题，这就会引发他们的思维的需要，他们就要对劳动的结果有所预想，设计达到目的的路径，从而激发求知欲、增强学习兴趣、促进智力的创造性发展。同时，实践培养技能，不论将来孩子从事什么工作，都需要有动手的技能和技巧。如果从小就培养其动手实践的能力，慢慢就会形成习惯，在未来社会中便能很好地适应生活和工作的需要。教育家马卡连柯曾根据长期研究观察得出结论："在家里获得正确的劳动教育的儿童，以后就会很顺利地完成自己的专门教育，以后就会成为很好的工作者。"

二、研学旅行的目的

2014年3月4日，教育部《关于进一步做好中小学生研学旅行试点工作的通知》对研学旅行的解释为："面向全体中小学生，由学校组织安排，以培养中小学生的生活技能、集体观念、创新精神和实践能力为目标，是基础教育课程体系中综合实践活动课程的重要组成部分。"研学旅行是融社会调查、参观访问、亲身体验、资料收集、实践探究、集体活动、文字总结等为一体的综合性社会实践活动，是基础教育课程体系中的综合实践活动课程。

研学旅行的根本目的是让学生接触自然和社会，在研学体验中学习、锻炼和成长，从而培养生活技能、集体观念、创新精神和实践能力，养成自理自立、文明礼貌、互勉互助、吃苦耐劳、艰苦朴素等优秀品质和精神，增进对自然和社会的理解和认识，增强其社会责任感和实践能力，并最终形成未来发展需要的必备品格和能力。研学旅行活动的育人导向清晰，目标明确，内容丰富，坚持"公益性、普及性、教育性、实践性、自愿性相结合"的原则，围绕自然、科技、人文、艺术、历史等主题，精心选题，科学设计，各方面都凸显出研学旅行活动的教育价值及育人功能。研学旅行将综合实践课程落到实处，打破单一的课堂教学的束缚，是我国基础教育课程体系的结构性突破。

三、研学旅行的作用

研学旅行对中小学生素质教育的促进作用是不容置疑的。在教学意义上，素质教育就是通过培育和提高学生的综合素质，以促进人与人、人与社会、人与自然、人与自我的和谐发展为价值取向，以德、智、体、美、劳全面发展为根本目标，使中小学生学会适应环境、独立生存、开拓进取，具有高素质的创造精神和探索能力，为将来走向社会积聚力量。

据美国夏令营协会（American Camp Assoeiation，ACA）公布的一项调查显示：92%的人认为在夏令营认识的朋友帮助他们发现了自己的长处，使他们对自己更自信；74%的人做了以前不敢做的事情，克服了平时不能克服的恐惧。而夏令营参加者的父母中，70%的人认为孩子在活动中增强了自信，69%的人说孩子和夏令营认识的朋友一直保持联系。

可见，研学旅行对学生全面发展和综合素质的提高起着重要作用。

四、研学旅行的意义

开展研学旅行意义重大。对国家而言，这是贯彻《国家中长期教育改革和发展规划纲要（2010—2020年）》的行动，是对公民培育和践行社会主义核心价值观的重要载体，也是拓展旅游发展空间的重要举措。

2014年12月16日，在全国研学旅行试点工作推进会上，教育部基础教育一司司长王定华在讲话中强调，国务院办公厅2014年8月21日印发的《关于促进旅游业改革发展的若干意见》中指出积极开展研学旅行的工作方向是正确的，当前，开展研学旅行有四个方面的重要意义：一是研学旅行是贯彻《国家中长期教育改革规划和发展纲要（2010—2020年）》和党的十八大及党的十八届四中全会精神的重要举措；二是研学旅行是培育和践行社会主义核心价值观的重要载体；三是研学旅行是全面推进中小学素质教育的重要途径；四是研学旅行是学校教育与校外教育相结合的重要组成部分。

具体而言，研学旅行的重要意义有以下几点。

（一）研学旅行促进教育理念的改变

研学旅行是全面贯彻党的教育方针、全面实施素质教育的需要，是培育和践行社会主义核心价值观和落实"立德树人"根本任务的重要载体，是学校教育与社会教育的有机结合。它有利于"具有国际视野，懂得社会担当，具有实践能力和创新精神"的现代创新人才的培养，有利于中华优秀文化的传承与民族文化自信力的提升。

研学旅行是推进素质教育的一项重要举措，是课堂教学的延伸扩展，又是社会实践的崭新要求。研学旅行坚持内容选择、主题确定与教育教学目标紧密融合，首先是立意高远，紧跟国家战略，把培育创新精神放在首位，努力使研学旅行根植活土，有本有源。其次是全面培养学生的综合运用、动手实践、解决问题的能力，促使课本知识与实践操作相融合，为学生搭建理论通向实践的桥梁，为学生提供认识交流中华文化的平台，是对学生实施素质教育最主要的手段。

（二）研学旅行促进教学方式的改变

研学即探究性学习、研究性学习，旅行是让学生走出校园，走进研学基地、走进第二课堂、走向自然、走向社会。研学旅行是以广泛的社会资源为背景，强调与社会多层面、多维度的接触与联系，拓展学生的学习空间，丰富学生的学习经历和生活体验，是一种深受学生欢迎的实践课程。

从学校层面来看，研学旅行是深化基础教育课程改革的重要途径，是推进实施素质教育的重要阵地，是学校教育与校外教育相结合的重要组成部分。真正的研学旅行是有目的、有意识的，作用于学生身心变化的教育活动，学生在教师或者辅导员的带领下参加活动，动手实践，共同体验，动脑思考，交流研讨。在一定情况下，要有体能拓展，如对抗、生存、逃生等演练。

研学旅行继承和发扬了我国传统游学、"读万卷书，行万里路"的教育理念与人文精神，打破了封闭的课堂形式，成为素质教育的新内容和新方式。学生基于自身兴趣，在教师指导下，从自然科学、社会和生活实践中选择内容，确定主题，在"动手做""做中学"的过程中，主动获取知识、应用知识、解决问题，是课堂教学的延伸，是新的教育方式和手段。

（三）研学旅行是德育的需要

研学旅行有利于促进学生培育和践行社会主义核心价值观，激发学生对党、对国家、对人民的热爱之情；引导学生主动适应社会，促进书本知识和社会实践的深度融合。研学旅行是中小学生重要的教育课程，是中小学生德育教育和综合实践课程的重要组成部分，它使每个学生的德育水平和综合素质都得到提高。为了中小学生的身心健康发展，国家大力提倡和支持研学旅行，近年来发布多项重要文件，要求各地为学生创造更安全的研学旅行环境，促使学生积极参加研学旅行。

目前，研学旅行已列入中小学教育管理体系，这是深化基础教育课程改革的要求，开发和利用课程资源与社会资源的创新举措，是促进德育工作和全面推进素质教育的重要措施。

（四）研学旅行是高考改革的需要

高考改革是全面推进素质教育的重要措施，是促进人才培养和人才选拔的重要手段。高考改革的方向是着重考查学生独立思考和运用所学知识分析问题、解决问题的能力，以及学生的创造性思维和实践能力、创新能力。各个省（区、市）按照自己的情况分别出台了不同的高考改革政策，将综合实践和研学旅行纳入对学生的综合性评价中。高考制度的改革促进了高中教学方式的改革，特别是素质教育方式的改革，而研学旅行是实施素质教育的重要途径，是开拓学生思维、培养创新精神和创新能力的重要方式。目前综合实践课程和研学旅行已经纳入中小学教育教学计划，成为促进中小学生成长的重要教育内容和有效载体。

第三节　区域研学的优势

区域研学是依托区域研学资源与当地教育实际，以全面育人为宗旨，以立德树人为价值核心，以体验式为素质教育新方式，以探究实践为主要活动内容的校外立体化教育模式，是促进区域教育改革、建设区域文化、创设社会体验大课堂新的教育方式。

中小学区域研学必须具备一定的因素，即政府、教育行政部门、学校、学生、基地和课程，这就决定了区域研学的独特优势。

一、政府管理统一协调

研学教育是促进教育改革和教育发展的重要措施，是实施素质教育的重要内容，不但需要教育行政部门的高度重视，还需要政府的大力支持。而且，研学教育不是靠教育部门单打独斗就能做得好的，还需要文教体育、广播电视、旅游等多部门的通力合作，形成整体的社会力量。这就要求政府针对研学教育出台相关政策，调动社会力量，组织协调各单位支持、协助研学活动，使区域内各相关单位成为一个整体，在政府统一管理下有效地开展研学教育活动。区域研学是在一定区域内进行，所有基地资源由政府直接管辖，这就有了政策和管理上的绝对优势。

二、地域资源便于基地创建

研学教育主要依托研学基地及研学教材，由专业研学机构组织有效实施。研学基地是学生进行社会实践活动，进行探究性学习的最佳平台。这需要将区域内的研学资源单位建设成适合中小学生开展研学教育的研学基地。区域内具有自然及社会资源丰富、气候适宜、地形及地理位置独特等优势，有利于建构学生认知乡情、市情或省情的实践平台，有利于针对学生进行各种主题教育的研学基地的创建，更有利于研学教材及研学课程的开发利用，促进研学教育向科学化、规范化发展。而且区域研学在一定范围内进行，适合中小学生实践活动。

三、研学组织与安全有保障

研学教育的对象是中小学生，人数多，数量大，学段不一。根据学生的年龄、心理特点、认知水平及研学时间等具体研学要求，特别是小学生研学，不宜远行域外。而且大批的学生域外研学都会受到交通、食宿、研学组织形式等限制，也会带来安全隐患。区域研学则避免了这些不利因素，其研学区域范围小，交通便利，食宿方便，便于组织。既能保障研学的安全实施，又能保障研学的有效性，更有利于加深学生对家乡的了解，增强家乡自豪感。

四、校内外教育机构立体化

学生和教师熟悉当地资源，了解研学基地具体情况，与基地管理人员及服务人员便于沟通协调，研学过程中出现问题易于解决，有利于研学课程的具体实施。研学教育是综合实践的一种形式，是学科实践的重要途径，是德育教育的重要方式，是学生全面发展的有效途径。区域研学促进了政府与学校、研学基地与研学机构、家长与学生的联系与融合，便于构建研学教育立体化产业格局，实现校外教育专业化、标准化、规范化、科学化，形成按年级、按季度、按课程实施的长效性校外教育机制，使区域研学教育成为地域教育的新形式、新亮点、新品牌。

五、区域经济文化协同发展

教育是关系到国计民生的大事，全面实施素质教育是为国家未来需要培养人才的必要手段，区域研学是实施素质教育的重要途径，是连接社会、家庭、学校的桥梁和纽带，区域研学促使家长、学校、教育机构、政府之间的联系更加紧密，沟通更为通畅，关系更为协调。更为重要的是，区域研学不仅涉及学校、学生，还影响到家长、社区、街道及相关企事业，促进区域内城乡经济和文化的发展，实现域内文化教育的相互交流，共建共享，同时促进区域间文化教育的广泛交流及经济文化的协同发展。

第二章 研学旅行的现状

第一节 国内外研学现状

一、国外研学旅行现状

(一) 游学的含义

顾名思义游学是"游"与"学"的结合，但主要的目的在于"学"。游学参加者在旅游的过程中行有所学，学有所获。不但能从社会上学到许多课堂外的知识，还能够培养孩子的自主能力、团队意识，对于开阔孩子的眼界、提高孩子对陌生环境的适应能力、加强人际交往具有一定意义。

游学在西方发达国家已经有百年以上的发展历史。在这些国家和地区，游学领域得到了成熟的发展，并建立了规范化的管理运作体系。在美国、英国、日本、德国等国家，研学旅行甚至写入了当地的教育法，具有一定的法律保障。

(二) 美国的游学

美国的游学是通过夏令营活动来开展的。美国的夏令营产业运作十分成熟，其服务对象包括青少年和成年人。他们把参加者按照年龄、活动时间、营地活动类型等的不同划分为多个类别，在每个类别上又划分了几十种至百种的项目，活动内容和形式丰富多彩。持续时间一般从每年的6月到9月，近4个月的时间。

美国夏令营已经发展成为一种产业。运作上呈现规范化、专业化、规模化的特征。

针对不同的年龄段，活动天数从半天到数月不等，营地主题活动主要有体育、艺术、语言、野外生存、职业体验、社区服务等。每年有超过 1000 万名青少年和 100 万名成年人参加营地活动，市场规模在 100 亿美元以上。ACA 作为美国专业的夏令营自律组织，已经发展到 2400 多个会员单位，其服务对象包括夏令营的消费者、夏令营求职者、夏令营经营者。夏令营活动包含健康、安全和规划等 300 多项实施细则的认证体系。ACA 负责全美国夏令营活动的认证、审核、宣传、标准制定、管理等职能。针对每个夏令营活动，该协会都负责在开营之前进行效果预测，并对承办方的资质、承办能力、从业人员资格等进行审查，保障活动的规范性、安全性，形成了完整的夏令营产业链。

另外，在美国，整个行业还有专门的搜索引擎、行业杂志、行业展会、权威机构培训认证、专业营地管理系统和软件等，运作和管理做到了专业化、规范化、标准化。在美国，每年都有几千个夏令营在举办，有的夏令营已经持续举办超过了 100 年。

（三）日本的游学

日本的游学活动又称"修学旅行"。日本修学旅行是小学生、中学生必修活动的一项，被视为学校教育的重要组成部分。在近百年的发展历程中，作为教育型旅游产品，形成了一套较为成熟的修学旅行健康发展机制。按照不同的年龄层次有不同的活动体系，小学生、初中生每年要求有天数不等的国内游学；高中生则要求每年有一次世界范围内数天的社会学习活动。文部科学省每年对中小学生的修学旅行效果进行评价和规范。2008 年，日本修学旅行实施比例已经达到了高中占比 94.1%，初中占比 97%，小学占比 93.6%。

在组织形式上分为四种游学形式：第一种是类似美国的夏令营机构，通过开展丰富多彩的主题活动达到修学的目的；第二种是友好城市互访模式，通过目的地旅游部门安排与地方学术机构或本地居民家庭合作互动项目实现；第三种是兄弟学校建立合作关系，校校学生间建立交流的模式，包括国内和国际的形式；第四种是就近参观的模式，这种模式多是针对小学生群体，通过参观当地的名胜景点、集体活动、与课本上相关的地点等实现修学的目的。

日本的修学旅游活动产品丰富多彩，满足并适应了时代的发展。从学习传统文化知识、参观国家公园、访问历史古迹，到涉及职业选择、自然体验、考察先进企业，甚至体验商人活动等，涵盖了政治、经济、文化等各个领域，充满时代特征。

从政府支持力度上来看，日本在此方面做得很好。日本交通部门对于修学旅行给予了高度的支持。交通部门每年投入一定的成本用于新交通工具的研发，并很快应用于修学旅行活动中，为学生修学旅行活动在交通方面提供便利。

（四）欧洲的游学

在欧洲，童子军组织的夏令营较为常见。童子军发源于英国，大多是分年龄组进行，无论是户外游戏还是野营生活，都有统一的着装、口号和标识，在生存训练中锻炼意志力和培养团队协作精神。此外，其他国家可供青少年选择的夏令营也比较多，选择方式十分灵活。

从发达国家游学产业发展的经验来看，无论是修学旅游还是夏令营活动，都是利用自然环境、社会环境、人文环境等对青少年进行素质教育，是一种完全不同于学校的体验式教育模式。综观夏令营活动百花齐放的特征，其根本目的在于力争让每个青少年都能找到适合自己的项目，并在每个活动环节中贯穿以青少年为主体的指导思想。通过这些体验活动，在潜移默化中增强自我管理的能力、发现自己内在的潜能并将其转化为实际的操作技能，实现人与自然、人与人、人与社会、人与自我的探索活动。

（五）国外研学旅行的特点

国外研学旅行归结起来有如下特点。

1. 将游学视为具有教育性的旅游产品

各个国家都将游学活动视为一种不同于学校教学形式的带有教育属性的旅游产品，并从国家战略层面予以高度重视。这在行业及功能定位上界定了游学的范畴，带有教育和旅游双重属性，而且应以教育为根本性目标，以旅游为方式方法或手段。

2. 分层分类的教育模式成为主流

根据年龄属性和青少年性格成长特点，正视个体差异，进行科学的分层分类及游学活动的开展。在空间、时间、内容上更趋向多元化。让每个青少年都能找到适合自己的项目，坚持在活动设计的各个环节都是以青少年为主体的指导思想。使青少年在潜移默化中发现自己的内在潜能，转化成实际操作的能力，增强自我管理的能力和信心。

3. 不同功能的营地建设

游学产业的实体营地分为专设营地和主题营地两种类型。目前俄罗斯专设营地规模排名世界第一位，有55000个营地，每年为600万名青少年提供服务。每年政府层面统一协调夏令营的主题活动。营地主题活动的丰富性决定了夏令营活动的质量。

4. 市场调研先行

发达国家的游学产业机构都十分重视游学活动的市场调研，无论是在前期青少年思想发展趋势、精神追求、活动意向层面，还是在活动进行过程中的跟踪研究及后期的测评反馈上，都要进行详细的调研、数据分析工作，为设计更为合理的游学活动提供支持。

5. 开放性的内容与形式

未来的夏令营活动在开发过程中，将更加趋向多元化并兼容不同文化的特点来打造，根据青少年的特点及父母的期望来研发和调整。如国外的夏令营参加者可以到各种救援组织、环境组织、博物馆等做义工或志愿者，参加者能够从不同的视角观察当地文化，感受不同职业。美国还将夏令营参加者在社区活动中的服务时长，作为申请大学的加分项。职业教育、职业体验也是未来夏令营的一个重要发展趋势。

二、国内研学旅行现状

在我国，目前经营研学业务的公司主要有教育培训机构、留学中介机构、旅游公司、专业游学机构、学术交流中心等事业单位。游学行业没有相应的法律约束，没有行业准入门槛和从业人员资质标准。教育培训机构由教育局主管、留学中介传统业务归教育部门监管。研学机构由工商局注册，没有明确监管部门。旅游公司适用《旅游法》，由旅游局监管。行业监管、行业标准和第三方自律组织等体系亟待完善。

（一）国内学生研学

根据携程发布的《2015年暑期游学报告》显示，因暑假天数较长，在游学市场中，27%的青少年选择国内游学或夏令营，73%的青少年选择海外游学或夏令营。海外游学和夏令营也以长线目的地国家为主。在出行天数方面，选择一周左右产品的占25%；选择8~15天产品的占15%；选择16天及以上产品的占60%。

1. 研学地域

研学发展较早的集中在我国东部地区，如北京、上海、南京、西安、广州、曲阜等地。在这些城市的研学中，研学者不仅可以了解我国的历史文化，还能受到爱国主义熏陶。这些城市的普遍特点是具有一定的历史和文化、经济发展相对较快、研学硬件设施相对完善，能够在国内研学发展初期快速衔接。我国幅员辽阔、地大物博，拥有五千年历史，随着市场的发展，将具有十分广阔的研学发展前景。就目前来看，暑期研学主要集中在较大的城市，上海占62%、北京占18%、广东占8%。除此以外，江浙地区占比最高为5%，其他华北、华中、华南的二三线区域占7%。

2. 研学时间

研学的消费群体主要是中小学生，所以在消费时间方面有显著的学生消费特点。

由于我国学生的长假主要集中在每年的1月、2月和7月、8月，在校生的研学也多为这一时段。但是，在这两个假期中1月、2月多为农历新年，按照中国的传统，春节时期要和家人团聚，加之气候寒冷，很多人都不选择在此期间出门。另外，许多青少年选择在中考或高考后进行研学旅游，在放松心情的同时增长见闻。所以综合来看，研学的主要时间是暑期7月、8月。因此，研学具有一定的季节性、频次低、非标准化等特点。

3. 产品价格

国内研学价格明显低于境外游学的价格。出境游多为西方发达国家，交通费、住宿费等都明显高于国内消费水平。加上安全方面的考虑，一般价格是国内游学费用的5～10倍。游学类产品价格高于传统旅游产品，市场上针对C端的游学类产品，价格在3000～6000元不等，针对B端或团购的单价在2000元左右。这些产品多是针对未成年人，费用由家长承担。在一定程度上，导致对项目的评价存在偏差。同时，高价特点也在一定程度上影响了消费者选择游学产品。

4. 消费人群年龄

行业的发展离不开消费人群的消费频次和消费深度，这会直接影响行业的规模，决定供给的数量和质量。

我国基础教育人口约为1.98亿人，这一庞大的人口基数是俄罗斯的7倍、美国的3倍，具有很大的市场发展空间。

5. 家长的认识

家长对游学产品的认识起到很关键的作用。由于面向的是未成年人，因而消费决策者和产品体验者分离，导致在项目的评价和认识上存在着一定的偏差。

据携程《2015年暑期游学报告》显示，初中生由于课业轻松、独立性强等特点成为参加研学的主力军，占比为60%；其次是16～18岁和9～12岁的学生各占15%，这是由于高中生忙于高考，而小学生的自理能力差等决定的。根据年龄特点，中小学生是进行全面素质教育的最佳时期，而在市场层面，目前针对小学生的产品较少，另外基于家长对孩子安全性考虑，进行研学的占比最低。

（二）国外入境游学

入境游学是各国旅游者了解中国历史和文化，进行各种交流的有意义的活动之一。伴随我国经济的发展，与其他国家经济和文化交流活动的日益增多，入境来我国修学旅游的外国游客越来越多。我国发展入境游学的地区以历史文化资源丰富的地区为集中区，如北京、陕西、上海、广州、山东、江苏、四川等地。客源市场上以欧美国家、日韩国家为主。

世界各旅游目的地，青少年旅游者占全体旅游者的比例为美洲42.9%、欧洲49%、非洲34%、亚洲38.7%、大洋洲34%。青少年旅游，46.29%在于增长见识，35.16%在于寻求乐趣。

山东曲阜正在打造的"孔子修学游"品牌，就是立足于孔子故乡为历史背景这一独特的旅游资源，以东方儒家文化打造卖点，把中国传统文化纳入修学旅游资源的范围之中，以增加修学旅游资源的种类。目前曲阜修学产品开发除了有国内的学生修学、企业家培训、政府官员、教师培训以外，还有来自我国香港、澳门特别行政区及欧美、日本、韩国、东南亚等国家和地区的修学旅游团队。针对游客修学团队市场的需求，量身定做，开发了成人礼、经典诵读、孔庙朝圣、孔庙祈福、开笔礼等一批具有文化内涵、互动性、趣味性的修学产品，为游客提供了丰富多彩、独具特色的当地民风民俗和中国古典文化体验活动。

江苏省是全国率先接待来华教育团的省份之一，也是全国率先开展中小学生赴境外修学旅行的省份，在全国修学旅行的发展过程中发挥着一定的先进带头作用。苏州是我国著名的风景旅游城市和历史文化名城，具有良好的发展环境。2007年接待了印度尼西亚、新加坡、马来西亚的修学旅游考察团并举办了苏州修学旅游推介会。在江苏省与澳大利亚维多利亚州为友好省州的友好合作交流框架下，2011年苏州市教育局与维多利亚州教育及早期儿童发展部东大区正式签署教育合作谅解备忘录等促进性的协议。目前苏州修学旅游还处于初步发展阶段，市场上推出的修学旅游产品主要是依托园林、昆曲自然等传统资源。未来将依托更多主题、多层次博物馆、园林、古镇、吴门书画、虞山琴派、古琴、刺绣等物质和非物质文化载体开发修学旅游产品。

我国幅员辽阔，地大物博，自然、社会、历史等资源丰富，不同地区都有不同的地域特色和研学资源，各地区应该开发和利用本地区资源，创造条件，开展中小学生区域研学。

秦皇岛地区历史悠久，文化深厚，开展区域研学具有独特的优势。举世闻名的长城文化代表了秦皇岛的历史特色，秦皇求仙入海是中国历史的经典史实，秦皇岛也是我国唯一一个以皇帝名命名的城市。渤海之滨，丰富的海洋文化，是研学的不尽资源。地貌奇特，景观优美，资源丰富的燕山山麓更是研学的极好资源，此外还有作为沿海城市的港口、船厂，以及传统工业、新型农业、科技实业等，都是研学的最佳主题和丰富的资源。

第二节　学校研学现状

近年来，国务院和国家各部委接连发布有关研学旅行的文件、通知及实施办法等，各省市也出台相应的文件，使研学旅行逐渐被广大教育工作者和学生、家长及社会人士所认识，教育行政部门和事业单位积极推动研学旅行事业，中小学校积极组织学生参加研学旅行，研学旅行出现了轰轰烈烈的大好局面。

一、研学旅行取得的成效

几年来，研学旅行发展迅速，积累了很多有益的经验，也取得了一定成效。

（一）意义和价值得到认可

研学旅行是教育部门和学校组织的学生集体旅行，是将研究性学习和旅行体验相结合的校外教育活动。对学生而言，参与研学旅行不仅能开阔视野、增长见识，还能让他们体验与同龄伙伴集体出游的乐趣。对家长而言，研学旅行对孩子具有更强的教育价值和功能。对学校而言，研学旅行有助于培养学生的社会责任感、集体意识，加深学生对自然、社会、文化的理解，丰富教育的内涵，具有校内学习无法替代的功能。因此，研学旅行的价值和意义得到学生、家长和学校的广泛认可。

（二）形成了良好的运行机制

研学旅行原则上是面向所有学生开展的，而不是只有少部分学生才能参与，这就给研学旅行的组织和管理带来很大压力，学校需要对活动进行精心设计。从目前实施的情况看，开展研学旅行的学校在带领学生外出前，通常都有比较详尽的活动方案，每项具体工作也能够做到组织到位、责任到人。每次研学，组织机构会确定明确的研学主题及研学目标，并组织相关学科教师围绕研学目的地设计相应的研学内容进行参观、体验和实践，不少学校还设计出学习任务单或研学旅行实践手册，从而确保研学旅行既有"行"又有"学"，并安全、有序开展。

（三）开发利用了自然和社会资源

研学旅行需要学生走出学校，走进自然和社会，这就要求学校充分开发利用自然社会资源。首先，学校要从所有研学资源中筛选有教育价值的资源，并围绕相关的资源设计内容丰富、形式多样的教育活动。其次，学生外出研学还需要相应的社会机构支持和配合，学校要与这些社会机构进行反复沟通和磨合，建立一定的工作机制和合作关系。例如，研学基地需要提供适合学生研学的场地及相关的服务，研学机构要针对中小学生特点，设计安全性高、主题明确、具有操作性的活动项目的研学方案等。

二、学校研学旅行存在的问题

（一）学生安全问题带来诸多困扰

研学旅行参与学生人数多，每次外出多则几百人，学校的组织管理和安全保障压力很大，这也是很多学校校长和教师不愿意组织研学旅行的主要原因。大量的学生集体外出，在校外活动一日或多日，学生每日的饮食、住宿、交通及各种实践活动，随时可能出现各种意外情况，而每次带队外出的教师人数有限，一旦出现安全问题，学校就要面临来自家长和上级教育行政部门及社会的多方压力和责难。很多家长尽管能够认同研学旅行的价值，但是对学生安全问题的担心，使很多学校在能否让学生参与研学旅行这个问题上踌躇不定，犹豫不决。

（二）活动效果尚未达到理想状态

近年来，组织研学旅行的学校范围不断扩大，参与研学旅行的学生人数也有明显增加，但整体实施效果和水平参差不齐，尚未达到理想的状态。一是研学旅行存在"只旅不学"的现象。有些研学旅行的目标和内容简单，形式单一，活动不够深入，学生在参与过程中兴趣不高，走马观花，漫无目的，比较被动地走完行程，收获不大，活动效果不甚理想。二是研学旅行也存在"只学不旅"的现象。一些学校担心旅行过程中缺少教育意义，过分强调让学生带着学习任务外出。出发前，各科教师充分挖掘本次活动与学科知识的结合点，在任务单中设计出内容繁多的题目让学生填写，忽视了学生在活动中的感受和体验，使研学旅行变为学生忙于答题的过程，学生兴趣下降，影响活动效果。有些社会机构甚至打着研学旅行的旗号，组织学生到异地进行课业补习，这就更加偏离了研学旅行的目的和初衷。三是缺乏与实际相符合的具有操作性的研学教材和研学课程，这样就使研学旅行缺乏规范性、系统性、实效性，导致研学行为随意，管理混乱，影响研学效果。

（三）缺少健全的考核评价体系

"百年大计，教育为本"，建设教育强国是中华民族伟大复兴的基础工程。但需要反复强调的是，教育不仅是教育系统一方之事，也需要社会各界共同支持，联动构建"大教育"的格局，从而为开展研学旅行提供生根、发芽的土壤。

教育部门，特别是学校，是这一任务的主要承担者、组织者和实施者，必须发挥主导作用。在准备过程中，学校应选好主题，突出特色，按学生的年龄阶段特征，精心策划。在实施过程中，应该有步骤、有计划地展开研学旅行教育活动。逐步建立指导教师培训制度，开发培训课程，倡导参与式培训、案例培训和项目研究等。

真正做好、做实研学旅行，最重要的是逐步建立健全考核评价体系。要科学研判，建立监督体系，有效监控研学旅行全过程中的主题、步骤、方法、实施、效果，分析研判遇到的各种困难和问题，有的放矢，进而制定有效的改进措施。此外，考核评价体系不仅要覆盖学生、教师，也要覆盖学校与政府相关参与部门，将研学旅行的目标、任务、人员安排、经费划拨等内容纳入考核评价体系，由教育部门牵头，第三方评价机构参与，进行综合评价。考核评价体系应包括目标评价、过程评价、结果评价，以评促建，以评促改，改建结合，充分发挥考核评价的导向功能和激励功能，逐步建立研学旅行的"大评价"机制。

（四）对研学旅行的认识还需提高

虽然研学旅行是国家对教育改革实施的一项重大的战略举措，是促进课程改革的有效手段，是培养学生综合能力、提高学生核心素养的重要途径，但依然有些学生和家长乃至一些教师对研学旅行的认识不到位，认为研学旅行既浪费学生的学习时间又浪费精力，出去研学，还不如在学校多做题，多读书。另外，对安全也有担心，认为出去人多，教师无法照顾，孩子出点事麻烦。还有的认为研学劳民伤财，孩子出去大人担心又得花钱，得不偿失等，这些都不同程度地影响了研学旅行的发展。

第三节 秦皇岛地区的研学现状

秦皇岛区域研学在市委、市政府领导下，在市教育局的指导和参与下，在博大乐航的直接领导和组织下，已经有序地开展起来，范围和规模在逐渐扩大，并逐步走向规范。

一、健全了组织和运行体系

2015年，博大乐航和北京大学体验教育课题组、全国"十二五"生态体验教育课题组共同向秦皇岛市委、市政府提出《把秦皇岛市建设成全国体验教育示范区》的报告，旨在探索具有中国文化特色的教学和国际先进体验教学相融合的素质教育新方式，研发课程体系和与之配套的教学模式。

第一，秦皇岛市教育局和博大乐航建立以科研为引领的运行机制。以博大乐航为龙头，建立起产品研发、师资培训、安全保障三大运行体系，确立了研学旅行教育课程有价值、安全有保障、学习有收获、运行有标准四个价值核心。课程有价值要求课程目标是培养学生终身发展和社会发展所必备的品格和关键能力。安全有保障要求在素质教育过程中，保障学生的人身安全、财产安全及心理健康。学习有收获要求体验后在知识上有拓展，行为上有改进，理念上有变化。运行有标准要求研学在国务院、教育部统一部署下进行，在市政府支持下开展工作，逐步建立规范、科学的区域研学旅行运行机制，保证研学旅行向健康方向发展。

第二，依托博大乐航完善了学术研究与实践架构。博大乐航依托北京大学雄厚的教育资源，建立了区域研学科学实施六大保障机构。分别是素质教育研究院、培训学院、学术指导委员会、专家委员会、课程委员会、安全委员会。素质教育研究院、学术指导委员会及专家委员会保障课程价值；课程委员会和培训学院保障学习有收获；素质教育研究院指导课程建设紧跟国际形势，符合学生身心特点，引导学生具有国际视野和创新思维；专家委员会指导课程内嵌入丰富的专业知识，激发学生兴趣和好奇心，培养观察能力和创造能力等；安全委员会和各安全领导小组制定安全标准并负责实施，保障研学安全无失误。课程委员会积极与国际营地协会和美国营地协会深度合作，引进国际及发达国家先进体验教学理念和方法，创新体验教学方式，使体验与文化、自然、科学、数学等学科交叉融合，与德育体验同步，使教学方法易感、易知、易接纳，并在秦皇岛市区域研学活动中内化和转化，探索适合中小学生的区域研学教学方法。通过培训学院提高研学教师核心素养，具备体验式教学能力。同时，确立博大乐航秦皇岛分校为区域研学实践单位，在博大乐航全面、科学的指导下，保证研学的规范和有效实施。

第三，围绕价值核心，完善教材和课程体系。研学旅行按照区域分为国际部分、国内通用部分、区域文化特色部分。其中重点研发了秦皇岛市区域研学系列教材，几年来学术成果累计500多万字，其中秦皇岛市区域研学机构版教材已于2018年出版发行，未来将陆续出版秦皇岛市中小学生区域研学通用系列教材、区域研学课程汇编等科研成果。

第四，区域研学教育产业发展势头良好。几年来，秦皇岛教育局下发文件建设各类基地数十个，基地建设与课程开发基本同步。研学专业机构发展良好，专业水平得到促进和提升，研学教师从业人员富足，研学师资培训氛围积极乐观。

二、增添了秦皇岛城市对外新符号

区域研学开展几年来，博大乐航秦皇岛分校为600余所实验学校、近20万名中小学生提供了区域研学课程60余个，采用5种不同教学模式，发放学生调查问卷近15万份，学生调查满意度达99.9%；家长调查问卷近5万份，满意度达99.5%；校方调查问卷近万份，校方满意度达98%。几年来，博大乐航总结了一套行之有效的保障方案，保障区域研学安全、规范实施。在秦皇岛，博大乐航主办和承办国内国际体验教育论坛数次，提升了区域研学的理论水平和实践能力。

科学、安全地实施研学实践是秦皇岛市教育局推进素质教育的一大创新。实施素质教育，目前一线经济发达城市采取政府部分补贴的形式开展综合实践活动，大部分城市没有经费，为此很多城市没有开展研学教育，即便开展研学教育也是以旅游的形式在实施。秦皇岛教育局将理论与实践相结合开展研学旅行研究，其成果"因地制宜的区域研学模式"的特点是教学方式先进、玩中学、学中悟，受到学生、家长、教师的一致好评，区域研学已经成为学生实践教育不可或缺的一部分。

目前，经过几年的理论与实践探索，已经建立起区域研学教育服务体系，不仅服务于本市学生，也可以服务外域来秦皇岛研学旅行的学生。

三、秦皇岛区域研学特色

开展研学旅行，全国一线经济发达城市采取政府部分补贴的形式进行，而大部分城市没有经费，为此很多城市开展研学旅行有困难。即便有些城市开展研学也是以旅游的形式实施。区域研学是秦皇岛市教育局推进素质教育的创新举措,以课题研究为平台开展区域研学在全国也是首创。秦皇岛市教育局立项并与博大乐航联合研发的"因地制宜的区域研学模式"是"十三五"国家级课题成果,在研究中开展区域研学,其特点有以下几点。

(一)以育人为本,以服务学校为目标

秦皇岛教育局和博大乐航树立大教育观念和长远的发展目标,把研学和教育改革紧密结合起来,进行了不懈的探索实践,在实践中以课题研究为引领,以普惠式研学为目标,较好地完成了研学实践教育,实现了在全市开展研学实践教育的良好势头,开创了研学实践教育的新格局。

(二)以课题为抓手,开展理论与实践的研究

近年来,秦皇岛市教育局与博大乐航深入开展研究与实践,曾经参与北京大学课题和全国教育科学"十二五"重点规划课题子课题的研究,在此基础上,又独立申报了全国教育科学"十三五"规划课题"区域研学资源开发的实证研究",并进行了大胆、创新性研究。此项研究在秦皇岛市政府的关怀和教育部门及博大乐航教育集团的共同努力下,在理论与实践方面均取得了显著的成果,为全国研学体验教育的进一步发展提供了实证依据,为共同推进研学旅行的科学发展做出了应有的贡献。

(三)全面开发研学资源,创建研学基地

课题组成员在开发研学资源方面,做了深入的研究。以各个县区为单位成立"区域研学资源开发的实证研究"子课题组,研究中,根据实际情况从自然、社会和人文历史等方面进行具体、全面的开发挖掘。开发了"天下第一关""秦皇求仙入海处"等研学资源单位 70 多处,并创建研学基地 60 多处,为区域研学的开展打下了资源基础,为其他省市的研学资源开发起到了示范作用。

(四)编写研学系列教材,开发研学课程

为规范区域研学,组织开展区域研学教材与课程的研究。成立区域研学教材编写组,全力编写区域研学教材,现已完成区域研学专业教师教材《秦皇岛市研学旅行实践教材》的编写。完成了学生研学专用教材《区域研学实践》的编写,此教材按小学、初中、高中三个学段编写,形成小学、初中、高中的教材系列。编写了学生实践教材《研

学实践手册》，为学生实践活动提供准备、依据和练习的抓手。三个层面的教材为区域研学提供了可靠的操作性很强的实际内容。根据研学基地实际情况及学生年龄特点和学生认知规律，开发区域研学实践课程。区域研学课程的开发以确定研学主题为前提，选择适合学生实际的研学基地，设定研学目标，再开发适合学生特点的研学内容，设计学生活动项目。现已开发不同学段、不同主题和内容的研学课程60多个。同时，创作了区域研学专著《区域研学理论与实践》，使区域研学有本可依，有章可循，避免了研学的盲目性，为研学事业的发展提供了可靠的范例。

（五）建立研学运行机制，培养研学教师队伍

在研学过程中，逐步建立了四大运行体系、四个核心价值、六大保障机构。此外，还注意研学教师的培养，建立了一支素质过硬的区域研学教师队伍。几个组织机构的建立为区域研学的顺利进行起到了保驾护航的作用。

（六）建立安全运行制度，保障研学有效实施

在几年的研学实践中，始终把安全教育放在第一位，并且边实践边研究，根据实际运行中遇到的问题，制定了各种安全标准和安全运行制度。同时还研发出各种课程标准，为研学实践的顺利进行打下了安全基础。

（七）调动社会力量，全面协助研学教育

秦皇岛研学事业的发展引起了社会各界的关注，在此基础上，联系相关单位和组织，取得他们的支持与帮助，使文体、广电、旅游、教育等各部门成为一个整体，有效地促进了区域研学的开展。

第三章　区域研学的可能性

第一节　新课改理念支撑

随着新的课程改革的不断深入，新课程教学理念所呈现出的科学性、先进性及学习理念、学习方式、人生观、价值观、认知观等的不断变化，促使广大教师打破传统教学的围栏，努力去实践新课程理念，探索出适合学生人生观、价值观及认知观不断变化的教学方式，使课堂教学呈现出崭新的局面。

一、新课改简介

（一）学生素质

新的教育改革较好地体现了社会、个体与自然三者的有机结合与统一，其核心是促进学生全面而有个性地发展，概括地说主要是培养学生的以下素质。

1. 理性精神

理性精神包括两层含义：一是理智的好奇心，强烈的求知欲，寻根究底的探索精神；二是批判精神、怀疑精神，不轻信、不盲从、不唯书、不唯上的实事求是的科学态度。

2. 文明教养

拥有知识并不见得就拥有教养，只有当知识转化为个性特征和人格特征时，只有当知识转化为行为习惯并体现在日常生活的细节之中时，知识才能成为个人的教养。一个人的文明教养越广博、越深厚，他所具有的创新能力就越强。

3. 专门技能

现代社会是信息和科技非常发达的社会，人才要具有一定的专业知识和专业特长，才能在竞争中立于不败之地，才能很好地服务于社会。

4. 自我表达

只要能对社会有所贡献，只要有能力，就要大胆表现自己，使自己的能力得到体现。但不要盲目自大，要有效地、恰当地表现自己。要敢于发表自己的意见，大胆地探索、表演、回答问题等。

5. 延伸能力

自我延伸的能力就是不断扩大自己的生活舞台，并成功地扮演各种社会角色的能力。这是适应社会，能够延续生存的基本能力。

（二）转变观念

传统的教学方式是老师讲学生听，但这样并不利于学生的全面发展，教出的学生跟不上时代的步伐。因此，如何创设有利于引导学生主动学习的课程实施环境，提高学生自主学习、合作交流及分析和解决问题的能力，如何满足不同发展潜能学生的不同需求，给予学生选择的空间，以最终实现促进学生全面而有个性地发展，是新课改的重要任务。

面对这一艰巨任务，根据学生的心理发展规律，建立和形成充分调动、发挥学生主体性的探究式学习方式，从学生的现实生活的经历与体验出发，通过"发现问题——分析问题——解决问题——发现新问题"的学习过程，提高学生学习心理的兴趣，掌握分析问题、解决问题的方法，培养他们的创新意识和创新精神。探究性学习从根本上改变了学生的学习方式，也要求教师必须改变原来灌输式讲授的教学方式。

（三）合作意识

首先，教师间要加强合作，新课程对教师的备课要求更高，备课最重要的不是备内容，而是备学生、备方法、备重点与难点，围绕学生来备课。通过教师间的合作和交流，能解决很多实际问题。

一般来说，备课组由同一学科的教师组成，对综合学科来说，就是由多门学科的教师组成。备课组要定期举行活动，对某一单元的教学内容进行分析，大家对重点、难点提出不同的看法，提出自己教学设想进行交流，最后形成自己的特色教案。

其次，教师要积极与学生合作，不要高高在上，自以为是。在开放式的教学中，学生已不满足于单单依靠听教师在教室里讲课这种方式获取知识，而是喜欢通过各种渠道获取多方面的学习信息，拥有多种生活体验和实践经验，甚至有时他们得到的信息和经验是教师尚未接触到的，这就要求教师必须转换自己在教学中的角色。

教师在与学生一起收集身边的资料，运用已有知识和技能开展探究性学习活动时，可能会遇到未接触过的新鲜事物或涉及不了解的新科技成果，为了很好地解决问题，就需要与其他教师积极合作。同时，注重平等、互动师生关系的建立，视每个学生为合作者，尊重他们的个性需求，努力创设师生平等交往、共同发展的互动教学关系，构建和谐、民主、平等的师生关系。

（四）评价学生

课程标准在教学内容、学习方式、课堂模式等多方面都进行了大幅度的改革，当然也要进行教学评价的改革。因此，课程标准把"建立学习结果与学习过程并重的评价机制"作为一个基本理念，着重强调在对学习评价时，既要关注学习结果，也要关注学习过程及情感、态度、行为的变化，评价的目标要多元化、手段多样化。

以实际行动落实新课程标准的评价要求，随着新课程的实施，学校教育在教学内容、学习方式、学习环境等方面都有很大的改变，作为学生学习活动的参与者、组织者、引导者的教师，评价时必须做到在重视结果的同时又重视过程。我们不能求全，只要学生在某一方面有进步的表现，也应认为他的学习是有收获的，是成功的。

为此，要全方位地关注每个学生的学习过程，仔细观察学生对知识理解、掌握的程度，分析处理问题的能力，学习的方法和积极性及表现出的情感和价值观，可以为教师全面、公正地评价学生提供可靠的信息。在评价时，应注重形式的多样化，如可以采用教师评价、学生自评、公评相结合等方式。通过观察学生的行为变化和发展状况，帮助他们做好总结和反思，以便更好地指导、启发学生，促进其发展。

二、新课改理念

（一）基本理念

1. 面向全体学生

面向全体学生，全面提高学生的基本素质和技能是新课改的中心任务。新课程改革精神的认真落实也真正能够史无前例地体现素质教育的精髓。

2. 建构主义为指导

根据学生的智力结构、知识结构和教师的业务能力结构，用最优化组合方法，把学科的基本原理、概念及它们之间内在关系的知识结构性传授给学生，培养学生的创新意识和探究能力，真正发挥学生在学习活动中的主动性。该理论体现了真正的教学应有的特点，即高水平的思维、知识的深度、与现实的联系、大量的交流及为学生的进步提供社会支持。

3. 探究性学习

探究性学习是"研究最有效、最主动、最能够激发学生想象力和创造力的学习"，立足于对人的潜能的开发，立足于对学生兴趣的强化，是解决当前"应试教育"系列问题的一个重要而有效的举措。

4. 开放性模式

课程的开放性要求教师应不拘一格，从单调的课堂里"走出来"，通过看外面的世界及开放的教育资源环境建构学生的知识和情感。

5. 创生性课程

在课标的准则下，课程是由师生这两个主体共同创生和建构的。教育必须超越课本，在这方面广义化媒体教学资源环境担负不可替代的责任。教师不能成为教本的奴隶，而是课程的开发者和研究者。

（二）课程理念

新课程的定位，着眼于21世纪人才素质的需求，体现鲜明的时代特色，重视教材的整体性，重视学生的主体性，引导学生积极主动地学习；传授知识和技能与培养能力和创新意识并重；以人为本，以学生发展为本。这正是新课程所体现的课程理念。

1. 个性创新

21世纪是知识经济的时代，知识经济是一种智力支撑型经济，它的出现，使知识成为经济发展的基础和经济增长的驱动力。拥有先进的技术和最新的知识，尤其是拥有知识创新能力的人就显得更加重要。谁拥有创新精神和创造能力，谁就将领导世界的潮流。

2. 目标转变

确立知识与技能、过程与方法及情感态度与价值观三个维度的整合。摒弃以往片面强调知识与技能的倾向。不是看教师教给了学生多少知识与技能，而是看教师教会了学生如何学习、如何做人。

3. 主动学习

学生学习方式上，改变了过去过于强调接受学习、死记硬背、机械练习的现状。倡导学生主动参与、乐于探究、勤于动手，培养学生收集信息和处理信息的能力、分析和解决问题的能力及交流与合作的能力。教师在其中只起到了帮助、引导的作用。在概念与知识的形成过程中，教师及教材所展示的背景不是教师告知结论，而是在教师的帮助、引导下，由学生自主地去观察、发现、收集信息，并用已有知识对所获信息进行归整。给学生提供创造性思维的学习机会。让学生自主学习、自主思索，强调研究性学习，将成为新课程改革发展的又一方向。

4. 回归生活

旧课程的一个主要缺点是课程内容陈旧且脱离生活实际，让学生觉得枯燥无味，缺乏意义。新课程改革打破了学科的本位主义框架，删除了"繁、难、偏、旧"的内容和改变了过于留意书本知识的状况、把课程回归现实生活。新课程改革将留意理论与实践的结合，书本与生活的结合。体现为以活生生的情境为背景设计问题，要求学生能够解决实际问题。

5. 学科综合

现代科学发展越来越呈现综合化的趋势，无论是自然科学还是人文科学，各学科之间往往相互渗透，产生新的边缘学科。

6. 发展评价

新课程改革的一个要求就是以评价促发展，因此评价学生的学习要能够体现学生学习的不同层次水平。

7. 全球概念

随着我国对外开放水平的提高，对外交往的日趋频繁，我们需要对世界有更加全面深入的了解和掌握，需要给学生提供一种全球性的知识背景，因而新课程理念强调培养具有世界眼光和意识的一代新人。

（三）教学资源

1. 原有的媒体教学思想误区

随着科学技术的发展和现代教育手段的运用，执教者把目光转向了单一的高新技术产物——电教媒体。因此在农村学校，许多教师总是借"落后条件"来推诿媒体教学资源研究的责任；条件较好的学校，仅重视公开课和示范课的表演，而真正地推广普及运用比例还较少。这也是当前媒体教学中存在的两个极端。许多教育工作者对媒体资源存在着单一化和片面化的看法。

2. 新的教学含义

根据新课程改革和建构主义理论，学生通过主动探究来建构自己的知识体系和基本素养。而这一建构过程，需要大量多样化的媒体资源来支持。这样一来，教学媒体的广泛性也就应运而生。教学媒体随着时代改革也在不断发展变迁，从远古的肢体语言到口头说教，从古代的文字书本到现在的课堂粉笔加黑板，教育方式在不断进步。而电化教学媒体的产生使教育发生了革命性的变化；"信息化教育"的诞生，多媒化整合，已成为现代教育手段的主流。教学中凡能建构学生的知识和能力的资源都应归纳到媒体的范畴。这就包括了语言、书本文字、图片、幻灯、投影、录音、录像、电影和电子计算机媒体资源等；也包含了探究体验性素材；同时前人的生活经验、社会阅历都应属于教学媒体的内容。这也即广义化的大媒体教学资源概念。

（四）教学媒介

1. 课本教材、课外读物等文本素材

课本教材、课外读物等文本素材是传统的、最常用的主体教学媒介，现在乃至今后都不可能被取缔。

2. 幻灯、投影图像和影视素材

幻灯、投影图像和影视素材形象而生动的画面，使知识体系简易化和直观化。是电化教学初始化的产物，一般为单媒体运用。因各媒体的特点不同，其功能不一。选择运用时要有针对性，不可滥用和乱用。

3. CAI 教学模式

CAI 教学模式具有多种媒体整合，"形声并茂""人机交互"的特点，表现了现代教学最先进手段。教学时常制成课件使用。

4. 生活经验、社会阅历等经验性教材

我们不可能有足够的精力和条件全部再现前人的科学积累，前人有许多成果需要历史的继承，这也是教学生活中不可缺少的媒体素材。

5. 多媒体 VCD 教学

在 CAI 教学的普及性受到滞碍时，多媒体 VCD 教学这种方便而灵活的教学模式几乎可以替代 CAI 教学。其最大的优点是物美价廉，性能可以与 CAI 教学设备相比，具有多媒化、交互性、资源性和普及性的特点。

6. 探究体验性素材

实验体验性教学可以训练学生的动手能力、观察能力、分析判断力和设计能力。其作用是电化教学替代不了的。所以在教学中，这种体验性媒体资源不能轻易用其他模式取代。新课程改革的一个重大变革就是把研究性学习纳入正常教学的范围。

7. 网络化教学

网络化教学通过网络资源服务于教学，该模式是当今教学发展的一个趋向。

（五）教学原则

1. 资源性

所有的媒体展现出来的资源都服务于课标，它替代不了课本，也不能取代教师的地位。媒体素材只能是师生共享的资源，如在教学中，经常把各种数码图片、影视素材片段调用到课堂的某一环节中，探究中有生趣，课堂活跃而不乱，学生在轻松愉快中学到了知识。

2. 开放性

通过媒体去看外部世界，建构知识体系。资源的开放性有利于师生的个性发展，有助形成个性化教育教学模式。同时，资源不是单一的素材，通过师生的共同建构，可升华成更高层次的资源。教师在运用媒体资源时应把这一潜在的价值充分挖掘出来。

3. 整合性

没有最好的媒体，只有最适合的媒体和最佳的媒体优化组合。根据知识内容的不同，教学对象的差异，运用的媒体表现手法在选择上应广思多虑，配置合理；不同媒体各有优势又有不足，科学搭配媒体，可使各媒体的优越性更为突出，使缺陷得以弥补。

4. 服务于课标

媒体的选择，都要因人因地，因材施教。都是服务于实现课标。要做到共建教材体系，大胆探究，找到适合于自己学科特色的媒体教学模式。

第二节　教育理论依据

一、建构主义理论

（一）基本观点

建构主义源自关于儿童认知发展的理论，由于个体的认知发展与学习过程密切相关，因此利用建构主义可以比较好地说明人类学习过程的认知规律，即能较好地说明学习如何发生、意义如何建构、概念如何形成，以及理想的学习环境应包含哪些主要因素等。总之，在建构主义思想的指导下可以形成一套新的比较有效的认知学习理论，并在此基础上实现较理想的建构主义学习环境。

建构主义学习理论的基本内容可从"学习的含义"与"学习的方法"两个方面进行说明。

建构主义认为，知识不是通过教师传授得到，而是学习者在一定的情境即社会文化背景下，借助其他人（包括教师和学习伙伴）的帮助，利用必要的学习资料，通过意义建构的方式而获得。由于学习是在一定的情境即社会文化背景下，借助其他人的帮助即通过人际间的协作活动而实现的意义建构过程，因此建构主义学习理论认为"情境""协作""交流"和"意义建构"是学习环境中的四大要素或四大属性。学习环境中的情境必须有利于学生对所学内容的意义建构。这就对教学设计提出了新的要求，也就是说，在建构主义学习环境下，教学设计不仅要考虑教学目标分析，还要考虑有利于学生建构意义的情境的创设问题，并把情境创设看作教学设计最重要的内容之一。协作贯穿于学习过程的始终，对学习资料的收集与分析、假设的提出与验证、学习成果的评价直至意义的最终建构均有重要作用。交流是协作过程中不可缺少的环节。学习小组成员之间必须通过交流来商讨如何完成规定的学习任务的计划；此外，协作学习过程也是会话过程，在此过程中，每个学习者的思维成果为整个学习群体所共享，因此会话是达到意义建构的重要手段之一。意义建构是整个学习过程的最终目标。所要建构的意义是指，事物的性质、规律及事物之间的内在联系。在学习过程中帮助学生建构意义，就是要帮助学生对当前学习内容所反映的事物的性质、规律及该事物与其他事物之间的内在联系达到较深刻的理解。这种理解在大脑中的长期存储形式就是"图式"，也就是关于当前所学内容的认知结构。由上述"学习"的含义可知，学习的质量是学习者建构意义能力的函数，而不是学习者重现教师思维过程能力的函数。换句话说，获得知识的多少取决于学习者根据自身经验去建构有关知识的意义的能力，而不取决于学习者记忆和背诵教师讲授内容的能力。

建构主义提倡在教师指导下的、以学习者为中心的学习，也就是说，既强调学习者的认知主体作用，又不忽视教师的指导作用，教师是意义建构的帮助者、促进者，而不是知识的传授者与灌输者。学生是信息加工的主体、意义的主动建构者，而不是外部刺激的被动接受者和被灌输的对象。

学生要成为意义的主动建构者，就要求学生在学习过程中从以下几个方面发挥主体作用。一是要用探索法、发现法去建构知识的意义。二是在建构意义过程中要求学生主动收集并分析有关的信息和资料，对所学习的问题要提出各种假设并努力加以验证。三是要把当前学习内容所反映的事物尽量和自己已经知道的事物相联系，并对这种联系加以认真的思考。"联系"与"思考"是意义构建的关键。如果能把联系与思考的过程与协作学习中的协商过程（交流、讨论的过程）结合起来，则学生建构意义的效率会更高、质量会更好。

教师要成为学生建构意义的帮助者，就要在教学过程中从以几个面发挥指导作用。一是激发学生的学习兴趣，帮助学生形成学习动机。二是通过创设符合教学内容要求的情境和提示新旧知识之间联系的线索，帮助学生建构当前所学知识的意义。三是为了使意义建构更有效，教师应在可能的条件下组织协作学习（开展讨论与交流），并对协作学习过程进行引导，使之朝有利于意义建构的方向发展。引导的方法包括提出适当的问题以引起学生的思考和讨论；在讨论中设法把问题一步步引向深入，以加深学生对所学内容的理解；要启发和诱导学生自己去发现规律、纠正和补充错误的或片面的认识。

（二）教学思想

建构主义所蕴含的教学思想主要反映在知识观、学习观、学生观、师生角色的定位及其作用、学习环境和教学原则六个方面。

1. 知识观

（1）知识不是对现实纯粹、客观的反映，任何一种传载知识的符号系统也不是绝对真实的表征。它只不过是人们对客观世界的一种解释和假设，它不是问题的最终答案，必将随着人们认识程度的深入而不断地变革、升华和改写，出现新的解释和假设。

（2）知识并不能绝对准确无误地概括世界的法则，提供对任何活动或问题解决都实用的方法。在具体的问题解决中，知识是不可能一用就准、一用就灵的，而是需要针对具体问题的情境对原有知识进行再加工和再创造。

（3）知识不可能以实体的形式存在于个体之外，尽管通过语言赋予了知识一定的外在形式，并且获得了较为普遍的认同，但这并不意味着学习者对这种知识有同样的理解。真正的理解只能是由学习者基于自身的经验背景而建构起来的，取决于特定情况下的学习活动过程。否则就不叫理解，而是叫死记硬背，是被动的、复制式的学习。

2. 学习观

（1）学习不是由教师把知识简单地传递给学生，而是由学生自己建构知识的过程。学生不是简单被动地接收信息，而是主动地建构知识的意义，这种建构是无法由他人来代替的。

（2）学习不是被动接收信息刺激，而是主动地建构意义，是根据自己的经验背景对外部信息进行主动的选择、加工和处理，从而获得自己的意义。外部信息本身没有什么意义，意义是学习者通过新旧知识经验间反复的、双向的相互作用过程而建构成的。

（3）学习意义的获得，是每个学习者以自己原有的知识经验为基础，对新信息重新认识和编码，建构自己的理解。在这一过程中，学习者原有的知识经验因为新知识经验的进入而发生调整和改变。同化和顺应，是学习者认知结构发生变化的两种途径或方式。同化是认知结构的量变，而顺应则是认知结构的质变。同化—顺应—同化—顺应……循环反复，平衡—不平衡—平衡—不平衡，相互交替，这就是人的认知水平的发展过程。学习不是简单的信息积累，更重要的是包含新旧知识经验的冲突，以及由此而引发的认知结构的重组。学习过程不是简单的信息输入、存储和提取，而是新旧知识、经验之间的双向的相互作用过程，也就是学习者与学习环境之间互动的过程。

3. 学生观

（1）建构主义强调，学习者并不是空着脑袋进入学习情景中的。在日常生活和以往各种形式的学习中，他们已经形成了相关的知识经验，对任何事情都有自己的看法。即使有些问题他们从来没有接触过，没有现成的经验可以借鉴，但是当问题呈现在面前时，他们还是会基于以往的经验，依靠自身的认知能力形成对问题的解释，提出假设。

（2）教学不能无视学习者已有的知识经验，简单、强硬地从外部对学习者实施知识的"填灌"，而应是建构主义理论中教师的角色，把学习者原有的知识经验作为新知识的生长点，引导学习者从原有的知识经验中生长新的知识经验。教学不是知识的传递，而是知识的处理和转换。教师不单是知识的呈现者，也不是知识权威的象征，而应该重视学生自己对各种现象的理解，倾听他们对时下的看法，思考他们这些想法的由来，并以此为据，引导学生丰富或调整自己的解释。

（3）教师与学生、学生与学生之间需要共同针对某些问题进行探索，并在探索的过程中相互交流和质疑，了解彼此的想法。由于经验背景的差异的不可避免，因此学习者对问题的看法和理解经常是千差万别的。其实，在学生的共同体中，这些差异本身就是一种宝贵的现象资源。建构主义虽然非常重视个体的自我发展，但是也不否认外部引导，即教师的影响作用。

4. 师生角色的定位及其作用

（1）教师的角色是学生建构知识的忠实支持者。教师的作用从传统的传递知识的权威转变为学生学习的辅导者，成为学生学习的高级伙伴或合作者。教师应该给学生提供复杂的真实问题。他们不仅必须开发或发现这些问题，而且必须认识到复杂问题有多种答案，激发学生对问题解决的多重观点，这显然是与创造性的教学活动宗旨紧密吻合的。教师必须创设一种良好的学习环境，学生在这种环境中可以通过实验、独立探究、合作学习等方式来展开学习。教师必须提供学生元认知工具和心理测量工具，培养学生评判性的认知加工策略，以及自己建构知识和理解的心理模式。

（2）教师要成为学生建构知识的积极帮助者和引导者，应当激发学生的学习兴趣，引发和保持学生的学习动机。通过创设符合教学内容要求的情境和提示新旧知识之间联系的线索，帮助学生建构当前所学知识的意义。为使学生的意义建构更为有效，教师应尽可能组织协作学习，展开讨论和交流，并对协作学习过程进行引导，使之朝有利于意义建构的方向发展。

（3）学生的角色是教学活动的积极参与者和知识的积极建构者。建构主义要求学生面对认知复杂的真实世界的情境，并在复杂的真实情境中完成任务，因而，学生需要采取一种新的学习风格、新的认识加工策略，形成自己是知识与理解的建构者的心理模式。建构主义教学比传统教学要求学生承担更多的管理自己学习的机会；教师应当注意使机会永远处于维果茨基提出的"学生最近发展区"，并为学生提供一定的辅导。空杯理论要求学生用探索法和发现法去建构知识的意义。在建构意义的过程中要求学生主动去收集和分析有关的信息资料，对所学的问题提出各种假设并努力加以验证。要善于把当前学习内容尽量与自己已有的知识经验联系起来，并对这种联系加以认真思考。

5. 学习环境

建构主义认为，学习者的知识是在一定情境下，借助于他人的帮助，如人与人之间的协作、交流、利用必要的信息等，通过意义的建构而获得的。理想的学习环境应当包括情境、协作、交流和意义建构四个部分。

（1）学习环境中的情境必须有利于学习者对所学内容的意义建构。在教学设计中，创设有利于学习者建构意义的情境是最重要的环节。

（2）协作应该贯穿于整个学习活动过程中。教师与学生之间、学生与学生之间的协作，对学习资料的收集与分析、假设的提出与验证、学习进程的自我反馈和学习结果的评价及意义的最终建构都有十分重要的作用。协作在一定的意义上是协商的意识，协商主要有自我协商和相互协商。自我协商是指自己和自己反复商量什么是比较合理的；相互协商是指学习小组内部之间的商榷、讨论和辩论。

（3）交流是协作过程中最基本的方式或环节。如学习小组成员之间必须通过交流来商讨如何完成规定的学习任务以达到意义建构的目标，怎样更多地获得教师或他人的指导和帮助等。其实，协作学习的过程就是交流的过程，在这个过程中，每个学习者的想法都为整个学习群体所共享。交流对于推进每个学习者的学习进程，是至关重要的手段。

（4）意义建构是教学过程的最终目标。其建构的意义是指事物的性质、规律及事物之间的内在联系。在学习过程中帮助学生建构意义，就是要帮助学生对当前学习的内容所反映事物的性质、规律及该事物与其他事物之间的内在联系达到较深刻的理解。

6. 教学原则

（1）把所有的学习任务都置于为了能够更有效地适应世界的学习中。

（2）教学目标应该与学生的学习环境中的目标相符合，教师确定的问题应该使学生感到就是他们本人的问题。

（3）设计真实的任务。真实的活动是学习环境的重要特征，就是应该在课堂教学中使用真实的任务和日常的活动或实践整合多重的内容或技能。

（4）设计能够反映学生在学习结束后就从事有效行动的复杂环境。

（5）给予学生解决问题的自主权。教师应该刺激学生的思维，激励他们自己解决问题。

（6）设计支持和激发学生思维的学习环境。

（7）鼓励学生在社会背景中检测自己的观点。

（8）支持学生对所学内容与学习过程的反思，发展学生的自我控制的技能，使其成为独立的学习者。

二、自然主义教育理论

研学旅行是一种自然主义的教育。

自然主义教育在中西方的历史都源远流长，它代表了一种遵守自然秩序、遵从自然本性的教育观。西方自然主义教育的代表人物通常上溯到亚里士多德，中间经夸美纽斯、卢梭正式确立，最终发展成为颇有影响的教育流派。

亚里士多德认为，教育应该遵守一种自然的秩序，应该从儿童身心发展的规律出发，"首先要注意儿童的身体，其次留心他们的情感培养，然后才触及于他们的灵魂"。这种注重儿童身心教育的观点，对于改变我们重知识教育而轻素质教育的倾向，至今仍有启发。

人文主义教育家拉伯雷反对经院学派的教育方式，主张受教育者应该走到大自然当中，直接学习自然知识。他要求教师指导儿童在大自然中研究天文学知识，在田野里学习植物学，在草地上观察一草一木，"做到没有一处海洋、河流和泉水里的鱼类你不知道。""天空中的飞鸟，森林里或果园里的一切灌木和乔木，生长在地面的各种矿产及世界东方和南方可以见到的各种各样的宝石，所有这一切你都应该知道。"这种教育方式就是通过把教育的场所由封闭的学校引向开放的大自然，观察、认识并体验大自然中的一切。这种教育方式是灵活的，也是符合儿童身心特点的。

捷克著名教育家夸美纽斯是西方自然主义教育的系统构建者，他主张教育应该符合一种"自然适应性"原则，认为儿童的成长如同自然界的植物、动物一样，要顺其自然，符合自然的规律。他指出，人所应该学的必须通过实践来学会，也就是不停地去实践并重复，才能真正学到东西。

因此，那种灌输型的教育就是违背了知识传授的规律。他主张，旅游与体验的教育方式是一个人从小到大都非常重要的学习方式。因为，通过旅游体验，学生可以了解并探索自然本质及人类所创造的事物的规律与特点。

卢梭是自然主义教育的巨擘，他主要是从人的自然本性出发，强调顺其自然与主体的自由性。正如康德所说，卢梭发现了人的内在本性。

卢梭的教育观注重从人的直观性出发，反对死记硬背与强硬灌输，主张减少不必要的人为因素，要求受教育者应走向大自然、走向社会，对自然万物进行直接的接触与观察。他在晚年的隐居生活中，每天去大自然中观察植物，获取植物学的知识，堪称自然主义教育的典范。

中国的自然主义教育更是源远流长，道家应该是自然主义教育的鼻祖。道家认为，"为学日益，为道日损"（《道德经》），一个人的成长要遵循一种自然而然的法则，向自然学习，正所谓"山林与，皋壤与，使我欣欣然而乐与"（《庄子·知北游》）。

在大自然中，人的情感是迸发而喜悦的。"天地有大美而不言，四时有明法而不议"（《庄子·知北游》），大自然蕴藏着奥秘，它需要人融入其中，寻获游鱼之乐。《论语》开篇就是"学而时习之不亦说乎"（《论语·学而》），"习"绝非坐而论道，而是不断实践的意思。

孔子周游列国，"入太庙，每事问"（《论语·八佾》）。曾点的舞雩之乐，也被认为是参悟天地境界的游学方式。后世儒家也多把接触自然、观察自然看作得道的重要途径，正所谓"万物静观皆自得"（程颢《秋日》）。

中西方自然主义教育虽然有所不同，但毫无疑问的是，自然主义应该是教育发展始终坚持的一个原则。这种教育观点所倡导的受教育者走向大自然、顺其自然本性而教育的理念，都是现今研学旅行活动所要重新加以思考并遵循的。

三、生活教育理论

研学旅行是一种生活教育。

如果说自然主义教育是研学旅行教育的原则，生活教育理论则指明了研学旅行的教育内容及教育手段。倡导生活教育最著名的莫过于美国的杜威及中国的陶行知了。就教育的内容而言，所谓的生活教育就是生活中的一切都可以作为教育的内容，教育是为了生活，怎么样生活就怎么样教育。

正如陶行知指出的："马路、弄堂、乡村、工厂、店铺、监狱、战场，凡是生活的场所，都是我们教育的场所。"在这方面，杜威与陶行知观点一致。

就教育的手段而言，生活教育反对把学生关在学校里，犹如把鸟儿关在鸟笼里，主张应该办开放的教育，让学生到广阔的生活中体验。青天为顶，大地为底，人人都是先生，人人都是同学，这种社会就是学校，生活就是教育的思想超越了美国的杜威。

陶行知把教育放在广阔的生活场景中，教育是开门办学，是开放式的教育。

苏联的苏霍姆林斯基提倡教师要从生活世界的角度去教育学生，认为："智育是一种复杂的过程，它包括形成世界观信念，使智慧富于思想方向性和创造方向性，而这又跟校内教学教育过程与校外社会生活和谐结合起来的那种个人的劳动和社会积极性处于紧密统一之中。"因此，学生要从劳动、自然、旅行与游戏中获得教育。

生活教育理论对我们开展研学旅行活动的启发是很重要的。可以说，我们现在之所以要在中小学生中推行研学旅行课程，把研学旅行纳入教学计划中，就是为了强调教育理应回归生活世界，教育理应面向生活、服务生活，让学生从生活中获得新知。

我们不仅需要知识的教育，更需要生活的教育；我们不仅需要在书本上学习知识，更需要从各色生活中习得知识，得到情感的陶冶、素质的提升。教育是生活的一部分，生活是最好的教育。

四、休闲教育理论

研学旅行是一种休闲教育。

休闲是生活中很重要的一项内容，甚至是生活的大部分内容。它关系到人的生活质量及个体的生活满意度与幸福感。长久以来，在功利主义盛行的形势下，教育成了生存的工具、手段，学习工作的技能成为教育的主要目的。

这样的教育一定程度上忽视了日常生活的重要性，尤其是忽视了日常生活中休闲的重要性。一般意义上，休闲就是闲暇的时间，它是主体可以自由支配的空余时间，是人自由表现自我、实现人生价值的重要契机。工作往往只是生存所需，并非生活之全部。

就人的一天而言，至少有的时间是非工作时间；就人的一生而言，超过三分之二的时间都是非工作时间。在非工作时间中，人如何度过，并恰当地处理好自我与周围世界的关系，以及人与自我的关系，都是值得受教育者充分重视的事情。

美国著名休闲学者杰弗瑞·戈比认为，"成功地使用休闲，有三个重要观念：创造性、学习和乐趣"，他积极倡议学生要自由选择去玩，去探索他居住的那片土地，去尝试新的爱好。

有学者指出，"休闲作为教育的背景"涉及"通过休闲实现的教育"，包括在正规和非正规的学习环境中，如教室、操场、课后活动。

因此，无论是课内还是课外，夏令营和社区教育项目进行的这种休闲教育的理念应该得到普及，而走出校门进行研学旅行的教学活动，无疑是更富有成效的一种教育方式。

正是由于长期以来休闲教育的缺失，导致许多学生不会正确地利用闲暇时间，常常在闲暇时感到无所事事；而当从事休闲活动时，又有很多不恰当的选择及不恰当的行为。

随着人类文明整体进程的加快发展、物质财富的持续增长，21世纪人类社会注定会迈进休闲时代，这就要求受教育者更加全面、更加理智地去面对生活，能够自由地实现自我的价值。因此，休闲教育课程体系的设置、休闲理念的传输、休闲实践的引导就显得尤为迫切了。

另外，休闲教育既体现为一种生活的教育，同时也体现为教学方法的革新。休闲是一种价值，是一种育人的过程；休闲还意味着快乐的体验。这种体验的特征反映在教育领域里，则是"寓教于乐"的教学方法。

研学旅行通过精心设计课程，引导学生走出校园、走向社会，以一种旅行的方式感知周围的世界。这种教育形式就是一种休闲教育，它能让学生学习旅行的经验，并在充满体验感知的过程中获得成长的快乐。

五、体验教育理论

所谓"体验"，简而言之就是指通过实践来认识事物，"体验教育"就是教育对象在实践中认知、明理和发展，是把学生作为学习的主体，亲自参与或置身某种情境中，用心智去感受、关注、欣赏、评价某一事件、人物、环境、思想和情感等，从而获得知识、技能、情感，最终达到教育目的。它是让儿童通过亲身经历，学习做人、做事及思考的基本道理，并转化行为习惯的过程，不仅关心人是否学到知识，更关心人是否获得体验，体验到什么，追求什么样的体验，以及如何认识自己的体验。其核心价值是让孩子们在体验中快乐成长。这里的"体验"有两个层面：行为体验是一种实践行为，是亲身经历的动态过程，是学生发展的重要途径；内心体验则是在行为体验的基础上所发生的内化、升华的心理过程。两者相互作用、相互依赖，对促进少年儿童的发展具有积极作用。

体验教育既注重教育活动的形式与过程，更注重实践主体的内心体验。它要求少年儿童用"心"去体验，用"心"去感悟，在体验中把教育要求内化为品质，外显为行为。

体验教育的理论渊源，可以追溯到卢梭、杜威、皮亚杰等人的教育思想与观点之中。法国思想家、教育家卢梭认识到教育领域中生命所固有的价值，在个体的生命面前，教育不是万能的，而是有局限的，教育必须倾听生命的发言。他指出宗教蒙昧主义和神学思想对人理性的窒息，使人愚昧无知，并从其"自然神论"的哲学观出发，提出他的"自然主义"教育主张，充分体现出教育人性化的本质特性。以行求知，体验中学，是卢梭自然主义教育思想的一个基本点。

杜威是美国著名的实用主义哲学家、教育家和评论家，是教育哲学的奠基人。他认为，"从做中学"是儿童天然欲望的表现。教育者应该对儿童的这种天然欲望加以引导和发展。如果教育者能对活动加以选择、利用和重视，以满足儿童的天然欲望，使儿童从那些真正有教育意义的活动中进行学习，那是非常有意义的。杜威认为，"从做中学"也就是"从活动中学""从经验中学"，它使学校里知识的获得与生活过程中的活动联系起来，儿童能从那些真正有教育意义和有兴趣的活动中学习，从而有助于儿童的成长和发展。"从经验中学"，就是在我们对事物有所作为和我们所受的快乐或所受的痛苦这一结果之间，建立前前后后的联结。从上述的内容可以看出，杜威的"从做中学"理论是体验教育的最直接、最重要的理论来源。

瑞士儿童心理学家皮亚杰在研究认知发展的同时，提出了认知发展阶段论的观点。皮亚杰的认知发展阶段论，把从婴儿到青春期的认知发展分为感知运动、前运算、具体运算和形式运算四个阶段。

中国著名教育家陶行知结合中国的国情，对杜威的教育思想进行了改造，强调教育即生活，在做中学的思想为体验教育在中国的实践探索给了浓墨重彩的一笔。

我国当代著名学者刘惊铎在其《道德体验论》一书中，澄清了体验教育的基本概念和内涵，在理论上把体验教育分为"亲验活动"和"想验活动"，并将体验教育深入运用到我国大中小学校的德育改革和教育教学实践之中。我国当代众多体验教育思想的追随者们共同研究和探索，从根本上改变了我国学校德育和教育教学缺乏实效的被动状况，显著促进了德育和教育教学质量的提高，甚至收到了震撼心灵、感动生命的魅力教育实效，推动了体验教育思想理论在我国教育实践中的广泛应用。

六、学生中心课程理论

学生中心课程理论也称儿童中心课程理论，具有实用性、综合性、实践性等特点，是以儿童的现实生活特别是活动为中心来编制课程的理论，因此，这种课程理论又称活动课程理论。活动课程理论的主要倡导者是美国实用主义教育家杜威，基本观点如下。

（一）经验论

教育就是经验的改造。这种改造既能增加经验的意义，又能提高指导后来经验进程的能力，课程即是对学生经验增长有教育价值的经验。

（二）以儿童为中心的活动论

活动课程论认为，教育应以儿童实际经验为起点，从做中学。一切学习都要通过"做"，由"做"而得到的知识才是真正的知识。

（三）主动作业论

主动作业是着眼于儿童经验的发展而对社会生活中的典型职业进行分析、归纳而获得的各种活方式，如商业、烹饪、缝纫、纺织、木工等。

（四）课程组织的心理顺序论

杜威并不否认课程的组织更考虑教材的逻辑顺序，但他更重视课程的组织要考虑儿童的心理顺序，他主张课程的组织应从儿童的经验出发，将教材心理学化，在教学过程中将儿童的个体经验逐渐提升到教材的逻辑水平。

学生中心课程理论重视学生学习活动的心理准备，在课程设计与安排上满足了儿童的兴趣，有很大的灵活性，调动了学生学习的主动性和积极性；强调实践活动，重视学生通过亲自体验获得直接经验，主动去探索，有利于培养学生解决实际问题的能力；强调围绕现实社会生活各个领域精心设计和组织课程，有利于学生获得对世界的完整认识。

七、后现代主义课程理论

最有影响的后现代主义课程理论代表人物主要有车里霍尔姆斯、多尔等，主要观点如下。

（一）课程目标的灵活性

后现代主义课程理论支持课程具有"适量"的不确定性、异常性、模糊性，教学要根据具体实际制定恰当的、适合学生实际的课程目标。

（二）课程是师生进行解构和建构的文本

多尔设定了课程的丰富性、回归性、关联性，强调课程实施不应拘泥于灌输和阐释，所有课程参与者都是课程的开发者，课程是师生共同探索新知识的过程。

（三）课程内容的综合化

后现代主义者要求消解学科边界，甚至最终取消学科本身，主张通过跨学科的、非线性的和流动鲜活的综合课程把学生置于现实生活中，学习现实生活所需的知识和技能。

第三节　政府政策推动

我国研学旅行正处于普遍认知阶段，还没有得到稳定、成熟的发展，政府方面一手促进一手监管，其法律法规和行业监管尚不到位，落后于国际市场的步伐。研学旅行要大力发展，亟须政府层面的大力推动，形成背靠政府支持，面向市场发展，立足当地的教学优势，扩大在各学校的应用，从而形成良性驱动发展。

一、国家政策推动

为了促进研学旅行的发展，国家下发了一系列文件，从国家政策上推动研学旅行的进程。

（1）2010年，国务院印发了《国家中长期教育改革和发展规划纲要（2010—2020）》（以下简称《教育规划纲要》）。《教育规划纲要》指出，要利用社会教育资源，开展各种课外及校外活动，加强中小学校课外活动场所建设。积极探索营利性和非营利性民办学校的分类管理，开展对两类学校分类管理试点。

（2）2012年6月，教育部印发了《关于鼓励和引导民间资金进入教育领域，促进民办教育健康发展的实施意见》（以下简称《意见》）。《意见》指出，要拓宽民办教育资金参与教育事业发展的渠道。进一步激发民办教育体制机制上的优势和活力，满足人民群众多层次、多样化的教育需求，探索完善民办学校分类管理的制度、机制。

（3）2013年2月，国务院办公厅印发了《国民旅游休闲纲要（2013—2020年）》（以下简称《纲要》）。《纲要》指出，要逐步推行中小学生研学旅行，鼓励学校组织学生进行寓教于游的实践活动，健全学校旅游责任保险制度。

（4）2013年2月，教育部印发了《关于开展中小学生研学旅行试点工作的函》。该文件将安徽省、西安市、苏州市作为研学旅行工作试点，为全国开展研学旅行指明了方向。

（5）2014年，教育部印发了《蒲公英行动计划（2015—2017）》（以下简称《计划》）。《计划》中指出，教育部将制定中小学开展课后活动指导意见，指导各地采取政府购买服务、引入校外教育资源和利用志愿者服务等多种形式破解"三点半难题"（小学生放学托管问题）。

（6）2014年3月，教育部印发了《关于进一步做好中小学生研学旅行试点工作的通知》（以下简称《通知》）。《通知》指出，在2013年试点基础上扩大试点范围，扩展至河北省、上海市、江苏省、江西省、广东省、重庆市、陕西省、新疆维吾尔自治区。

（7）2014年7月，教育部印发了《中小学生赴外修学旅行活动指南（试行）》（以下简称《指南》）。《指南》对举办者安排活动的教学主题、内容安排、合作机构选择、合同订立、行程安排、行前培训、安全保障等内容提出指导意见，特别是在操作性方面，规范了带队教师人数、教学内容占比、协议规定事项、行前培训等具体内容，为整个行业活动划定了基本标准和规则。举办境外研学旅行要与中小学的教育教学计划进行统筹安排，具有明确、有益的教育目的和适当、周密的教学内容，把素质教育和体验学习贯穿始终。境外研学旅行的教育教学内容和学习时长所占比例一般不少于在境外全部行程计划的二分之一。

（8）2014年8月，国务院办公厅印发了《关于促进旅游业改革发展的若干意见》（以下简称《意见》）。《意见》中首次明确了"研学旅行"要纳入中小学生日常教育范畴，积极开展研学旅行。按照全面实施素质教育的要求，将研学旅行、夏令营、冬令营等作为青少年爱国主义和革命传统教育、国情教育的重要载体，纳入中小学生日常德育、美育、体育教育范畴，增进学生对自然和社会的认识，培养其社会责任感和实践能力。按照教育为本、安全第一的原则，建立小学阶段以乡土乡情研学为主、初中阶段以县情市情研学为主、高中阶段以省情国情研学为主的研学旅行体系。加强对研学旅行的管理，规范中小学生集体出国旅行。支持各地依托自然和文化遗产资源、大型公共设施、知名院校、工矿企业、科研机构，建设一批研学旅行基地，逐步完善接待体系。鼓励对研学旅行给予价格优惠。

（9）2016年3月，教育部基础一司印发了《关于做好全国中小学研学旅行实验区工作的通知》（以下简称《通知》）。《通知》确定天津市滨海新区等10个地区为全国中小学研学旅行实验区（天津市滨海新区、河北省邯郸市、江苏省苏州市、安徽省合肥市、江西省兴国县、河南省济源市、湖北省麻城市、重庆市、贵州省遵义市、新疆维吾尔自治区乌鲁木齐市），明确研学旅行的工作内容与原则，确定实施时间和实验任务。

（10）2016年12月19日，教育部等11部门印发了《关于推进中小学生研学旅行的意见》（以下简称《意见》）。《意见》指出，中小学生研学旅行是由教育部门和学校有计划地组织安排，通过集体旅行、集中食宿的方式开展的研究性学习和旅行体验相结合的校外教育活动，是学校教育和校外教育衔接的创新形式，是教育教学的重要内容，是综合实践育人的有效途径。开展研学旅行，有利于促进学生培育和践行社会主义核心价值观，激发学生对党、对国家、对人民的热爱之情；有利于推动全面实施素质教育，是创新人才的培养模式，可以引导学生主动适应社会，促进书本知识和生活经验的深度融合；有利于加快提高人民生活质量，满足学生日益增长的旅游需求，从小培养学生文明旅游意识，养成文明旅游行为习惯。《意见》指出，近年来，各地积极探索开展研学旅行，部分试点地区取得显著成效，在促进学生健康成长和全面发展等方面发挥了重要作用，积累了有益经验。但一些地区在推进研学旅行工作过程中，存在思想认识不到位、协调机制不完善、责任机制不健全、安全保障不规范等问题，制约了研学旅行的有效开展。当前，我国已进入全面建成小康社会的决胜阶段，研学旅行正处在大有可为的发展机遇期，各地要把研学旅行摆在更加重要的位置，推动研学旅行健康、快速发展。

（11）2016年12月19日，国家旅游局发布了《研学旅行服务规范》（以下简称《规范》）。《规范》中详细提出研学旅行的安全性问题，并指出《研学旅行服务规范》是国家旅游局针对研学旅行实施制定的权威性的规范文件，其中对人员配置、产品分类、服务改进、安全管理提出了明确的要求。研学旅行机构或学校可以针对此文件查漏补缺，及时调整。

（12）2017年8月17日，教育部发布了《中小学德育工作指南》（以下简称《指南》）。《指南》指出，中小学生的综合素质培养刻不容缓。《指南》主要明确提出学校组织开展研学旅行，以推进中小学生综合素质的提升。在研学旅行实施过程中，校外机构应与学校通力协作，以达到教育目标，这是尤为重要的。

（13）2017年9月25日，教育部发布了《中小学综合实践活动课程指导纲要》（以下简称《纲要》）。《纲要》中将综合实践活动确立纳入学校教育学分系统。指出综合实践活动是国家义务教育和普通高中课程方案规定的必修课程，与学科课程并列设置，是基础教育课程体系的重要组成部分。

（14）2017年12月6日，教育部办公厅发布了《关于公布第一批全国中小学生研学实践教育基地、营地名单的通知》（以下简称《名单》）。《名单》中正式公布了第一批全国中小学生研学实践教育基地204个单位、营地14个单位名单。为了中小学生的身心健康发展，国家大力支持研学旅行，近年来发布多项重要文件，要求为学生创造更丰富的研学旅程，创造更安全的研学环境。文件大致明确了中小学研学实践基地和营地应具备的基本条件，对研学旅行及营地教育从业者有一定的参考意义。

（15）2018年2月，《教育部基础教育司2018年工作要点》（以下简称《要点》）发布。《要点》中强调继续实施中央专项彩票公益金支持校外教育事业发展项目，推进研学实践教育营地和基地建设。推进全国青少年校园足球改革试验区、试点县（区）和特色学校建设，建设"满天星"训练营试点。建立优秀校园足球等级运动员在大中小学各阶段相衔接的升学保障机制。推进冰雪运动进校园，遴选一批全国青少年冰雪运动特色学校。

（16）2018年10月，《教育部办公厅关于公布2018年全国中小学生研学实践教育基地、营地名单的通知》发布。根据《教育部办公厅关于商请推荐"全国中小学生研学实践教育基地"的函》《教育部办公厅关于开展"全国中小学生研学实践教育基（营）地"推荐工作的通知》精神，在中央有关部门和各省级教育行政部门推荐的基础上，经专家评议、营地实地核查及综合评定，拟命名中国人民解放军海军南海舰队军史馆等377个单位为"全国中小学生研学实践教育基地"，北京市自动化工程学校等26个单位为"全国中小学生研学实践教育营地"。综合2017年、2018年两次公布名单，全国中小学生研学实践教育基地合计581个单位，营地合计40个单位。

（17）2019年3月，《教育部基础教育司2019年工作要点》（以下简称《要点》）发布。《要点》中强调对研学旅行要继续予以资金支持，实施中央专项彩票公益金支持校外教育事业发展项目，加强研学实践教育基地（营地）课程资源和服务平台建设，遴选推广典型线路。

（18）2019年6月，国务院办公厅印发了《关于新时代推进普通高中育人方式改革的指导意见》(以下简称《指导意见》)。《指导意见》强调构建全面培养体系，从突出德育时代性、强化综合素质培养、拓宽实践渠道、完善综合素质评价等方面提出要求。

(19) 2020年3月20日，国务院印发了《关于全面加强新时代大中小学劳动教育的意见》(以下简称《意见》)。《意见》中要求全面构建体现时代特征的劳动教育体系，广泛开展劳动教育实践活动。根据各学段特点，在大中小学设立劳动教育必修课程，系统加强劳动教育。中小学劳动教育课每周不少于1课时，学校要对学生每天的课外校外劳动时间作出规定。

(20) 2020年9月9日，教育部印发了《教育系统"制止餐饮浪费　培养节约习惯"行动方案》(以下简称《方案》)。《方案》要求"组织学生走出课堂，走向田间地头和青少年社会实践基地等场所，广泛开展实践体验活动并形成制度。城市中小学校要在每个学段至少安排一次农业生产劳动，农村中小学校要因地制宜开展种植养殖体验，支持大学在食堂建立育人实践基地。通过社会实践、劳动体验，让学生切身感受食物的来之不易，真正形成尊重劳动和爱惜食物的思想意识。"

(21) 2020年7月15日，发展改革委等13部门发布了《关于支持新业态新模式健康发展，激活消费市场带动扩大就业的意见》(以下简称《意见》)。《意见》提出培育发展共享经济新业态，创造生产要素供给新方式，鼓励文化旅游等领域产品智能化升级和商业模式创新，发展生活消费新方式，培育线上高端品牌。推动旅游景区建设数字化体验产品，丰富游客体验内容。《意见》提出要打破惯性思维，创新治理理念，加快转型升级，拓展融合深度，激发市场活力，开辟发展空间，提升要素效率，畅通经济循环。积极探索线上服务新模式，激活消费新市场，鼓励和支持融合化在线教育、互联网医疗、便捷化线上办公等线上服务新模式，不断提升数字化治理水平。

(22) 2020年10月13日，国务院印发了《深化新时代教育评价改革总体方案》(以下简称《方案》)。《方案》指出，要完善立德树人的体制机制，扭转不科学的教育评价导向，坚决克服唯分数、唯升学、唯文凭、唯论文、唯帽子的顽瘴痼疾，提升教育治理能力和水平，加快推进教育现代化，建设教育强国，办好人民满意的教育。

二、区域政府的支持

(1) 2017年，秦皇岛市教育局印发了《关于进一步推进中小学开展体验教育工作的通知》(以下简称《通知》)。《通知》要求各县区、各学校秉承"创新、协调、绿色、开放、共享"的发展理念，以"立德树人"为根本任务，以理想信念教育、社会主义核心价值观教育、中华传统优秀文化教育、生态文明教育、心理健康教育为基本内容，以提高学生综合素质为重要目标，进一步推进中小学体验教育工作。

（2）2018年，秦皇岛市教育局印发了《关于开展"博大乐航"杯中小学区域研学创设大赛的通知》（以下简称《通知》）。《通知》要求各县区各中小学校积极宣传，广泛动员，组织中小学生参加全市"博大乐航"杯中小学区域研学创设大赛。

（3）2018年10月17日，秦皇岛市教育局、北京博大乐航教育集团共同组织召开了"秦皇岛市中小学生区域研学现场会暨首届'博大乐航杯'区域研学创设大赛秦皇岛赛区启动仪式"，会议以育人为本、创新发展为主题，以研学旅行为载体，以落实立德树人为根本，以培养德智体美劳全面发展的"社会主义建设者和接班人"为核心思想，通过区域研学开展德育工作。通过博大乐航杯赛事平台，为广大中小学师生提供广阔的实践舞台。

（4）2019年5月4日，秦皇岛市召开中小学区域研学课题"区域研学资源开发的实证研究"专题工作会，此课题是全国教育科学"十三五"规划2018年度教育部规划课题，是区域研学方面专属课题，这也意味着秦皇岛市的研学教育在学术的引领下，将进入更高远的阶段。此次会议的召开将进一步促进秦皇岛地区区域研学的发展。

（5）2019年10月26日，秦皇岛市教育局联合秦皇岛市文旅局召开"区域研学首届论坛暨区域研学课题推进会"，全国300余名中小学教育工作者及研学机构人员参加会议，会上汇报、交流了区域研学资源开发及课程开发等内容，这标志着以"区域研学"为研学落地方式的校外教育系统正在逐步走向成熟和被业内认同。

（6）2020年9月4日，秦皇岛市教育局召开"全国教育科学'十三五'规划2018年度教育部规划课题'区域研学资源开发的实证研究'中期论证暨中期成果推广会"。各县区教育局主管领导、中小学校长代表参加了会议。会上对该课题的中期研究成果进行了广泛的交流。河北省教科所理论室许银海主任对该课题的研究和取得的中期成果给予高度的评价，并建议该课题阶段成果可以在区域内推广。此次会议对推进区域研学和课题研究起到了极大的推动作用。

国家和地方政府出台的一系列政策法规对开展区域研学提供了政策支持和保证，使区域研学得以顺利开展。

第四章　区域研学基地的建设

第一节　区域研学资源开发

一、研学专业机构

区域研学最突出的特点是体验性，它是融学校教育、社会教育、家庭教育为一体的新的教育形式，具有理论性、实践性、专业性、开放性和科学性，是社会教育的主要体现。因此对区域研学团队提出了很高的专业性要求，为促进区域研学事业的健康科学的发展，需要建立专业的理论研究、资源开发、课程设计、教学设计、师资培训、学员管理等专业化团队。区域研学专业团队是开发研学资源、建设研学课程、促进研学开展的骨干力量，因此建设和发展研学教育专业机构是开展研学教育的首要任务。

区域研学资源与一般资源区别很大，最大的特点是教育性、体验性和开放性，对资源的开发要全面具体，对已经开发的资源要进行综合分析，提炼适合中小学区域研学的场地和内容，并对适合研学的资源分类，确定建立的研学基地，开发研学课程等。所以，所有的开发人员需要具备一定的理论基础，对区域研学的基本概念、主要特点、组织形式、实施流程、课程开发及评价等要有全面的认识和理解。因此，需要对开发团队进行系统、全面的培训，运用多种培训方式，进行多内容培训，使团队中的每个人都成为研学资源开发及研学实践活动中具有专业素质人员，既能单兵作业，又能集体活动。当然，研学资源开发与建设应以团队的方式进行，这样便于发挥集体智慧，真正实现对区域研学资源的充分利用。

二、区域研学资源的开发

在对区域研学资源进行实际开发时,首先要论证资源开发的范围,大致分为四个框架,即区域旅游景区、工农业示范区、历史遗迹场馆和其他适合研学实践的单位,这样资源开发就有了针对性,避免了盲目开发。其次是探寻资源开发方式,根据区域特点,采用以下方式进行开发。

(一)查找资料

开发人员在资源开发前,按类别列出将要开发资源的单位,如旅游景点、知名企业、示范基地、各种场馆等,然后通过多途径收集资料。一是网上查询,争取具体、全面地收集到该地的所有资料。二是查阅书籍,对基地的发展、变化、资源特点等资料进行全面收集,使开发的研学资源丰富多彩。

(二)实地勘察

对基地资料进行收集之后,还需要走访调查,实地勘察。与基地的直接管理者深入接触,与熟悉基地历史和现状的专家学者及知情人士座谈,全面了解基地信息,弥补网络查询和资料收集的遗漏。此外还要深入基地进行考察,详细了解没有文字记载的被人们忽视了的环境资源,还要实地勘察确定哪些资源最具有代表性,最能激发学生的研学兴趣,哪些资源可以作为研学资源进行开发。通过考察、咨询、体验,使自然资源得到充分筛选和有效开发。

(三)探索研究

区域内作为研学资源进行开发的范围广、内容多,所以资源开发不是一蹴而就,而是伴随着研学活动来进行。课题研究是一项资源开发的有效途径。"十三五"期间,秦皇岛市教育局和博大乐航联合申报教育部重点课题"区域研学资源开发的实证研究",组建了由北京大学等知名院校教育专家、区域教育管理干部、中小学校长及骨干教师等组成的课题研究团队,建立了严格完整的课题研究管理制度,开展了规范科学的研究。课题立项以来,以开发资源、建设课程、研学实践为宗旨,边实践、边研究、边总结,取得了初步成果。

（四）综合分析

对区域内列入开发范围的每个基地资源进行全面挖掘只是完成了资源开发的第一步，接下来是对获取的资料进行具体的分析，要经过反复讨论、权衡、比较、分析，从众多的景点、典型企业、场馆中精选出适合中小学生研学活动的场所，为下一步建设研学基地做准备。然后根据储备的资料和实地考察的情况，将精选出来的可以作为研学基地的单位进行分类，并提炼出适合研学活动的主题，明确研学目标，为研学课程开发提供资源支持。

三、秦皇岛市研学资源开发

秦皇岛市濒临渤海，背靠燕山，地处京津冀经济圈，自然、社会和历史资源丰富，长城文化资源、海洋文化资源、秦皇历史文化等都是区域研学的极好资源。

博大乐航秦皇岛分校以国家"十三五"规划课题"区域研学资源开发的实证研究"为抓手，以开发区域研学资源为目标，开展全面研究。对9个县区分别确定子课题，主要领导担任子课题负责人，组建子课题组，在总课题组的规划与指导下，对本县区的研学资源进行了全面的开发。各县区开发的研学资源如下。

（1）海港区研学资源开发。杜庄温泉堡；临榆石门八景；板厂峪景区；老君顶旅游区；秦皇岛园博园；西港花园（开埠地）；秦皇求仙入海处；董家口古长城公园；远方瀛园实践基地；新澳海底世界；海港区湿地公园；秦皇岛玻璃博物馆；秦皇岛港口博物馆；秦皇岛柳江地质博物馆。

（2）北戴河区研学资源开发。暴风湖运动营地；秦皇岛歌华营地；北戴河英伦国际马术俱乐部；河北楷彤影视传媒；鸟类科普教育实践基地；北戴河半格路创客营地；秦皇岛鸟类博物馆；奥林匹克公园；北戴河艺术村落；北戴河湿地；河北环境工程学院。

（3）抚宁区研学资源开发。冰糖峪长城风情大峡谷；花果山风景区；龙云谷风景区；小河峪景区；天马山景区；天马湖景区；象山风景区；兔耳山及天路；界岭口长城遗址；仁轩酒庄；抚宁区榆关镇；状元府；茶棚乡山楂节；抚宁区西部果园；抚宁区消防支队；河口村民俗博物馆；台营革命烈士纪念馆；抚宁烈士陵园。

（4）经济技术开发区研学资源开发。古今圣贤—夷齐清风；昌黎皮影戏；森林体育公园；戴河生态园。

（5）卢龙县研学资源开发。柳河北山；左右生态谷；夷齐读书处；棋盘山景区；桃林口景区。

（6）北戴河新区研学资源开发。北戴河新区心乐园；北戴河新区贝壳王国。

（7）山海关区研学资源开发。闯关东主题文化园；山海关历史博物馆；山海关长寿山公园；山海关天下第一关景区；山海关兴儒博物馆；山海关老龙头；山海关长城博物馆。

（8）昌黎县研学资源开发。昌黎华夏庄园；碣石山革命遗址；五峰山李大钊革命活动旧址。

（9）青龙县研学资源开发。祖山风景区；花厂峪抗日战争纪念馆。

第二节 区域研学基地创建

对开发出来的研学资源通过进一步考察、对比、分析，对资源内容、研学主题、研学场所、食宿条件、自身和周边环境、交通、安全因素等进行综合论证，精选出适合中小学研学实践的资源单位，作为研学基地创建备选单位。

一、研学基地的特点

区域研学基地是自身或周边拥有良好的餐饮住宿条件、必备的配套设施，具有独特的区域研学资源、专业的运营团队、科学的管理制度及完善的安全保障措施，能够为区域研学的学生提供良好的学习、实践、生活等活动的场所。

（一）基地教育的特点

1. 环境的独特性

很多活动都是在自然的环境中进行的，不同的环境有不同的教育主题和内容。江河湖海、大山田园等山水风光是热爱自然、热爱祖国教育的最好资源，天下第一关、长城古战场、老龙头等是历史及传统文化教育的良好基地，联峰山、五峰山、花场峪等是红色传统教育的最佳去处等。每一处基地都有它独特的教育内容和主题。

2. 强调体验和沟通

这个体验强调的就是身临其境，学生在不同情境中感受是完全不一样的，因为，人总是在环境中成长的。环境包括硬件环境（场地、器材、工具），也包括"软环境"（即人际环境）。学生到了基地里面必定会与很多陌生人沟通，存在着不确定性和突然性，这样能迅速提升学生的沟通能力与社会交往能力。

3. 价值目标的实现

通过基地的参观考察、体验活动、实践探究等，在教师的引导和协助下，以小组为单位完成设定的研学课程，合作、互助、规则意识、责任意识等能力都是在这个课程实施过程中锻炼和培养的。

4. 活动内容的丰富

研学活动可以帮助孩子拥有丰富的人生阅历，为孩子一生的成长奠定基础。研学使学生知道在学校教育之外，还有更为广阔的天地和更为丰富的教育内容，学生在没有围墙的课堂里尽情享受自然、社会给予的阳光雨露，他们在这样的大课堂学到了在学校教室里学不到东西。

在研学过程中，每个孩子都将在人与自我、人与自然、人与社会三个方面有更好的发展，为人生成长奠定良好的基础。

（二）基地教育的目标

基地教育比较强调的是沟通能力、合作能力、创造能力和批判性思维能力，达到了这四种能力，就实现了研学基地教育的目标。

1. 沟通能力

社会上的成功人士普遍拥有一个共同点，即良好的口才。不过沟通能力并不仅限于口才，书面传播、线上线下传播等均包罗其中。能够更清楚地表达观点，不仅可以在工作效率上事半功倍，也更容易收获他人的信任。新的科技层出不穷，人们沟通方式也在不断变化，但如何抓住人的情感是一个亘古不变的话题。所以要培养学生的沟通能力。

2. 合作能力

团队的力量远大于个人，如果想做成大事，单靠自己是不可能的。在当今资源、信息共享的时代，团队协作的核心不仅是团队内不发生矛盾，还要将个人效率最大化，充分激发每个人的潜能。团队内成员也要互相学习，集思广益，使团队始终保持活力。因此，团队协作能力是 21 世纪个人核心竞争力的重要部分。

3. 创造能力

在当今时代，墨守成规在任何领域都难以取得成就。面对科技的迅猛发展，任何行业的规则都无法保持不变，所以创新能力将是取得成功的基石。只有想到别人想不到的，才能吸引人的关注。要在一个领域取得成功，就要拿出过人的创新能力，否则难免屈居人后。

4. 批判性思维能力

现阶段社会发展的速度很大程度上超越了个人的接受能力，很多前人的所谓经验之谈往往限制了我们的发展，甚至将我们带入误区。所以，批判性思维变得尤为重要。不要盲目地相信，也不要盲目地拒绝，凡事要有自己的看法，并且不断自我反思与革新。

这些能力将应用在未来的各个领域。

（三）基地教育的主题

基地的功能主要包括中小学生校外综合素质训练、应急知识与技能训练、生态环境保护体验教育、个人身心成长与动手能力训练、国防教育训练、基地文化体验及家庭亲子活动、各类主题特训营等。基地的这些功能都是为学生素质的提高、能力的培养服务，学生在这里尽情体验、实践、探究，分享研学资源的滋养，健康快乐成长。

提炼研学主题需要考虑四个方面的问题，即价值、目标、类别和场地。

1. 价值

从"课程价值"角度提炼，可以挖掘文化内涵，提炼主题，找到教育价值即培养目标的教育点，进而设计课程活动。

2. 目标

从"能力目标"角度提炼，体现能力目标的界定与落实。

3. 类别

"研学主题"应根据基地资源的独特性确定，秦皇岛地区研学资源丰富，创建的研学基地各有特色，基本上分为历史人文类、红色传统类、地理地质类、科技科普类、自然体验类、生态农业类、长城文化类、海洋文化类等类别。

4. 场地

学校和研学教育机构先要确定研学主题，再根据教育主题选择相对应的研学基地和研学场所。更多的时候会为了主题教育，依据研学资源和现实环境创建适合主题教育的研学基地和研学场所。

二、基地创建的标准

（一）研学基地创建原则

1. 教育性

研学基地要具有较强的自然、历史、文化和科学价值。能够融合爱国主义教育、科技教育、励志教育、创新教育、传统文化教育、历史教育、体能训练、生活实践能力、团队协作能力等多个综合教育内容，应结合学生身心特点、接受能力和实际需要，注重系统性、知识性、科学性和趣味性，为学生全面发展提供良好的成长空间。

2. 普及性

区域研学课程是面向大众的普及性教育课程，不仅适合中小学生，还适合各个年龄阶段的人员。

3. 社会性

区域研学基地要体现其社会性、公共性，门票予以减免优惠。

4. 实践性

基地应因地制宜，呈现地域特色，引导学生走出校园，在与日常生活不同的环境中拓展视野、丰富知识、了解社会、亲近自然、参与体验。注重参与者的综合实践，强调动手能力，基地要有提供体验的综合教育课程和场所。

5. 游憩性

区域研学的同时，要根据基地资源特点，设计一定的观赏项目。寓教于游，寓教于乐，使学生在活动中、在娱乐中潜移默化地受到教育。

6. 安全性

基地应具有一定的区域研学接待经验。基地应始终坚持安全第一的原则，配备安全保障设施，建立安全保障机制，明确安全保障责任，落实安全保障措施，确保学生的安全。基地应远离地质灾害和其他危险区域，有完整的针对区域研学的接待方案和安全应急预案。

（二）研学基地创建标准

1. 基地建设标准

（1）接待人数要求。拥有单团一次接待至少200人以上团队的接待能力，总体接待规模达到1000人以上，提供食宿接待服务，符合区域研学吃、住、行服务标准。

（2）场地设施要求。拥有为同样学生数量的研学课程模块内容的实施场地，以及与课程内容相配套的各种课程设施。有专业的活动指导老师，制定具有基地特色的系列课程和标准。

（3）指导教师要求。要设置专门的区域研学服务机构和专业人员，负责区域研学指导、研学课程教学和生活服务保障。

（4）训练场地要求。要设置专业的拓展训练场地。

（5）实践教室要求。要设置为学生开展各项动手实践课程的场所或教室若干个。

（6）安全管理要求。

安全封闭。远离人口密集或周边娱乐场所密集地区。

设置安保。设置安全管理机构，建立安全管理制度，配备安全管理人员和巡查人员，开展常态化安全检查，加强安全辅导和安全知识宣传等。

配备安全设施。要配备消防安全设施，视频监控设施覆盖所有公共活动空间，特殊设备需主管单位的检测验收报告。

安全险要求。基地要为学员购买公共责任险，根据活动需求购买相应保险。

（7）综合考评要求。

评价制度。建立指导教师对学员综合评价制度体系。

研学记录。研学活动结束后，基地要为研学组织单位形成图文并茂的区域研学记录，以便学校全面评价每一个学生。

2. 基地服务标准

（1）环境空气质量标准。

（2）声音环境质量标准。

（3）污水综合排放标准。

（4）生活饮用水卫生标准。

（5）饭馆（餐厅）卫生标准。

（6）食品安全国家标准，消毒餐（饮）具。

（7）公共浴室卫生标准。

（8）消防应急照明和疏散指示系统。

（9）游乐设施安全规范。

（10）生活垃圾分类标志。

（11）旅游厕所质量等级划分与评定。

（12）导游服务规范。

（13）休闲露营地建设与服务规范。

（14）区域研学服务规范。

（15）风景旅游道路及其服务设施要求。

3. 基本条件和要求

资质条件。

（1）应具备法人资质。

（2）应具备相应经营资质和服务能力。

（3）应具有良好的信誉和较高的社会知名度。

（4）应取得工商、卫生、消防、食品、公安、旅游等管理部门颁发的许可经营执照。

（5）应正式对社会公众开放满1年，且1年以内无任何重大环境污染及负主要责任的安全事故。

场所条件。

（1）规模适当，容量应能满足开展区域研学活动的需求，自身或合作单位能够保证学生的就餐、住宿等。

（2）应具备基本的医疗保障条件，配备有数量适宜的专职医护人员。

（3）基地内水、电、通信、无线网络等应配套齐全，运行正常。

（4）应建设或规划由室内或室外场所构成的专门研学场地或教室，确保学生活动的安全性，特殊设备需具备主管单位的检测验收报告。

（5）室外研学场地应布局合理的游览路线与完善的交通设施，保证通行顺畅，方便游览与集散。

第三节　区域研学特色基地创建

一、区域研学资源

区域研学要依托区域研学资源。秦皇岛是有着悠久历史的历史文化名城，幅员辽阔，地域广大，环境优美，研学资源丰富，特别是有着厚重的历史文化资源。独特的秦皇历史文化，使秦皇岛闻名于世。有夷齐让国、秦皇求仙、姜女寻夫、汉武巡幸、魏武挥鞭、唐宗驻跸等历史研学的宝贵资源，还有以长城为中心的长城文化资源，如山海关天下第一关、老龙头、角山、古长城、九门口、董家口等。有丰富的自然生态资源，如国家森林公园、国家地质公园、祖山原始森林公园、集发生态农业观光园、老虎石海上公园、戴河生态园、冰塘峪长城风情大峡谷等。有革命传统教育资源，如五峰山李大钊教育基地、秦皇岛烈士陵园、山海关长城博物馆、花场峪抗日纪念馆、后明山抗日纪念馆、柳河北山等。有工农业示范基地，如世界第一大能源输出港、燕山大学科技园、玻璃工业基地、中国最大的桥梁制造集团、汽车轮毂制造厂、干红葡萄酒生产基地等。每一处资源、基地都有着独特的教育内容和主题。

二、创建区域特色基地

秦皇岛地区研学资源丰富,根据研学资源的不同内容和特点开发建立了不同主题的研学实践基地。

（一）自然生态基地

包括柳江地质博物馆；新澳海底世界；天女小镇康养景区；老君顶旅游景区；浅水湾湿地自然地貌；秦皇岛园博园；燕塞湖景区；乐岛海洋王国；鸽子窝公园；联峰山公园；秦皇岛野生动物园；集发生态农业观光园；怪楼奇园；老虎石海上公园；碧螺塔海上酒吧公园；沙雕海洋乐园；昌黎翡翠岛；渔岛海洋温泉；圣蓝海洋公园；中保绿都心乐园；国际康养旅游中；戴河生态园；华侨城南戴河滨海国际旅游度假区；冰塘峪长城风情大峡谷；仙螺岛旅游景区；天马山景区；祖山风景区；桃林口景区。

（二）历史人文基地

包括秦皇求仙入海处；董家口长城；板厂峪长城展馆；秦皇岛港口博物馆；老龙头景区；天下第一关；山海关长城博物馆；孟姜女庙；角山长城景区；长寿山景区；唐山工业博物馆。

（三）经济建设基地

包括玻璃博物馆；山海关桥梁工厂；中俄文化艺术合作产业园；驻操营龙泉传奇。

（四）红色传统基地

包括秦皇岛市烈士陵园；碣石山革命遗址；五峰山李大钊革命活动旧址；柳河北山革命遗址；花场峪抗战纪念馆。

（五）科技创新基地

包括康泰医学；燕山大学科技园；海湾科技公司；冀东物流；星舰玻璃。

（六）体能拓展基地

包括奥林匹克大道公园；奥体中心训练基地；军事体验基地；森林体育公园；暴风湖国际运动营地；秦皇岛水上运动中心。

（七）大学文化基地

包括燕山大学；东北大学秦皇岛分校；河北科技师范学院。

（八）市外研学基地

包括中国科技馆；唐山南湖公园；唐山多玛乐园；唐山工业博物馆；承德避暑山庄；西柏坡革命圣地；卢沟桥事变遗址；中国抗日战争纪念馆；北京大学；清华大学；人民大学；南开大学。

第五章　区域研学课程的建设

第一节　区域研学课程标准

进入 21 世纪以来,广泛而深刻的社会变革给中国带来了前所未有的机遇和挑战,"两个一百年"奋斗目标、"一带一路"宏伟蓝图、西部大开发战略的实施,对每个人的人文素养和社会参与能力都提出了更高的要求。站在新的历史起点上,如何建构社会主义核心价值体系,努力吸收当代人文社会科学发展的成果,切实提高青少年的综合素质,促进青少年的全面发展,成为一个重大的时代课题。

研学旅行作为素质教育的重要组成部分,力求遵循唯物史观,从学生生活实际出发,顺应当代社会发展,突破学科界限,整合历史、地理、科学及其他人文社会科学的相关知识与技能,帮助学生把握发展方向,着力培养学生的国家认同感、全球视野和环境意识,为终身学习和全面发展奠定基础。

2013 年,国务院办公厅印发了《国民旅游休闲纲要（2013—2020 年）》,该纲要中提出了逐步推行中小学生研学旅行的设想。2014 年 8 月 21 日,国务院办公厅印发的《关于促进旅游业改革发展的若干意见》中首次明确了"研学旅行"要纳入中小学生日常教育范畴。2016 年年底,教育部等 11 部门印发了《关于推进中小学生研学旅行的意见》,将研学旅行上升到落实立德树人根本任务的高度,并纳入学校教育教学计划。2017 年 9 月,教育部印发的《中小学综合实践活动课程指导纲要》,明确了综合实践活动是必修课程,并将研学旅行纳入综合实践活动课程的范畴。2017 年 12 月,教育部办公厅印发《关于公布第一批全国中小学生研学实践教育基地、营地名单的通知》,对于研学旅行基地、营地的性质、功能有明确的示范意义。

　　研学旅行作为课程改革的创新形式，最大的特点是体验性，学生走出校园，走进自然和社会，在广阔的社会课堂上进行体验教育，使学生综合素养和各种能力得到发展。区域研学作为研学旅行新的形式，在实施素质教育中发挥了重要作用。

　　为全面贯彻党的教育方针，坚持教育与生产劳动和社会实践相结合，引导学生深入理解和践行社会主义核心价值观，充分发挥研学旅行课程体验启发、实践育人的优势，保证区域研学课程建设标准化、教学活动专业化、组织管理规范化、学业评价合理化、安全保障制度化。为帮助中小学校、教育行政部门及校外教育培训机构全面理解和开展区域研学，使区域研学更为规范和有效，特制定区域研学课程标准。

一、课程性质

（一）课程性质与定位

　　区域研学是由教育行政部门和学校有计划地组织安排，通过集体旅行、集中食宿的方式开展的研究性学习和实践体验相结合的校外教育活动，是学校教育和校外教育衔接的创新形式，是教育教学的重要内容，是综合实践育人的有效途径。

　　开展区域研学，有利于促进学生培育和践行社会主义核心价值观，激发学生对党、对国家、对人民的热爱之情；有利于全面发展素质教育，探索创新人才培养模式，引导学生主动适应社会，促进书本知识和生活经验的深度融合；有利于加快课程改革，满足学生日益增长的社会实践需求，促进学生全面发展。

1. 课程性质

（1）综合性。本课程注重学科知识的关联性、整体性，是跨学科的综合实践课程，它整合了各学科的教育教学内容，鼓励学生综合运用各学科知识和方法，思考、认知、解决综合性问题。在统筹相关学科知识、优化课程结构的基础上，促进学生形成综合观察事物的习惯，掌握综合运用知识的方法，获得综合认知问题的能力。

（2）实践性。区域研学课程的开发以各种活动为载体，强调动手与动脑相结合，强调学生通过活动或亲身体验进行学习。体验是在实践活动中产生的，学生在体验中增长见识、获得新知，在体验、考察、实践、探究、反思、总结等一系列实践活动中发现和解决现实问题。

（3）开放性。研学课程打破了学校课堂的课程格局，从情境、内容到形式都完全开放。学生面向真实的世界，与开放的社会相互动。课程内容与学生的生活和现实社会紧密联系，学生在广阔的现实生活中探求一个个没有固定答案的开放性问题，要解决这些问题，不可能从书本上找到答案，只能通过自己的努力去探索、去发现、去寻求开放性的答案。

（4）生成性。区域研学课程的开展很少从预定的课程目标入手，它常常围绕某个开放性的主题或问题来进行。随着活动的不断深入，新的问题、新的主题、新的目标不断生成，学生的认识和体验不断加深，创造性的火花不断迸发，这便是研学课程具有的"生成性"的集中体现。

（5）自主性。区域研学课程的实施注重从学生现有的兴趣与经验出发，强调学生的自主选择与探究。学生不仅可以选择学习的内容与方式，还可以对自己的学习过程和结果进行评价与反思。

（6）公益性。区域研学是校内教育的拓展和延伸，是素质教育的创新形式，与旅游市场运作方式不同，它由教育行政部门主管、学校组织、校外专业机构承办，是将体验、观察、实践、探究等融为一体的综合性教育方式。因此，区域研学不是以营利为目的的经营性创收，具有一定的公益性。教育行政部门、学校和校外专业机构努力构建区域研学公益体系，通过区域研学的公益性来推动教育的公平。

（7）安全性。区域研学要坚持安全第一，建立安全保障机制，明确安全保障责任，落实安全保障措施，确保学生安全。各组织机构需要制订科学、有效的中小学生区域研学的安全保障方案，实施分级备案制度，做到层层落实、责任到人。教育行政部门负责督促学校落实安全责任，学校要对学生做好行前安全教育工作，与校外研学专业机构签订安全责任书，明确各方安全责任。研学专业机构负责学生出行交通安全、基地活动安全、饮食住宿安全等，制订具体的安全制度和安全预案，签订安全责任状，能够综合运用各种方法和手段防止区域研学安全事故的发生，保证区域研学的正常、顺利、有效开展。

2. 课程定位

区域研学属于综合实践活动课程范畴，与学科课程并列设置、相互补充，是中小学课程体系不可或缺的重要组成部分。区域研学是学科课程内容的延伸、拓展、综合与重组，既是学科课程基础知识、基本原理的应用，也是对各学科素养养成的实践检验、各学科领域学习成果的拓展和延伸。

区域研学课程推进中小学地方课程、校本课程的建设和实施，在广泛开展区域研学的基础上，各学科的地方课程、校本课程也要突破地域限制，适当开展异地研学，拓展地方课程、校本课程的视野，提升地方课程、校本课程的品位和实效。

区域研学对于全面培育人文底蕴、科学精神、健康生活、责任意识、实践创新等学生发展的核心素养，综合培育学生学科素养，落实立德树人根本任务，培养德、智、体、美、劳全面发展的社会主义建设者和接班人具有重大意义。

（二）区域研学课程基本理念

区域研学是依托当地自然与社会资源及教育实际需要，以全面育人为宗旨，以立德树人为核心价值，以实践体验为方式，以思考探究为主要手段的校内外相结合的教育模式，是将当地自然与社会资源开发成学生综合实践活动内容，进而创设社会实践大课堂的教育方式。

研学的范围基本上是小学为乡镇区域，初中为县市区域，高中为省域和国内相关地域，可能的情况下还可以进行境外研学。

1. 以全面落实立德树人根本任务为宗旨

区域研学课程帮助学生了解乡情、市情、省情、国情，使中小学生开阔眼界、树立家国情怀，增强学生的社会责任感，培育和践行社会主义核心价值观，激发学生对党、对国家、对家乡、对人民的热爱之情；引导学生主动适应社会，增强学生对中国特色社会主义的道路自信、理论自信、制度自信和文化自信，全面落实教育立德树人的根本任务，使学生树立正确的人生观和价值观。

2. 以真实问题情境作为区域研学课程的重要内容

实施区域研学课程必须走出校门，学生面对的不是传统课堂中抽象化的知识点和虚拟环境，而是现实世界的真实问题情境。区域研学在基地规划、课程建设、线路选择、课程实施、教学设计、课程评价等各个环节，都要以培育学生核心素养为主线，基于真实的问题情境，促进课堂学习与实践探究的深度融合，获得对自然、社会的真实体验，启发学生发现问题、分析问题，依靠集体合作解决现实问题。区域研学努力探索创新人才培养模式，推动全面实施素质教育，着力培养学生的创新精神和实践能力。

3. 以引导探究和合作学习为研学课程的教学方式

区域研学课程从教育均衡和培育学生核心素养出发，强调集体出行、团队研学，在改变学生接受性学习方式的同时，也注重学生独立探究和个性发展。在自然、社会的真实情境中开展丰富多样的实践活动。区域研学课程突破学科界限，突破学生个性差异的局限，推进多学科融合、主题式学习，倡导研学课程资源共享、研学创意和成果分享，发挥团队合作精神，培养学生主动学习的态度和多样化的学习方式。区域研学课程的学业评价既注重集体业绩，也注意个性化的具体呈现。

(三) 课程设计思路

区域研学课程设计依据区域特色资源，结合中小学生心理特点、认知规律及接受教育的水平，以培养学生综合素养、促进学生健康成长为宗旨，选择适合不同年龄学生的研学内容开发设计课程。开发课程先要选定研学主题，围绕研学目标，设计研学活动，再选择不同的方式实施研学课程。课程实施要按设计的课程方案具体完成。

1. 课程内容

教育部等11部门印发的《关于推进中小学生研学旅行的意见》中提出，将研学旅行的内容分为地理、自然、历史、科技、人文、体验六类。根据区域研学资源特点，将区域研学资源按其文化内涵的不同归结为自然生态、历史文化、红色传统、经济建设、科技创新、体能拓展、职业规划、生活生存等几个方面。

2. 课程范围

为了体现区域研学课程的灵活性和选择性，根据教育部门整体规划，选定乡镇、县市域内适合小学生、初中生和省域内适合高中学生研学的研学资源开展区域研学。高中生可以根据实际情况选择省外、境外研学。

3. 课程要素

一个完整的区域研学课程应该包含五个要素，即研学基地、研学设计、研学课程、研学教师及安全管理。研学过程中，要以学生为主体，以课程为核心，以活动为手段，以促进学生成长为宗旨。

4. 课程学段

区域研学课程开发要注意根据学段进行内容设计，即小学阶段以乡土乡情为主、初中阶段以县情市情为主、高中阶段以省情国情为主开展研学。

二、课程目标

(一) 总体目标

以立德树人、培养人才为根本目的，以预防为重、确保安全为基本前提，以深化改革、完善措施为着力点，以统筹协调、整合资源为突破口，因地制宜开展区域研学。让广大中小学生在研学中感受祖国大好河山的美好，感受中华民族的传统美德，感受革命传统的光荣历史，感受改革开放的伟大成就，增强对坚定"四个自信"的理解与认同。同时学会动手动脑，学会生活生存，学会做人做事，促进身心健康、快乐成长、意志坚强。促进形成正确的人生观、世界观、价值观，培养学生成为德、智、体、美、劳全面发展的社会主义建设者和接班人。

通过区域研学，让学生直观感受所学知识，激发学习兴趣，引导学生在真实世界中发现问题、探究问题，促进学生人文底蕴、科学精神、健康生活、责任担当、实践创新等核心素养的提升。

（1）感受家乡的自然生态资源、传统文化资源、红色传统资源、经济建设成就、科技创新等方面的现状和发展变化，培养热爱家乡、热爱祖国的思想感情。

（2）理解环境与发展的关系，增进学生对自然、社会的了解，认识社会发展的自然规律，增强学生社会责任感。

（3）深刻认识学科知识和社会知识的关系，增强环境保护意识和法制意识，逐步养成关心和爱护环境的行为习惯。

（4）领略自然和人文景观之美，使学生感知地域风貌和民俗风情的美学特征，形成人与自然和谐相处的责任意识。

（5）尝试运用已获得的各学科知识和基本原理，对研学中观察感知的现象和事物进行分析，作出判断，形成新的自然和社会认知。

（6）培养学生人际交往能力，增进师生之间感情交流，形成愉悦和谐的人际关系，增强集体观念、团队精神和责任意识。

（7）掌握实践探究的一般方法，包括信息收集、调查访问、探究实践、体验反思、统计测量、讨论分享、评价考核等，并正确运用这些方法进行研学实践。

（8）学会运用适当的方法和手段表达自己在研学中的收获与感悟，能总结、展示研学成果。

（二）学段目标

区域研学的课程目标呈现出层次性和差异性的特点，根据6～15岁儿童少年的心理特点、认知规律及接受教育的水平，目标分四个阶段设置（小学1～3年级、小学4～6年级、初中阶段、高中阶段），从知识与能力、过程与方法、情感态度价值观三个维度提出具体的要求。

1. 小学1～3年级

（1）初步感受家乡之美，感知乡土文化中的优良传统，了解当地的革命史迹，感知家乡历史和发展成就，培养学生热爱家乡、热爱祖国的情感。

（2）初步学会观察自然、社会现象、提出实际问题的方法，培养学生实践操作兴趣，培养学生认识事物、参与活动的能力。

（3）初步学习体验生活的方法，学会参与集体活动，懂得互助合作。

（4）学习使用栽培、喂养等简单的劳动工具。

2．小学 4～6 年级

（1）初步了解所在乡镇的自然生态、历史文化、红色传统、经济建设、科技创新等方面的现状，感受家乡的发展变化和建设成就，培养学生热爱家乡、热爱祖国的情感。

（2）培养学生学会观察自然和社会现象，能够提出具体问题。培养学生在研学中探究新知识的欲望，具有参与实践探究的意识，初步培养学生多角度、多层面地思考问题的能力，具有社会调查、信息整理、分析判断和活动总结的能力。

（3）培养学生体验学习、独立生活的基本技能，培养学生集体观念和团队精神，具有基本的互助合作意识、实践探究能力和成果总结能力。

（4）学会使用实践探究器材和各种简易劳动工具。

3．初中阶段

（1）了解家乡的地域优势，认知地方历史演变和现实发展中的优良传统，感知改革发展理念和经济建设成就，体会地域文化反映的中国传统美德，热爱家乡、热爱祖国，践行社会主义核心价值观。

（2）能够积极主动观察自然、社会，学会社会调查，能够收集、处理相关信息，能够发现问题，并尝试应用所学知识和科学的方法、手段分析解决问题。积极参加实践探究活动，具有多角度、多层面地思考问题的能力，培养学生乐于实践、敢于质疑、勇于创新的意识和能力。

（3）具有独立生活的意识和基本技能，有较强的集体观念和团队精神，积极参加小组活动，团结互助，分工合作，共同研讨探究。具有总结研学成果的能力，并能与人交流分享，从中获得成功体验。

（4）能创造性地使用实践探究器材和各种简单的劳动工具。

4．高中阶段

（1）了解研学区域的历史及传统文化，感知祖国大好河山的美好及改革开放的伟大成就，体会中国传统美德和革命光荣历史，理解在中国共产党正确领导下中华民族复兴的光辉业绩和宏伟前景，践行社会主义核心价值观，形成国家意识、文化自信及拥护党的意识和行动，培养家国情怀。

（2）在校外情境中，面对现实问题，能够运用所学基本理论、基础知识，收集和处理有关信息，发现值得探究的实际问题，制订科学的计划，运用科学的方法和手段，积极探索研究。具有多角度发散思维、综合分析和解决问题的能力，养成严谨求实的科学态度和创新精神，培养探究实践、科技创新等综合能力，逐步培养学生成为高素质的创新型人才。

（3）能够独立生活和生存，正确认识人生，学会自我放松和缓解学业紧张带来的压力。养成艰苦奋斗的精神、坚韧乐观的心态和良好的心理素质。养成健康的生活方式和积极的生活态度，提高生活质量和品位。具有一定的人际交往能力，感受集体的力量和智慧，团结合作，共同探索。能够完成研学成果的总结、展示和推广。

（4）学会在自然考察和社会调查中认知国情国力、国家发展前景，增强热爱家乡、热爱祖国的思想感情，树立为祖国建设而努力学习的伟大理想，立志成为社会主义事业合格接班人。培养集体主义和勇于担当的精神，培养公民意识，履行公民义务，形成为社会主义建设贡献力量的责任意识和历史使命感。

三、课程建设

（一）课程结构

1. 设计依据

（1）培养学生核心素养的需要。区域研学课程的设计要切实将培养学生的核心素养贯穿在研学课程的建设和实施当中。研学课程建设围绕"德、智、体、美、劳"全面发展的主线，体现德育为先、能力为重、认知为基础，强调社会责任感、创新精神和实践能力的培养，注重区域研学的文化性、科技性、社会性和自主性。学生通过研学，在自然和社会的大课堂中提升终身发展所需的各种能力和素养，促使学生健康、全面发展。

（2）学科融合促进教育改革的需求。课程改革最突出、最主要的特点就是多学科的融合，强调学科拓展、延伸和整合。打破学生单一学科的学习，强调综合性学习，追求全面发展。区域研学的课程包括自然生态、历史文化、红色传统、经济建设、科技创新、能力拓展、职业规划、生活生存等多种类型，这些不同类型的课程内容内涵丰富，涵盖中小学各个学科。学生在区域研学过程中将面对自然和社会复杂情境中真实的问题，需要综合运用不同学科的知识和方法去解决。因此，区域研学是当前以学科教育为主导情境下的综合教育的重要途径。

（3）经济社会快速发展的要求。当前，经济社会快速发展，经济增长方式和社会体制发生重大变革，社会文化自信不断提升，且日益多样化。社会发展对当前和未来的人才需求呈现出多元化和高素质的趋势。区域研学课程必须顺应社会发展，为学生提供现实的、具有探究价值的研学资源，满足学生深入探究和多元化学习的需求，培养学生生活技能和适应社会的能力，使学生养成自理自立、文明礼貌、互勉互助、吃苦耐劳、艰苦朴素等优秀品质和精神，增强学生的探究能力、实践精神，为学生综合素质提升和健康成长打下基础。

2. 课程结构

区域研学课程需要在小学 1~3 年级、小学 4~6 年级、初中 7~9 年级、高中 1~2 年级几个学段实施，原则上逐步建立和完善小学阶段以乡土乡情为主、初中阶段以县情市情为主、高中阶段以省情、国情为主的区域研学课程体系。在完成规划的区域研学课程后，根据研学资源和学生的实际情况，各学段的区域研学范围可以在要求的基础上适当拓展，如小学阶段可以开展市内甚至市外的研学，初中可以开展市外或省外研学，高中可以开展省外或境外研学。

区域研学课程内容丰富，每次研学可以以某一类别的课程内容为主，鼓励多种类别课程内容的融合，小学阶段的研学课程设计应以体验为主，重视游戏性和艺术内容，适应小学这一年龄段的学生好玩、好动的天性。初中阶段的研学课程设计应关注理解性内容，适当增加竞赛、实践、探索性内容，满足这一阶段学生强烈的求知欲和好奇心。高中阶段的研学课程内容要以知识的拓展、理论的应用、实践探究、综合性体验、研究性学习、创造性探索为主，辅之以观光、考察游历等活动。

3. 课时安排

区域研学课程要纳入中小学教育教学计划。中小学综合实践活动是必修课程，区域研学是综合实践活动的重要组成部分。中小学区域研学要有课时保障，并建有学生实践成长档案，高中学段的区域研学建议增加学分评价，两年研学最高学分可记 4 分。高中学生的区域研学学业水平和表现将是高校招生录取的重要依据。

中小学不同学段区域研学的课时建议如下。

小学 1~3 年级，每学年 12~18 课时（2~3 天）。

小学 4~6 年级，每学年 18~30 课时（3~5 天）。

初中 7~9 年级，每学年 32~64 课时（4~8 天）。

高中 1~2 年级，每学年 64~80 课时（8~10 天）。

区域研学要求集中食宿，初、高中学生每次研学可以在外留宿。区域研学课程条件、内容与形式多样，难以统一要求每次研学时间，可根据实际情况灵活调整，但是必须保证四个学段区域研学的课时。

（二）课程内容

区域研学的课程内容来源于研学资源，在区域研学中，要依据研学资源的类别进行分类。

1. 自然生态研学

中国地域辽阔，研学资源丰富，但各地风貌不尽相同，风土人情更是千差万别。在区域研学中，组织学生走出校园，走进大自然，引导学生积极观赏、体验、探究，发现自然之美，用心感悟人与自然和谐相处的意义。学生可从区域的地貌特征、动物植物、环境保护、森林绿化、环境治理、节能减排等方面去了解、感受，体会这些因素之间的联系，增强环境保护意识，激发学生对家乡自然环境的热爱，培养学生为家乡的可持续发展而努力学习的愿望，促进学生健康成长。

研学内容	研学建议
（1）自然现象与景观。现场识别自然现象，认知其成因。发现、欣赏当地自然现象与景观的美学特色 （2）自然资源与灾害。现场认知自然资源与灾害的价值与危害，了解其成因。认知当地自然资源与灾害的区域特征，提出对防灾措施的评价及改进建议 （3）自然生态。实地感受自然生态状况，了解区域自然生态特征及成因。提出对当地生态建设的意见建议 （4）自然规律。实地印证所学自然规律，分析案例	（1）通过考察采样等方法，开展合作探究学习。借助手机等电子设备，采录自然现象与景观，后期编辑、制作、展示交流 （2）创编游戏活动，化繁为简，帮助学生理解自然现象 （3）借助实验器材，通过演示活动，揭示规律 （4）走访相关职能部门，访问网站，收集灾害救护的文献，提出资源保护与利用的意见建议 （5）设计活动项目，学生参与体验与实践。以志愿者身份参与环境保护工作，初、高中学生可以采用实验法对空气、水质、土壤进行采样分析，进而提出生态建设的建议 （6）通过观察，发现案例，并尝试做出科学分析，对当地面临的具体问题提出解决方案

2. 历史文化研学

中华文明绵延五千年，有着顽强的生命力，它博大精深、引人向往，是中华民族的宝贵财富。区域研学中，依托当地的历史文化和人文资源，包括发展历程、历史事件、历史遗址、历史馆院、著名人物等，让学生了解这些资源的内容，在潜移默化中受到熏陶教育，认识华夏民族历史的深远厚重，体会中华文化的多彩魅力，树立民族自尊心、自信心和自豪感，增强对家国的热爱之情。时机成熟时，还可以与其他地域或国外友好学校进行交流互访，让学生领略不同地域文化的差异。

研学内容	研学建议
（1）历史遗迹。现场识别历史遗迹。了解历史环境、人物、事件 （2）文化遗产。现场认知文物及非物质文化遗产。体验感悟文物及非遗所承载的历史及文化 （3）历史与艺术。感受历史题材艺术。学习鉴赏、创作历史题材艺术 （4）民族情怀。践行、提升民族情怀。传承民族文化传统，提升文化自信	（1）通过参观、访谈、走访等，收集有关文献资料。借助手机等电子设备，采录历史遗迹，后期编辑、制作、展示交流 （2）走访相关职能部门，访问网站，收集文物等文献，提出文化资源保护与利用的意见建议。观摩非物质文化遗产和历史题材艺术展示和演艺，参与抢救、整理民间文学故事，学习和实践工艺、演艺。设计活动项目，学生参与体验与实践 （3）举办文化遗产传习拜师、传统工艺学习、演示活动 （4）提交、展示、交流及相互评价研学实践成果，组织学校、学生和家长参与总结交流会、研学成果展示等活动

3. 红色传统研学

革命先辈在民族解放事业中进行了不屈不挠的斗争，体现了伟大的民族精神，留下了不朽的丰功伟绩。这些宝贵的红色教育资源，如革命史迹、革命老区、革命遗址、著名战役发生地、先烈碑园、纪念馆室等，都是红色研学的宝贵资源。区域研学中，学生在身临其境中受到传统教育，在触摸中国革命的红色历史脉络中，培养学生的革命精神、民族精神和爱国主义精神，增强学生的民族自信心、民族认同感和历史使命感。

研学内容	研学建议
（1）革命史迹。现场识别革命遗址，认知其背景。了解革命人物故事、事件 （2）红色文化、艺术。现场认知红色文化遗址遗迹。体验感悟红色文化元素承载的革命精神与传统。观看革命历史题材的艺术作品，体会革命前辈为了民族解放事业不惜抛头颅洒热血的大无畏精神 （3）家国情怀。传承红色文化传统，践行家国情怀	（1）通过参观、访谈、走访等，收集有关文献资料。借助手机等电子设备，采录历史遗迹，后期编辑、制作、展示交流 （2）走访相关职能部门，访问网站，收集红色文化艺术方面的文献，提出红色文化资源保护与利用的建议。参观革命根据地、革命活动和战争遗址、红色名人名事纪念场馆，走访老革命战士后代 （3）设计活动项目，学生参与体验与实践 （4）以故事宣讲、专题展览等形式，宣传革命英烈的英雄事迹，讴歌中国共产党领导全国各族人民不屈不挠，抵御外辱，抗争到底的伟大壮举 （5）提交、展示、交流及相互评价研学成果，组织学校、学生和家长参与总结交流会、研学成果展示等活动

4. 经济建设研学

中华人民共和国成立以来，特别是改革开放以来，我国在经济社会建设方面取得了举世瞩目的成就,从一穷二白,到现在跻身于世界前列,社会发生了翻天覆地的变化,这些变化是学生看得见、摸得着,可以亲身体验的。其研学资源丰富,地域特色鲜明,如重大建设基地、重大建设项目、大型工程、现代化工业建设、现代化农业建设、现代化贸易物流基地、文化体育场馆等。组织学生进行经济建设成就研学,使学生了解本地区经济社会建设状况,了解工人、农民、知识分子在社会建设中做出的重大贡献,以及他们的智慧和力量。增强学生对家乡发展的自豪感和自信心,培养学生树立为国家建设而努力学习的理想。

研学内容	研学建议
(1) 经济建设与社会发展。现场识别经济建设工程项目,体会其与社会发展的密切关系。发现项目与环境的关系,体会绿水青山就是金山银山的道理 (2) 经济建设与生活改变。认知经济建设与生活的关系,了解其影响过程。了解当地产业项目与环境的区域特征,提出对相关项目的评价及改进建议 (3) 经济建设与解决贫困。实地了解区域村居民收入状况,了解区域贫困特征及成因。提出对当地脱贫的意见建议	(1) 运用考察访问等方法,开展合作探究学习。借助手机等电子设备,采录经济建设项目景观,后期编辑、制作、展示交流 (2) 了解当地经济社会发展过程和现状。初步尝试评价区域社会发展质量,发现问题,提出意见和建议 (3) 走访相关职能部门,访问网站,收集当地经济建设的文献,结合自己的生活体验提出当地发展经济方面的意见建议 (4) 设计研学活动项目,学生参与体验与实践。以志愿者身份参与救助扶贫工作,初、高中学生可以采用结对帮扶的方式进行帮困实践,进而提出精准扶贫的建议

5. 科技创新研学

科技强国,创新进步,这是被人们普遍认识的硬道理。社会的发展无处不显示出科技的力量,科技已经渗透到生活的各个角落。在区域研学中,可以通过考察科技馆、天文馆、现代工业和农业、科研院所、科技发明项目、航空航天、能源开发、网络技术、机械制造、建筑设计、材料工程、交通运输等,探究科技在人类社会发展各方面的应用和促进作用。还可以组织学生进行国防知识学习探究,包括国防建设中应用的科学技术。通过科技研学,使学生感受科技的力量,感受科学技术在经济建设中的重要作用,感悟科技创新的重要意义,培养学生热爱学习、热爱科学和为科技进步、科技创新努力学习的远大抱负。

研学内容	研学建议
（1）科技创新与产业发展。现场识别企业发展状况与创新程度，认知其成因。发现企业科技创新现象与企业发展的直接关系 （2）科技创新与国防建设。现场认知科技创新与加强国防的关系，感悟落后就要挨打的道理 （3）科技创新与生活改变。实地感受当地社会生活的状况，了解区域科技创新特征及生活应用。提出利用科技创新改变当地生活状态的意见建议	（1）通过调查访问等方法，开展合作探究学习。借助手机等电子设备，采录企业科技创新的举措，后期编辑、制作、展示交流 （2）体会科技创新对高素质人才的要求，激励学生刻苦学习、创新实践 （3）走访相关职能部门，访问网站，收集国防建设创新的文献，实地认知国防工程及武器装备，提出自己对科技强军的设想 （4）以学生身份参与创新实践活动，初、高中学生可以采用调查法对通信、交通、安全、教育等方面的科技应用进行分析，进而提出利用科技创新成果促进生活改变的建议 （5）设计活动项目，学生参与体验与实践，通过小制作，小发明等具体创新实践培养学生创新意识和创新精神 （6）走进创客工作室、创业孵化基地等场所，观摩创业、创意工作，体验个性化创意、集体创新的过程。体验当地生活条件及其与城乡建设的关系

6．体能拓展研学

青少年在成长过程中，身心发展是重要基础，组织学生进行体能拓展研学是增强学生体质，促进学生身心发展，使其健康成长的有效途径。体能拓展研学资源广泛，各大运动会场馆、奥林匹克公园、水上运动中心、各种运动训练基地、各种专业体育学校、奥林匹克教育基地、各种体育赛事、体能训练营地等都为开展综合性体能拓展研学提供了丰富的人文资源和场地条件。开发利用这些资源，为学生提供运动训练、素质拓展的平台，使学生在体能、心理和极限拓展方面得到训练。研学中引导学生挑战自我，磨炼意志，增强自信。培养学生注重身心健康、增强体能锻炼的意识。

研学内容	研学建议
（1）体能拓展与健康。科学识别人体现象，认知健康基本标准。参与、体验社会体育运动，学会减压放松，养成健康生活习惯 （2）体能拓展与成才。参与、体验竞技体育、军事训练与拓展运动，提升刻苦拼搏意志，合作竞争意识和能力。体验发现拓展训练带来的身心改变 （3）奥林匹克教育。实地感受奥林匹克文化，了解奥林匹克历史发展、精神追求及促进人类和平发展的价值。宣传践行现代奥林匹克精神，获取成长力量	（1）通过考察人体科学场馆、访问医生等方法，开展人体科学合作探究学习 （2）走进体育场馆，观摩体验赛事和运动训练，参与体验运动，接受运动培训。听取、体验、宣传健康生活和运动养生培训 （3）走进野外训练基地、营地，观摩、参加力所能及的野外拓展训练、军事训练、野外生存训练、山地运动、野外探险、定向行军、骑行驾驶等具有挑战性的活动 （4）设计活动项目，学生参与体验实践。借助手机等电子设备，采录社会体育赛事，后期编辑、制作、展示交流 （5）走访相关职能部门，访问网站，收集拓展训练的文献，做出有意识主动提高自己体魄素质和意志品质的活动计划 （6）以志愿者身份参与2022年北京冬奥会的宣传工作，了解奥林匹克历史发展、精神追求及促进人类和平发展的价值

7. 职业规划研学

区域研学是在真实的场景中进行，让学生对自我的认知更加真实。学生以更加贴近现实的生活方式感受自然、体验社会人文，在身临其境中进行自我认知，更加客观地认识自己的个性、兴趣、能力等方面的优势和不足，为学业目标及职业目标的制定奠定基础。同时生涯规划需要学生对于生活世界有足够的了解和认知，这样才能基于社会发展需求，制定适合自己同时又适合社会的个人发展目标。

区域研学以研究探索为主，在研学过程中，运用讨论和探究的方式，让学生了解自己喜欢的是什么，通过活动来发掘学生的内心世界。区域研学主题性较强，活动方式灵活，如实验、比赛、讨论、演讲、实践等，通过活动，可以充分展现学生的特点。只有对学生多一些了解，才能帮助他们发挥自己的特长，为今后选择自己喜欢的职业打下基础。

职业规划研学可以进行职业体验、社会调查、大学参访、未来职业规划等。初、高中学生职业生涯规划的目标是全面客观地认识自己，详细了解社会职业分工，学会职业生涯规划的思想方法，进而明确自己的职业生涯发展目标和方向，实现自我价值和生命的意义。这对学生的人生发展具有长远的战略意义。

研学内容	研学建议
（1）职业体验。参与、体验劳动与职业训练，培育劳动与职业素养和技能。参与、体验创业训练，激发潜力，培育创新意识和能力 （2）社会调查。现场认知企业的产品特色及发展价值，了解其发展前景。认知当地企业文化的区域特征，提出对企业创新发展的评价及改进建议 （3）大学参访。实地感受大学文化，了解其专业设置、师资力量及就业方向 （4）职业规划。实地见证意向职业的发展现状，分析个人特点与意向职业的契合度。听取专业老师的指导意见，做出初步规划	（1）通过考察访问等方法，开展职业体验合作探究学习。借助手机等电子设备，采录各类职业特点，后期编辑、制作、展示交流 （2）组织参观各类企业，了解科技的发展和企业的生产、管理、运作等，对于学生来说既新鲜又令人兴奋，让学生确定某个行业领域是否属于自己的兴趣范畴，能减少学生对于职业选择的盲目性 （3）根据个人发展志向访问相关大学，了解学校概况、专业设置、就业方向等，体验大学文化。走访相关职能部门，访问网站，收集大学的文献，提出自己专业选择与发展的方向 （4）在社会实践活动中发现自己的兴趣、爱好、特点，自觉锻炼，提高各种能力及意志品质。设计活动项目，学生在情境中体验实践 （5）通过分享讨论，逐步清晰自己的职业方向。发现榜样，从中获得发展动力 （6）组织参加职业规划报告会，得到专业指导

8. 生活生存研学

生活伴随着人的一生，人的一生都在为美好的生活奋斗。人在认识客观世界、适应社会发展、完善提升自我的过程中创造和改变生活的状况，实践对美好生活的向往。生存是实现生命意义的基础，学会掌握与创造新生活，体现生命价值，应该成为教育的落脚点。教会学生追求有品质、有价值、有意义的生活是教育的宗旨。在这个维度中，教育的目标就是激发梦想、塑造品格、修正态度、磨炼意志、培养精神，最终培养出坚强、勇敢、有担当的人。生活生存类区域研学资源广泛，如生活技能、灾害预防、饮食安全、健身娱乐、医疗保健、蔬菜水果、时间管理、手工制作、美食文化、社交礼仪、自理自护、疫情防控、投资理财、仪容仪表等。通过生活生存研学，使学生学会独立生活的技能，学会生存的方法，学会追求美好的生活，为创造人类幸福生活而奋斗。

研学内容	研学建议
（1）生活技能。现场实践、体验生活技能，发现不足。发现、欣赏当地手工制作及非遗项目的美学特色 （2）社交礼仪。仪式现场认知社交的价值与文化意义，了解礼仪之邦的历史传承。体验当地社会活动中的礼仪特征，提出对自己参与社交活动时基本礼仪的改进建议 （3）自理自护。明确自己在学校生活、饮食起居、安全管理、情绪调控等方面的具体目标。在与同学交往中不断矫正不足，发扬长处，提升对社会现象的判断能力 （4）集体生活。体验、感受集体生活和研学实践活动。培育集体荣誉，合作互助，遵守纪律的意识	（1）通过参加社会生活及团队活动，观察、学习、实践生活技能，有的项目开展合作探究学习。借助网络设备，收集了解生活常识，学做生活达人采录自己的生活现象，后期编辑、制作、展示交流 （2）走访相关人员，访问网站，收集社交礼仪尤其是外交礼仪的文献 （3）参与入队、成人礼等团队活动仪式，现场学习实践社交礼仪 （4）设计活动项目，参与体验自理自护等实践活动 （5）制订自己的发展计划，提出阶段性目标，参与竞赛评比活动 （6）讨论分析社会现象及法律制度，提高判断能力 （7）在综合实践活动中感受合作的重要性，自觉维护集体荣誉，提高遵章守纪意识

四、研学实施建议

（一）研学基地建设建议

研学基地建设在区域研学中非常重要，它是开展区域研学的资源基础。研学基地建设是依托原有的具有示范性的自然、社会资源单位，包括各种景观、历史文化、红色传统、工矿企业、生态园区、科研场馆、知名院校等，精选创建成为安全的、适合中小学生实践活动的研学基地。创建的基地在规模、接待设施、活动场所、研学设备、工具器材、环境、交通、安全、卫生条件等方面要符合国家相关规定，并有明确、统一的管理机构，对中小学生要具有实践性、教育性。每个基地至少具备一个区域研学主题，一次性能够接待200人以上，有地域特色的研学课程，能够满足不同学段学生研学的需求。

基地建设与服务应当遵循国家鼓励研学的政策导向，根据中小学生的身心特点，设置不同的研学内容。要完善设备设施，科学预测风险，健全制度建设，完备管理流程，确保参加研学学生的人身与财产安全。基地的选择要尽量考虑交通便利，食宿安全，活动安全，要全面考虑安全性和时间的有限性，优先选择距离不远的具有多种研学主题的资源单位创建研学基地。

（二）研学教材编写建议

区域研学教材是开展区域研学的有效载体，是学生进行区域研学的精选读本，是区域研学课程开发的内容依据，先要确定教材编写理念，本着有价值、有创新、有兴趣的原则进行编写。区域研学教材分三个层面。一是校外研学机构和专业教师用书。这类教材可作为研学通用教材，是课程开发、活动设计的依据。二是学生用研学教材。这类教材是学生在校内使用的通用研学读本，利用综合实践活动课时，在教师指导下学习，为校外研学打下基础。三是学生研学手册。这类教材在学生研学前下发，是学生校外研学的指导用书，学生在研学教师的帮助下，完成研学课程学习任务。

这里所讲的教材是指学生研学用书，即学生通用研学读本。

1. 建立教材编写组织

组建教材编写委员会，成立教材编写组，确定教材编写责任人。

2. 确定教材编写系列

根据学生的年龄、心理特点和认知规律，教材分层次编写，即小学、初中、高中三个学段，形成不同目标、不同内容、不同形式的教材系列。

3. 精选教材编写内容

根据研学基地的实际情况，考虑距离、交通、安全因素、研学资源、研学主题等，再考虑学生实际情况，然后在已经开发的众多的研学资源中，精选出适合各学段学生的研学资源作为研学教材的内容。

4. 确定教材编写体例

教材编写要依据教材编写体例，不同的教材有不同的体例，区域研学教材和学科教材不同，要体现体验特色，体例独特，形式灵活，创新性强。

5. 进行教材内容设计

教材内容以研学资源为依据，进行合理选择加工，力求特点突出，栏目新颖，既有原始资料，又有开放性内容，既有常识性学习，又能培养创造性思维。整体内容要体现趣味性、开放性、多样性、创造性、教育性、统整性的特点，使学生喜闻乐见，爱不释手。

6. 研学教材的使用

一是区域研学的文字资料和读本，是研学课程开发的重要依据，要充分利用这套研学教材。这套研学教材是适合各学段学生学习的地方教材和校本教材，不仅参加研学的学生可用，更适合全体学生阅读，也适合家长及社会各界人士阅读。学校在开学初要和学科教材一起发给学生，学生可以随时学习，为研学打下知识基础。二是校外机构专业教材，使用前需报教育主管部门审批通过，供研学机构专业教师在开发研学课程和课程实施时使用。三是研学手册，需征得学校同意才能使用，研学前下发，学生在课程实施中在研学教师的指导下使用。

（三）研学课程实施建议

区域研学的组织有三个部门，分别是教育主管部门、学校和研学专业机构，各部门的组织责任如下。

1. 区域教育行政部门是区域研学的主管部门

（1）根据教育部及国家各部委下发的有关研学旅行的文件、通知，制订本区域有关推进区域研学的文件及具体实施方案，指导本区域中小学开展区域研学。

（2）制订区域研学收费政策，坚持公益原则，鼓励学生参与研学。

（3）审批各层次学校的研学计划。

（4）组织建立区域研学信息平台，努力实现区域研学智慧化管理。

2. 学校是区域研学的主办单位

（1）将区域研学纳入学校教育教学计划，向社会、家庭、学生宣传区域研学的意义和作用，呼吁家长、社会各界支持协助学校开展区域研学。

（2）制订研学计划并向教育主管部门报批，教育主管部门批准后组织研学课程实施。

（3）对学生进行研学安全教育，包括交通安全、活动安全、饮食住宿安全及不确定的安全因素等。

（4）组织学生报名参加区域研学，配合研学专业机构做好研学前期的准备工作，下发研学手册、给家长的一封信等。

（5）组织学生有序乘坐预定的交通工具前往研学基地，并配合研学专业机构组织管理学生，进行研学课程实施。

（6）完成研学总结评价工作，组织学生进行研学成果展示评比。

（7）建立学生区域研学档案。

3. 研学专业机构是区域研学承办部门

（1）组织开发研学资源，与相关单位合作创建区域研学基地，创编区域研学教材，研发区域研学课程，制定区域研学安全制度及各种研学服务措施。

（2）进行研学基地考察，确定研学主题，制定研学课程方案，制订研学计划，确定交通路线，提供交通工具，制订各环节安全预案。

（3）确定研学课程实施中各环节教师岗位，明确岗位职责，责任到人，确保跟岗负责，高质量，无差错。

（4）为学校提供课程方案、研学手册、交通和活动安全提示及告家长、学生明白书，提供研学网络平台服务。

（5）按时接送学生安全到达指定地点，组织学生有序进行区域研学，并做好研学指导，提示学生注意活动安全等。

（6）组织管理学生进行研学课程的学习，指导学生体验、实践、探究等，做好活动过程记录，完成研学手册。

（7）为参加研学师生购买区域研学保险。

（8）为师生提供饮食住宿，保障饮食住宿安全。

（9）配合学校做好研学成果总结，做好成果展示评比。

（四）教学组织建议

1. 区域研学重点的是全员参与

教育主管部门要制定有关区域研学的制度，从课时安排、课程实施、综合评价、成长档案等多方面考量区域研学。研学专业机构要制订周密的研学计划，开发适合学生特点和认知水平的研学课程，并配合学校安全、有效地组织学生进行区域研学。学校和研学专业机构要制定具体措施，通过过程性评价、成果展示、成果评比等激励性手段激发学生参与研学的积极性，鼓励学生积极参与研学。

2. 区域研学强调的是规范运行

区域研学作为一种教育活动，最突出的是校外活动，研学空间大，资源丰富，环境真实。因此，区域研学不可随意组织，要有计划地开展。要开发研学资源，创建研学基地，编写研学教材，开发研学课程，设计研学活动，规划研学路线，制订安全有效的运行计划，实现区域研学规范化。研学过程中，研学教师要有效组织活动，指导学生体验、实践、探索等，通过精心策划、严密组织，把研学功能最大化。

3. 区域研学突出的是研学形式

研是载体形式,学是主要任务,学生走出校园,走进自然和社会,将课堂上学到的知识与生活实际相联系,与研学资源相融合,探索灵活多样的活动方式,通过参加集体活动,在完成设定的活动项目中体验感悟、探究实践、总结反思,实现学生综合能力和核心素养的提升。

4. 区域研学的关键是教学课时

区域研学是素质教育的创新形式,是综合实践的重要内容,学校要将区域研学划入综合实践课程范围,列入教学计划,完成规定的教学课时。

具体课时计划如下：

小学 1~3 年级,每学期研学 1 次,6~9 课时。

小学 4~6 年级,每学期研学 1~2 次,9~15 课时。

初中,在 7~9 年级进行,每学期研学 1~2 次,16~32 课时。

高中,在 1~2 年级进行,每学期研学 1 次,32~40 课时。

在研学时间上,学段不同,时间也不同,学校可根据教学计划、学生活动的实际情况和需要灵活安排。

5. 区域研学的核心是课程内容

区域研学课程内容要结合学生年龄、心理特点和认知规律,要分级开发,分层设计,活动项目要融开放性、创造性、教育性为一体,能够激发学生兴趣,培养学生的综合能力和素养。

小学 1~3 年级。主要限定在乡镇以内研学。注意交通和场地安全,课程内容要活泼新颖,活动项目主要设计一些学生喜欢的游戏活动,以满足这一年龄段学生的好玩、喜动的天性,实现寓教于乐,寓教于游。

小学 4~6 年级。依然限定在乡镇以内研学。针对这一阶段的学生特点,设计以体验为主的活动项目,融进游戏性、艺术性内容,尽量设计学生都喜欢的娱乐性主题活动,活动力求有趣,能够激发学生的参与热情,在娱乐活动中实现研学目标。

初中阶段,在 7~9 年级进行。以县、市以内为研学区域。针对这一阶段学生有强烈的求知欲和好奇心的特点,可设计更多的探究性内容,使全体学生都能参与体验,动手实践。活动形式要多样,增加理解性、挑战性内容和形式,如闯关、知识竞赛、问答、问题研究等。

高中阶段,以高中 1~2 年级学生为主。以省内或国内为研学区域。研学内容以知识拓展、综合体验、实践探究、问题研讨等为主。

（五）评价建议

区域研学是体验教育的重要实施平台，是融合学校教育、社会教育、打通家庭教育的显性通道，具有理论性、实践性、专业性、开放性和科学性的基本特征。是在校外进行的，以体验为主，综合运用调查访问、研讨交流、实践探究等方式，以培养学生综合素质、促进学生成长的全面发展为目的的一种综合性教育形式。

区域研学课程的课时一般单次最少为6课时，活动时间比较长。因此，对研学课程的考核应该侧重过程和发展性评价，考核的方式也要遵循灵活、多样、个性化的原则，重点考核学生在研学中的表现和取得的成果及成果的呈现。知识性的评价也可以纳入考核范围，但一般不应作为主要的考核内容，评价时要将研学过程的表现和研学成果结合起来。研学教师要注重过程的评价，要注意观察学生在研学过程中的表现，如学生在体验、讨论、实地观察、参与活动、实践探究等方面的表现，进行有针对性的评价。成果的评定要根据学段进行，学校可以组织学生写研学心得、体会、感受、总结等，并进行展评，组织学生进行摄影展、演讲、书画展等活动来展示学生的研学成果，并进行评定。中学生可写小论文、小调研报告、研学总结、研究报告等展示研学成果。中小学生都要建立学生成长档案。

1. 评价的理念

区域研学的学习评价要坚持发展性原则、客观性原则和激励性原则。评价的重点在于学生的发展层次和发展水平上，引导学生进行"自我反思性评价"，即以已有的发展基础为评价标准，突出学习过程中的体验、态度、情感、价值观、综合实践能力，不必过分强调结果的科学性和合理性。

2. 评价的具体要求

（1）研学内容的评价。评价的内容应包括知识与技能、过程与方法、情感态度与价值观，可在研学前、中、后及每堂课教学中进行评价，必须兼顾知、情、意、行四个方面。

第一，观察体验的评价：学生参与实地观察，应着重看学生观察、体验、收集资料、组织能力及独立思考与批判精神，通过口头、书面报告等形式呈现学习成果。

第二，活动讨论的评价：学生参与小组讨论情况，主要看是否积极思考，主动发表意见等。对活动过程表现进行评价。

第三，动手实践探究的评价：积极参与活动，主动动手实践，对问题积极思考探究，有创新意识和创新精神。对实践探究过程和成果进行评价。

（2）研学形式的评价。研学评价形式要多种多样，方法要灵活，要对"档案袋评定""协商研讨式评定"等评价方法进行有益尝试。提倡"活动日志"和"现场笔记",由教师和学生把活动中发生的事情记录下来,客观描述学生在学习中的表现,通过访谈等多种途径收集学生的活动情况。评价的主体是学生自己,还要结合教师、家长的评价。评价方式有汇报、成果或作品展示,以及答辩、演示、表演、竞赛、评比等。

(3)研学成果的评价。研学过程中,教师要指导学生记录、总结、保存自己的研学成果,活动结束后,学生可以通过各种书面文字,即心得、体会、研学报告、小论文等体现出来,也可通过汇报、演示、图片、影音等多样化方式呈现。

(六)安全保障建议

区域研学作为一门综合实践课程,"玩中学""学中做""做中研""研中悟"是基本的学习方式,这就决定了区域研学的实践性、开放性、自主性、生成性等特征。它要求学生走出校园,走向自然,走向社会,在开放的空间开展实践性学习活动,因而,安全保障是实施研学课程中不能忽视的问题。

1. 加强学生的安全教育

对学生进行安全意识教育,培养学生的自我保护能力,是区域研学教师工作的重要内容,也是区域研学的重要组成部分。在研学过程中,教师一方面要利用开放的活动空间培养学生承受挫折的能力,培养学生良好的心理素质;另一方面要引导学生预防事故,注意自我保护。

2. 精心规划和组织研学活动

学生的安全问题主要来自研学活动过程中的不确定因素。教师也要时刻关注研学过程中学生在各个环节的安全问题,引导学生对研学地体验、合作、探究等进行精心规划和组织,做好研学前、研学中及结束后等环节的安全教育和安全保障。要做好安全预警,预测安全风险,做好安全预案。

要对研学范围、活动情境进行合理的规划。学生在什么情境中进行调查、体验,在多大的活动范围、怎样的自然条件下开展活动,教师和学生要事先进行规划,对活动范围、条件、背景等因素做周密的设计和安排。在活动空间上,根据学生实际情况,坚持"就近"原则,尽量在规划的范围内开展活动。提高区域研学的效率,减少不必要的环节设置。学生的研学应该在指导教师参与的情况下展开,活动尽可能采取小组协作的方式进行,培养学生团结合作、相互关心的意识。教师要教会学生一些自救知识和措施,如溺水的自救办法,如何在山地、海边礁石上行走等常识。

3. 制定安全保障制度

建立健全区域研学安全制度，确保研学各个环节都要有制度约束，实行制度管人机制，责任到人。学校组织安全、交通行车安全、场地活动安全、饮食安全、一切突发自然安全等都要制定安全预案，落实到位。

4. 争取社会和学生家长的支持

要确保学生在区域研学过程中的安全，学校和教师要尽可能地争取社会有关部门和学生家长的支持，鼓励部分学生家长参与区域研学，协同教师组织开展活动，关注活动中各个环节的安全问题。

第二节　区域研学教材编写

一、区域研学教材概念和编写原则

（一）区域研学教材概念

1. 教材

教材又称课本，它是依据课程标准编制的、系统反映学科内容的教学用书，教材是课程标准的具体化，它不同于一般的书籍，通常按学年或学期分册、划分单元或章节。它主要是由目录、课文、习题、实验、图表、注释和附录等部分构成，课文是教材的主体。随着科学技术的发展和教学手段的现代化，教学内容的载体也多样化了。除教材以外，还有各类指导书和补充读物，如工具书、挂图、图表和其他教学辅助用具；教学程序软件包，如幻灯片、电影片、音像磁盘等。此外，教材的编写要妥善处理思想性与科学性、观点与材料、理论与实践、知识和技能的广度与深度、基础知识与当代科学新成就的关系。

2. 区域研学教材

区域研学教材是依据区域研学课程标准，依托区域研学基地及自然、社会等研学资源，根据中小学生和中小学校实际，按照校本教材编写体例开发编写的供中小学生进行区域研学的学习用书。

（二）区域研学教材编写原则

1. 有价值

区域研学的最终目标是促进学生的成长，使学生在实践体验中探究学习，努力创新，培养学生的综合能力和核心素养。创编教材要目标明确，主题鲜明，内容具体，思路清晰，要适合不同学段的学生使用。

2. 有创新

教材从主题的设定到内容的选择，从编写思路到编写体例，从内容设计到栏目设定，都要具有创造性，图文并茂，设计合理，创意新颖。

2. 有兴趣

区域研学的营地具有一定的影响力，能够吸引学生有兴趣去研学。研学教材的内容新颖，具有吸引力，教材设计独特，学生同样兴趣盎然，内容设计具有悬念，增强学生研学的迫切感。

二、区域研学教材内容要求

（一）与体验教育标准相联系

教材内容选择避免以往学科教育只注重知识的偏向，全面考虑新课程改革和体验教育内容标准的要求，做到知识和技能、过程和方法、态度和价值观的统一。教材应淡化前者，注重后两者，在内容设计上应侧重体验和实践活动，考虑学生的参与。

（二）与学科教育相联系

教材内容注意与基础教育各学科教材内容相联系，尽量找到与学科教材内容的结合点，使学生能够从不同的角度切入并且系统学习整体知识。

（三）与学生实际相联系

教材的内容选择符合和适应学生的知识基础、生活经验的内容，密切联系学生自身生活和社会生活，改变重理论轻实践的偏向，做到理论与实践的统一，并偏重于实践。

（四）与时代发展相联系

教材的内容选择全面考虑地方性和时代发展性的关系。要充分反映当地的传统文化和人们的观念，拓宽学生的知识视野，体现现代体验科学的发展，使学生更多地接受反映时代特征的新的"体验思想"和"体验事物"，憧憬美好未来。

（五）与教育活动相联系

教材的内容选择充分考虑活动性，引导学生在考察、体验、探究等一系列的体验活动中发现和解决问题，以培养学生自主利用资源、自主学习、自主探索的习惯，为构建新课程倡导的"主动—探究—合作"的"体验课堂"提供新的平台。

三、区域研学教材特点

（一）形象的趣味性

教材的呈现方式应符合学生的心理特点和规律，注意用生动形象的事物激发学生的兴趣和动机，小学教材富有启发性和趣味性，中学教材富有思维性和挑战性。注意从学生日常生活中熟悉的体验事件出发，再回到人与人、人与自然、人与自我、人与社会的关系中去思考、体验人生的意义。

（二）内容的开放性

教材内容的呈现注意开放性的要求，激发学生的开放性思维，在内容的学习与实践中，引导学生进行小组讨论、竞赛、双方辩论、角色扮演、动手制作、参观考察、调查研究、探究体验等，在对教材内容的学习和体验中，逐步读懂"自我"，懂得人生的价值和意义，正确处理与自然和社会的关系。对需要进一步学习和研究的，教材提供学生继续学习和探索的资源内容。

（三）形式的多样性

研学教材编制有一定的、前后一致的风格，注意形式多样、版面活泼、文字通俗流畅、图文并茂。教材版式设计中，设置"导学提示""思考探究""实践交流""拓展延伸"等栏目，精心选取和配置相应的图片。研讨交流以实践式、活动式、探究式、体验式为主，高年级配置一些研究性的学习内容。

（四）内容的创造性

研学教材内容来源于研学基地及自然、社会等各方面资源，它与基础教育学科教材不同，从内容到形式都是全新的、创造性的，具有一定的原始性和开创性。在编写时注意结合学生的年龄特点、认知特征、生活经验及实际发展水平，具有一定的实效性。

（五）思想的教育性

教材内容力求体现体验教育思想和德育功能。每项内容都设定了学习的主题，传统文化教育、红色革命教育、科技科普教育、生态环境教育、爱国爱家教育、工业农业建设教育等，每个主题内容在学生的意识形态中都会产生一定的影响，在思想上起到一定的教育作用。特别是在课程的实施中，在体验与实践的过程中学生潜移默化地就会受到教育。

（六）整体的系统性

根据学生的年龄、心理特点和认知规律，教材分层次编写，即小学、初中、高中三个学段，形成不同目标、不同内容、不同形式的教材系列。编写教材过程中，先制定三个学段教材的编写体例，再根据不同学段确定每学段教材的教育目标和教材内容，最后按照教材的不同体例进行编写。教材内容中研学资源的区域划分：小学为乡镇、县内资源，初中为市内、省内资源，高中为省内、国内资源。

四、区域研学教材如何编写

根据区域研学的课程标准，这里主要讲的是学生使用教材。

（一）教材编写体例

以初中教材为例，其内容编写体例如下。

1. 课名

简单明了，用精确的文字表明研学主题和研学基地，基地名称要准确，主题要清晰，统一句式。

2. 导学提示

导学路线：基地位置，交通路线，基地导航。

目标提示：根据研学主题和内容确定研学目标。

研学项目：在研学基地学生要做哪些事情，参与哪些研学活动。

3. 思考探究

资料库：内容介绍，包括基本情况，基本特点，历史、现状、发展，基本价值等。

文字篇幅依据学段而定，要照顾整体，还要全面。

思考窗：设计与内容相关的问题，引导学生带着问题学习思考。问题要针对研学项目和研学目标进行设计。

讨论台：就关键和具体问题进行讨论探究。

4. 实践交流

准备室：具体说明此次研学做哪些准备，主要是在研学内容上做哪些准备，如查询与研学有关的资料，预先学习，为研学做好准备。其他方面的物资准备等。

实践园：叙述此次研学的实践方式、行动步骤等。

交流厅：交流此次研学的收获、体会。

5. 拓展延伸

探索路：此次研学告一段落，还有很多地方需要继续探索研究。

瞭望塔：介绍与此次研学相关的史料，开阔视野，增长知识。

（二）具体编写要求

1. 封面

设计书名字体，依据区域研学特色设计封面背景。

扉页为内容简介，介绍教材基本特点、使用年级、计划课时等。

2. 前言

编写说明。开发教材背景，意义，目标，教材内容、特点，编写人员情况，教材使用等。

3. 编写形式

教材正文按板块编排，图文并茂，根据不同学段设计教材内容、文字数量、版面形式。总体要求是活泼、生动、有趣，形式既要统一又要灵活，以引起学生兴趣、调动学生积极性、使学生喜读乐学为宗旨。

研学内容既要简洁精练又要具体全面，要尽可能地把研学内容的特点表述清楚，体现研学主题和研学目标。

4. 问题设计

教材中讨论思考、交流研讨的问题要紧紧围绕研学主题和研学目标设计。问题表述要简洁清晰，难易程度要适合学生年龄和认知规律。

5. 版面设计

版面设计要灵活，结合学生特点增加一些色彩，文字设计要活泼新颖，字体字号要有所变化，文字色彩要适合学生年龄特点，但不要花哨。整个版面要美观大方、色彩鲜明，符合研学内容和主题。

内容设计力求图文并茂、图文结合、图文互补，图文的版面位置和比例要适当。文中插图精度要高，要完整、美观，整体感觉明快，阅读效果要好。插图要与内容相符或联系紧密，要适合学生年龄特点。图片可以和内容相统一，起到说明作用，可以是因内容较少对内容的补充，起补充作用。图片最好要有统一编号，也可以没有，要有图片说明。所用图片可以是原始图片，也可以是现在拍的照片，但明暗度及整体效果应接近为好，图片数量不要太多，尺寸不要过大，位置也不要过于集中，同一段内容不要安插两张图片。

6. 总体要求

教材按小学、初中、高中三个学龄段设定不同体例，同一学段体例应力求一致，板块相同，版面设计不要有大的变化，要适应学生的年龄和认知特点，突出研学主题和目标，以学生喜欢和爱学为宗旨。

（三）形成教材系列

1. 小学低年级段

小学低年级以游戏、娱乐为主。

2. 小学中年级段

小学中年级以娱乐、体验为主。

3. 小学高年级段

小学高年级以体验、探索为主。

4. 初中学段

初中学段以探索、实践为主。

5. 高中学段

高中学段以实践、拓展、探究为主。

第三节　区域研学课程建设

一、区域研学概念和特点

（一）区域研学概念

区域研学是依托当地自然与社会资源及教育实际需要，以全面育人为宗旨，以立德树人为核心价值，以实践体验为方式，以思考探究为主要手段的校内外相结合的教育模式，是将当地的自然与社会资源开发成学生综合实践活动内容，进而创设社会实践大课堂的教育方式。

2014年4月19日，教育部基础教育一司司长王定华在第十二届全国基础教育学校论坛上发表了题为《我国基础教育新形势与蒲公英行动计划》的主题演讲。在会上，他提出了研学旅行的定义：研究性学习和旅行体验相结合，学生集体参加的有组织、有计划、有目的的校外参观体验实践活动。研学要以年级为单位，以班级为单位进行集体活动，同学们在教师或者辅导员的带领下，确定主题，以课程为目标，以动手做、做中学的形式，共同体验，分组活动，相互研讨，书写研学日志，形成研学总结报告。

区域研学是根据区域特色、学生年龄特点和各学科教学内容需要，组织学生通过集体旅行、集中食宿的方式走出校园，在与平常不同的生活中拓展视野、丰富知识，加深与自然和社会的亲近感，增加对集体生活方式和社会公共道德的体验。

区域研学继承和发展了我国传统游学"读万卷书，行万里路"的教育理念和人文精神，成为素质教育的新内容和新方式，研学中全面提升中小学生的自理能力、创新精神和实践能力。

（二）区域研学特点

区域研学是以中小学生为主体，以自然、社会资源为依托，以研学课程为载体，以培养学生综合素质为宗旨进行研究性学习的实践活动。具有以下显著特性。

（1）教育性。区域研学是德育教育的重要方式之一，是在校外进行人与自然、人与人、人与社会的体验式教育的素质教育课程。

（2）开放性。区域研学相对于学校生活来说，具有活动时间长、空间距离远、活动场地范围大等特征。区域研学是让学生走出校园、走向社会，在不同的自然和社会环境中体验生活、探索实践、学习新的知识、提高自身素养的开放教育形式。

（3）计划性。区域研学是组织者有计划地组织学生走进陌生的环境、体验崭新的情境、参与有趣的实践、探究未知领域的实践活动。要实现研学的目标，就要做好详细的研学计划，研发研学课程，制定研学规划，编写研学手册，谋划活动项目等。

（4）多样性。区域研学是集"参与、实践、体验、探索、竞技"等于一体的综合性实践活动，包含学生的"吃、住、行、游、购、娱"等，表现为环境变换多、活动方式多、体验角度多、收获内容多。

（5）适应性。区域研学的本质就是"改变"，是改换学习情境、变换学习方式，获得新的体验。其目的是使学生在新的环境中改变自己，以适应环境的变化，提升适应能力，促进学生快速成长。

（6）体验性。区域研学最突出的特点就是体验。学生走出校门，在社会与自然中参加实践活动，动手、动脑、互助、合作，在探索与创造中思考，在反思与总结中提高，这些是父母和教师不能代替的体验。

二、区域研学课程概念和特征

（一）区域研学课程概念

研学课程是学生走出学校，走进自然和社会，利用研学资源，选定研学主题，设计并参与研学实践活动，在实践与体验中得到锻炼，使各种能力和素养得到提高的体验式课程。

完整的区域研学，主要包括中小学生、研学资源、研学课程、专业教师、服务管理。这里学生是主体，资源是保障，教师是关键，课程是核心。研学课程在整个研学过程中起着重要作用。

区域研学课程就是依托区域研学基地及区域内自然、社会的研学资源，充分开发研学主题，精选研学内容，确定研学目标，设计研学活动项目，使学生的各种能力和综合素养在实践活动和体验中得到提高的体验式实践课程。

（二）区域研学课程特征

区域研学课程是以学生为中心的实践课程，强调通过学生自身体验和参与活动获得直接经验，与学科课程相比，研学课程特征独特。

1. 学习空间的扩大

传统学科课程都是在校园内、教室里进行，活动空间具有很大的局限性，教师的教和学生的学也只是依靠书本，缺少丰富性和灵活性，学到的只是机械的书本知识，各种能力及综合素养很难得到培养。区域研学课程与传统的学科课程有本质的不同，其特点是打破课堂时空界限，把学习移到课外、校外，而来自课外、校外的空间与资源造就了研学内容的无限丰富、情趣盎然和绝对真实。因为大自然和社会就是研学课程的实施空间和活动课堂，学生在这里享受为他们提供的一切学习和体验资源，使他们的各种能力在实践中得到培养、综合素质得到提高。

2. 教育内容的丰富

传统的学校课程以学科教学为主，所学内容为单学科知识。而区域研学课程打破了学科界限，融多学科知识为一体，与研学内容相综合，其内容的丰富是单一学科所不及的。学生在研学中既可以巩固校内的学科知识，又能在校外的实践中综合运用。如历史博物馆里蕴含着丰富的历史知识、传统文化和文学常识，能够激发学生的探究热情，他们在这里探究历史、学习文化，使多学科内容得到吸收融化。大海潮边，波涛汹涌的海浪，一望无际的海面，体会中华民族的博大和顽强；柔软绵长的海滩，创意奇巧的沙雕，体会创造的力量；千帆竞发的渔船，婉转动听的渔歌，展现丰富的大海资源。长城脚下，宏伟的工程，博大的智慧，顽强的精神，学生感受到中华民族的伟大，他们与专家交流，与古砖互动。在动手制作墙砖和模拟抵御外寇的排兵布阵与搏杀中，体会古代劳动人民的勤劳，保卫国家的军事战略和英勇顽强，爱国主义情怀得到充分的培养。

3. 活动方式的多样

传统的课堂教学依托教室与黑板，注重的是教师的讲授、学生的聆听。现代教育形势下，课堂教学改革改变了死气沉沉的讲听模式，但小组合作、探究学习依然没有跳出课本、走出教室，旧的学习框架依然禁锢着学生的发展。研学课程使教师放开了手脚，他们带领学生来到自然、社会的大课堂，他们利用丰富的学习资源，设计多样的活动项目，让学生在活动中充分地展现自己。游戏活动，情景体验，定向运动，项目式学习，体验式活动，拓展训练，主题延伸，网络信息手段等，灵活多样的学习方式，使学生在愉悦的活动中得到成长。

4. 综合素质的培养

传统的学科学习注重书本知识的掌握，长期以来，由于受应试教育的影响，以成绩的高低判定学生的成长成为定式，而综合素养的培育被大大地忽视和遗忘，培养的学生素养不足，能力缺乏。区域研学打破了这种不利局面，学生走向自然和社会，把书本知识和综合实践紧密地结合起来，他们以个人或小组的形式积极参与实践活动，动手动脑，实践体验，探究思考，创造性思维和逻辑思维得到培养。同时活动中培养了学生热爱学习、勇于探索的精神，以及敢于实践、敢于创新和坚持不懈的学习品质，学生的智力、情感、意志、能力得到培养，最终促进学生的整体发展。

三、区域研学课程内容

区域研学课程内容设置以培养学生综合能力、提高学生综合素养、促进学生全面发展为宗旨，结合区域研学资源特点及学生实际情况进行综合分析、科学提炼。

（一）研学课程主题

区域研学课程的开发先是确定研学主题，要注重活动特色，丰富教育内容，要从研学基地和研学资源的不同角度、不同侧面，依据学生的年龄、心理和认知特点确定不同的研学主题。

（二）研学实施范围

根据地域特色，中小学生的年龄特点、心理特征和认知水平，以及区域内研学资源的开发实际，确定中小学生集体研学范围，分为乡镇内、县市内、省内三级研学区域。原则上小学开展乡镇研学，初中开展县市域内研学，高中以省域研学为主，个别情况可以选择省外国内研学，条件成熟时可开展境外研学。

（三）研学课程体系

学校根据学段特点和地域特色，逐步建立小学阶段以乡土乡情为主、初中阶段以县情市情为主、高中阶段以省情国情为主的研学教育活动课程体系。

区域研学作为理想信念教育、爱国主义教育、革命传统教育、国情教育的重要载体，突出祖国大好风光、民族悠久历史、革命传统和现代化建设成就。根据小学、初中、高中不同学段的研学教育目标，有针对性地开发自然生态资源、历史文化资源、红色传统资源、科技科普资源、体能拓展资源、职业规划资源等研学资源，丰富研学内容，为开发不同主题的研学课程打下基础。

区域研学课程内容以研学基地为依托，以自然、社会等丰富的教育资源为基本内容，开发各种教育主题，根据学生实际情况，设计多样的活动项目，建立小学低中高、初中、高中等阶段研学课程系列。

四、区域研学课程分类

由于区域研学资源丰富,内容广泛,为便于对研学课程的开发,将研学课程按不同形式进行分类。

(1)亲子活动课程。如鸽子窝公园:绿色梦想。

(2)夏令营游学课程。如内蒙古克什克腾:我和草原有个约会。

(3)实践体验课程。如乐岛海洋王国:海洋之梦。

(4)主题营地课程。如集发营地:学能提升训练营。

(5)区域研学课程。如秦皇岛园博园:山海港城·印象河北。

五、区域研学课程设计思路

(一)设计思想

区域研学课程设计思想是在全面贯彻国家教育方针的基础上,结合新课程学科教学的内容,根据经济发展和社会发展对人发展的影响现状,对学生进行全面发展的素质教育。学生的全面发展是指学生的全面、健康、和谐、可持续发展,既包括知识技能、过程方法、情感态度、价值观,也包括形成健全的人格等方面的发展。求知与开发智力无疑是教育的一项根本任务,但不是唯一任务。区域研学课程的功能绝不仅仅是传授知识,还包括通过课程使学生学会做人、学会求知、学会劳动、学会生活、学会健体、学会审美,使学生得到全面、和谐的发展。

基础教育课程改革将素质教育提到了突出的地位,强调各学科的整合,将综合实践列为学科课程,推进了课堂教学的改革。区域研学改变了传统的教学方式,强调体验的生成与情感的丰富,重视学生的实践活动,重视学习生活化,重视探究性学习。它是教师按照预定的研学目标和内容,科学、有效地创设一种达到"身临其境"或"心临其境"的研学环境,使学生走出学校,走进自然和社会的大课堂,在广阔的自然环境和教育情境影响下,通过"体验""探究""内省"来实现自我教育和自我发展,有效地促进学生的多种能力和综合素质的提高。

区域研学课程设计思想体现注重培养学生综合素养,培养学生适应终身发展和社会发展需要的必备品格和综合能力,促进学生全面发展、健康成长。课程设计选取了人与人、人与自然、人与自我和人与社会四个维度。据此制定课程总目标,在"总目标"之下,分为四个阶段:小学1~3年级、小学4~6年级、初中阶段、高中阶段。这四个学段，分别提出"阶段目标"，体现区域研学的整体性和阶段性。

区域研学是改变传统教学的融多学科内容为一体的新的以体验、探究为主的学习方式，突出学生的实践活动，通过观察、调查、资料收集、参观、访问、采访、实践、讨论等有效方式，充分发挥学生的主动性，从而唤醒、发掘与提升学生的潜能，促进学生的自主全面发展，培养学生的人生价值观和责任感。

这些活动也是素质教育的内容和方式，也是全面实现区域研学课程目标的基本保证。

（二）设计思路

1. 总体思路

本课程以中小学生参加区域研学为依据，切合中小学生身心发展的特点，以学生发展核心素养为目标，以统整式课程为基本模式，以项目学习为研学形式，以体验式学习为活动方法，将区域研学基地、研学主题、研学内容、研学主体、活动项目五要素统整为一体，开发设计区域研学课程。

2. 主题设计

根据区域研学基地的资源特色和文化内涵，提炼课程主题，并围绕课程主题设计项目活动子主题，每一个项目子主题都是总主题活动目标的一部分，体现了课程活动的整体性和系统性。

3. 课程设计要素

（1）环境要素。包括区域研学基地地理位置、交通运输、基地内部研学环境等。基地环境影响课程实施。

（2）学生要素。包括学校与学生情况、学生年龄、心理特点、认知水平等。学生实践经验影响课程效果。

（3）教师要素。包括研学教师来源、教师培训效果。教师的专业水平及执行力决定课程质量。

（4）教材要素。包括课程活动方案、教师执行手册。学生活动手册是课程实施的基础和保障。

4. 活动项目设计步骤

（1）初步规划。根据学校课程的基本需求，进行研学课程主题的设计。

（2）考察探路。根据初步规划的研学内容，确定研学基地或场所，并进行实地考察。

（3）讨论和设计。依据考察结果，讨论并确定活动项目、设计活动流程，重点设计活动的兴趣点、教育点、探究点、创新点等，写出活动方案和课程说明。

（4）完善课程。再次讨论，提出修改意见，对课程方案进行完善，并完善课程说明。

（5）实践观察。在课程实施中观察实践活动的效果。

（6）反馈。收取活动观察人员（专家、研学教师、学校代表及家长代表）的反馈意见，正反意见要全面。

（7）二次策划。根据各方面的反馈意见，再次对区域研学课程进行讨论，重新规划活动项目流程，修改课程方案，直到课程方案科学、规范、完美。

六、区域研学课程设计

（一）亲子教育课程

在青少年个人成长体系中，家庭、学校、社区、社会文化、媒体等因素对青少年成长起到影响作用，而家庭教育在子女性格养成中占据首要位置。在现代社会形式下，"70后""80后"新一代父母如何做好父母、我们的孩子应该得到什么样的教育，这是一个全社会关注的话题。亲子教育体系以"以子为师"为基本理念，以"助人自助"的方式，通过体验式教育，致力于打造更加完美、和谐的亲子关系。

1. 亲子教育理念

服务群体（5～8岁亲子家庭）。亲子教育是依据蒙特梭利的教育理念和原则，倡导父母和孩子一起"亲子同乐"，因为"父母是幼儿早教中最重要的老师和玩伴"，进而促进和谐美满的家庭关系，提升亲子间互动质量的活动。它是20世纪末在美国、日本和我国台湾地区等地日渐兴起的研究父母与孩子之间的关系及其教育的一个新课题。

要了解什么是亲子教育，先应明确什么是亲子关系。亲子关系主要是指父母亲与孩子之间的关系。对于什么是亲子教育，现在还没有一个很规范、统一的定义，我们可以通过它与家庭教育的比较来理解其含义。

一提家庭教育，我们就知道是家庭中的长者对孩子的单向教育，父母是家长，具有威严、不可侵犯的地位。而亲子教育给人的感觉则亲切、温和得多，它强调父母、孩子在平等的情感沟通的基础上进行双方互动，而且亲子教育涵盖了父母教育和子女教育两方面。它是通过对父母的培训和提升来达到对亲子关系的调适，从而更好地促进儿童身心健康、和谐地发展。

亲子教育的主要目的是利用父母与孩子之间在态度、情感、行为等方面的相互作用、相互影响，通过一定的教育手段与方法，帮助父母形成正确的亲子观，形成良好的亲子关系，在游戏活动中促进孩子在体能、智能、个性、习惯等方面的全面、和谐的发展。主要包含健康教育、社会教育、智能训练、审美教育、情感教育、亲职教育等。亲子教育不同于一般意义上的"家庭教育"和"儿童教育"，它是一种特殊的、专业化程度很高的新型教育模式，强调父母与孩子在情感沟通的基础上实现双向互动，以促进婴幼儿形成健康的人格，也使父母自身素质得到不断提高。应该说，亲子教育是家庭教育的基础与保障，对儿童个体发展将会终身受用，对家庭幸福和民族发展更具有无法估量的作用。

现阶段家庭教育中普遍存在的问题很多。重儿童智力开发，轻个性、情感和良好习惯的培养；对孩子过多限制、过度保护导致许多孩子自理能力差、自主性差；因为都是独生子女，导致儿童缺乏一起交流、玩耍的伙伴；有些家庭由于是隔代抚养或请保姆照管孩子，导致家庭亲子关系生疏。所有这些问题都与父母的教养素质有关系，所以现在许多教育工作者提出，儿童教育的重心应由儿童本身移向与儿童成长密切相关的关键人身上。因此，要培养健全的儿童，首先父母就应转变教育观念，提高教育能力，并掌握有效的教育方法。亲子教育以脑科学发展为基础，打破了从婴幼儿保健到学前教育的分段管理体制，推行从0岁开始教育的观念，强调全程教育、全程发展，尤其注重3岁以前的早期教育，其目标是实现群体普通儿童的理想发展。它将游戏活动作为主要教育手段，教学活动遵循0～3岁婴幼儿的身心发展特点设计而成。指导思想是提高家长的科学育儿水平，实现幼儿成长、家长进步的目标，形成教师、家长与幼儿进行互动游戏的教育模式。

2. 亲子活动特点

从广义上讲，家长和孩子之间相互交流的活动都可以看作亲子活动，而科学的亲子活动具备以下特点。

（1）启发孩子的智慧。这就要求活动既能够利用和发挥孩子现有的能力，又能够引导和发展他们新的能力。

（2）双方平等参与。家长要能和孩子平等地参与到活动当中，亲子活动不是上课，家长不能高高在上、指手画脚，而应当是活动的参与者，并且跟孩子处于平等的地位。

（3）给双方带来乐趣。活动的整个过程能够给孩子和家长双方都带来乐趣，要让孩子在活动中体会到创造和成功的快乐，而家长则能够体会到亲子交流的幸福。

（4）各种能力得到提升。如观察、想象、思维、记忆、创造、动作能力（大运动及手指能力）、应物能力（对外界事物的认识、分析和综合能力）、应人能力（生活能力、与人交往能力）、言语能力（听、理解、语言表达能力）等都得到提升。

亲子活动的意义是寓教于乐，促进家长与孩子之间的亲情交流。提供儿童良好的合作环境，促进其社会交往能力的培养。

3. 亲子教育课程设计

（1）课程目标：发掘家庭教育潜能，帮助孩子自我成长。

（2）基本架构：本课程由亲子沟通、家庭系统、情绪管理、责任传承、学习成长和珍爱生命六个单元组成。每个单元相对独立，但相互间又联系密切。

第一，亲子沟通是家庭教育的前提。要改善亲子关系，提高子女教育效能，必须改善沟通方式。有了良好的沟通方式，家庭系统才有改变的可能，责任传承、学习成长、生命教育才有望顺利进行。

第二，家庭系统是家庭教育的基石。家庭是儿童成长的圣地，是塑造人格的摇篮。孩子的人格与家庭系统有着密切的关系，孩子的很多问题都是家庭系统问题的显性表现。家庭内部和谐，系统运行平衡，亲子沟通才会有效，责任传承、学习成长、生命教育就可能得以实现。

第三，情绪管理是家庭教育的难点。父母在情绪冲动时根本谈不上教育，只是宣泄。父母的情绪会感染和直接影响孩子的情绪发展，父母管理好自己的情绪，才能更好地培养孩子的情商。父母情绪良好，就可以和孩子有效沟通，家庭系统就会和谐，责任传承、学习成长、生命教育才可以很好地实施。

第四，责任传承是家庭教育的核心。家庭子女教育的目标是培养一个富有责任心的社会人，在日常生活中教育孩子学会为自己的成长负责，是家庭教育的核心，也是现时家庭教育中的重要课题。负责任的人都具有一定的成长能力，都懂得珍爱自己的生命，善待其他生命。

第五，学习成长是家庭教育的目标。改善沟通方式、平衡家庭系统、提高情绪管理能力和传承责任，最终目标就是要建立一个学习型家庭，父母与孩子共同成长。父母帮助孩子建立和保持积极的学习心态和主动行为，获得终身学习的理念与能力，使孩子成为一个与时俱进的成功者。

第六，珍爱生命是家庭教育的基础。没有生命，家庭教育无从谈起；没有生命的链接，子女教育效能往往事倍功半，前面五次课程难以很好实施。本课程的最终目标，就是使每一个家庭成员珍爱生命、焕发生命、感恩社会、奉献社会、最终实现自我价值和社会价值的共赢。

（3）单元流程：本课程每个单元模式统一，共分六个环节。

第一，进入环节——破冰。营造体验环境，使家长和孩子的身心共同走进课堂，为后续环节打下基础。

第二,重点环节——感受。提出问题,展示现状,检查自身家庭教育中的误区,促使家长设身处地感受孩子的感受,引起心灵的震荡。

第三,核心环节——应对。建立科学理念,学习应对技能,丰富亲子关系技巧,设定亲子教育活动,双方互动、沟通,共同完成活动。

第四,检验环节——评估。检验家长对本次课程内容的理解和掌握程度。

第五,巩固环节——作业。家长学习使用课程理念处理日常亲子关系,提高子女教育效能。

第六,交流环节——分享。家长相互学习,进一步提升子女教育效能。

(二)夏令营游学课程

1. 夏令营的起源

夏令营起源于美国,目前直接被称为游学。1861年夏天,一位来自康涅狄格州的教师肯恩,率领孩童进行了为期两周的登山、健行、帆船、钓鱼等户外活动,借此来均衡孩童身心。这是传统意义上的第一次夏令营。"肯恩营队"每年8月在一座森林的湖畔开展,持续进行了12年之久。通过过去10年的营队经验,"肯恩营队"得出结论:夏令营是一个非常特殊的环境,通过一群训练有素、专业热忱、细心耐心的工作人员精心架构出能培养孩子潜能的相关课程,让孩子在自然环境中关心别人,在克服困境中建立自信,在团队竞赛中与人合作,在学习过程中积累能力。如今夏令营有了更广的含义,一些以大中学生甚至研究生为主体的类似暑期学校一样的活动有时也冠以夏令营的名称。

2. 夏令营的发展

最早的夏令营约于1885年发祥于美国。在中国,夏令营从1949年后出现,经历了一段漫长的发展期。

中国少先队建队之初,第一批少先队员到苏联去参加黑海夏令营,这是最早出现的中国夏令营。当时的夏令营是由国家出资的公益性活动,是免费参加的。由于经济条件所限,一般只有少数的优秀学生才能参加,具有奖励性质。

1992年,由日本方面提出建议,在内蒙古草原上举办了一场中日草原探险夏令营。夏令营中暴露出来的中国独生子女在生存方面的诸多问题被作家孙云晓所意识到,他发表的文章《夏令营中的较量》引发了上百家传媒参与的大讨论。

在这场大讨论逐渐淡去之后,国内夏令营的组织者不再只是学校、教委等教育部门,能参与到夏令营中的学生也逐渐增多,这时,真正意义上的大众化夏令营才开始发展。

　　游学是夏令营的主要组成部分。游学绝不是享受，而是一种感受，是人生的体验。走出家园，走向自然和社会，有的走向国外，在为期不长的时间里，亲身体验大自然的风光、社会的现实，接受异域文化，感受特殊经历。这样的游学夏令营活动，必能为孩子增加生活的磨炼，提高孩子的独立自主能力；为孩子的人生旅途上增添一笔无形的财富，增长孩子的阅历和见识，留给孩子一份终生难忘的记忆，充分感受人与自然和睦共处的无尽乐趣。

　　3. 夏令营的意义

　　夏令营游学是实施素质教育的有效途径。它既是提高未成年人思想道德教育的重要渠道，也是学校教育和家庭教育的良好补充。学生们通过一种不同于学校和家庭的生活，尝试一种全新的生活体验，尤其在夏令营一起训练的过程中，每个孩子都能积极参与，获得了很大的乐趣和帮助，这是书本上和课堂上所没有的。夏令营活动在父母不参与的情况下，都是由孩子们自主进行自理生活，这对于终日娇生惯养的"小皇帝""小公主"而言还是第一次。所以参加夏令营的学生自理能力都普遍得到提高，对他们的成长也是很有益处的事情。

　　夏令营培养了学生团结协作的精神。夏令营里是几十个孩子聚在一起，同吃同住，真诚互动，这无疑是培养他们团结协作的最佳场所。

　　夏令营活动的特点是一种体验。它使学生融入社会的大课堂，活动中安排了众多的校外体验活动。

　　夏令营活动对儿童来说是一次很好地提升自己能力的活动。在城市里长大的孩子没有体验到自然的生活环境，让孩子参加夏令营能够切身感受自然、社会的真实情境，能够与其他孩子一起共同生活，和睦相处。孩子从中能学到很多从书本学不到的东西，扩大视野，锻炼意志品质，增长他们知识，培养孩子吃苦耐劳的精神、合作精神、适应社会能力、实践探究的能力，促进其身心全面发展。让青少年们在团队中磨炼，在磨炼中体验，在体验中感恩，在感恩中励志，在励志中成长。

　　4. 夏令营的种类

　　目前，夏令营的种类繁多，但主要的有科普教育类夏令营、学科教育夏令营、体育训练类夏令营、拓展历练夏令营、调理休闲性夏令营和游学夏令营等。

　　（1）科普教育类夏令营。自然科学为主体课程内容。常见动植物的分类、解剖、行为的学习，如通过学习中国林蛙的解剖结构了解哈什蟆是如何产生的；通过对家鸽的解剖来学习鸟类的呼吸双循环等。简单标本的制作方法，如动植物的捕捉和采集；鸟类的捕捉及放生；海边百种无脊椎动物的学习及采集等。

（2）学科教育夏令营。学科夏令营主要是针对某一项学科组织的游学活动，如英语夏令营、数学夏令营、语文夏令营等，适合学科爱好者和想继续深造的学生们。

（3）体育训练类夏令营。体育训练类夏令营主要针对运动爱好者，内容不仅涵盖了各项体育运动，如足球、篮球、网球、游泳等，而且还包括啦啦队主题夏令营。体育夏令营组织各种体育活动、体育竞技比赛、竞技表演等。在夏令营中，学生能够增强体育兴趣、磨炼自身意志品质，身心能都得到锻炼。

（4）拓展历练夏令营。以西方体验式教育方法，强调以实际的户外活动作为训练方式，通过团队拓展、个人挑战、野外生存、文化励志、人际交往等精彩体验，锻炼营员的团队合作能力、意志力、人际交往能力及平等友善的良好品德、自尊心、自信心和荣誉感。

（5）调理休闲性夏令营。以原始自然环境为载体，陶冶孩子情操，释放压力。在活动过程中加入简单的团队活动，使孩子建立团队意识，消除孩子的自私心理，拓宽思维，提升个人魅力。

（6）游学夏令营。古人云："育人之本在于读万卷书，行万里路！"让孩子迈开步伐追寻远方的足迹，跨越地域的局限，走向拓宽视野的平台，走出去经风雨、见世面，在大世界中磨砺、学习、收获。

5. 夏令营课程的设计

夏令营课程要根据游学资源和学生实际进行设计，一般应该遵循以下几条原则。

（1）课程主题。夏令营开营前要做好一切准备工作，其中最重要的一项是确定夏令营的主题，这里要求课程主题要明确，课程实施中的所有活动内容都要围绕这个主题展开。课程主题的选择要结合学生年龄、心理、认知特点和拥有的资源来设定，可以是军事、科普、学科、体育、拓展等。

（2）游学时间。游学时间要根据学生年龄和家长的实际情况而定，一般情况下对于小学生和家长来说 5~7 天比较适宜，对于初、高中学生和家长来说 10~15 天的范围比较适宜。时间过短，达不到预期效果；时间过长，学生比较疲惫，会产生厌倦心理，家长也会担心。

（3）适宜人数。根据主题的不同确定游学人数，以小组为单位，一般每个小组 10~15 人为宜，每组配备 1~2 名指导教师。一期夏令营的总人数控制在 150~200 人为宜，人数过多会影响效果。

（4）激发兴趣。不管什么主题，夏令营都不要枯燥无味，从主题的确定到内容的选择，再到活动项目，都应考虑学生的年龄和心理特点。课程的安排要充分考虑到学生的爱好和兴趣，要让学生在情趣盎然中实现游学的目的。

（5）教育意义。夏令营游学不是带着学生游山玩水、观光旅游，设计的课程具有先进的教育理念，是带领孩子走出课堂，走出校园，走进自然和社会的大课堂，是学习、体验、实践、探究在校内学不到的知识，是对学生意志品质的磨炼，是综合能力、综合素养的培养，是平常无法体验到的经历。

（6）专业性。在课程的选择和操作层面要细致打磨，主题和内容要符合学生实际，力求专业、规范、精细，教师也要求经过专业培训，能够在游学的课程实施中进行具体指导，这样才能真正地让参加的孩子们有所收获。

6. 夏令营的安全

夏令营游学时间比较长，游学营地比较远，所以安全是游学前准备工作时考虑的重要问题。主要包括交通安全、住宿安全、饮食卫生安全、用电安全、游学中的安全、防火安全等。

（三）实践体验课程

1. 实践体验的概念

实践就是人们能动地改造和探索现实世界一切客观物质的社会性活动。具有客观性、能动性和社会历史性的特点。

体验是指通过实践来认识周围的事物，即亲身经历，也指通过亲身实践所获得的经验。体验教育就是使教育对象在实践中认知、明理和发展。这里的体验包括行为体验和内心体检两个层面。行为体验是一种实践行为，是亲身经历的动态过程，是学生发展的重要途径。内心体验则是在行为体验的基础上所发生的内化、升华的心理过程。两者是相互作用、相互依赖的，对促进学生的发展具有积极作用。体验教育既注重教育活动的形式与过程，更注重学生这一实践主体的内心体验。它要求学生用"心"去体验，用"心"去感悟，引导他们在体验中把教育要求内化为品质，外显为行为，达到培养的目的。

实践体验属于综合实践范畴，是新型的教育模式，是实践型教育方式及体验式智力开发的综合性教育方式。

实践体验是当前教育改革背景下的新的教育理念，是课堂教学改革的新形式，是开放式教育与教学的新模式。实践体验将人与人、人与社会、人与自然、人与自我的体验教育作为核心内容，让学生在实践过程中认知自然和社会、体验实际生活，达到提高综合素质的目的。

2. 实践体验课程的特点

（1）实践性。实践体验课程以活动为主要开展形式，以实践学习为主要特征。通过引导学生亲身体验各种实践的学习方式，积极参与各项实践活动，在调查、考察、实验、探究、设计、操作、制作、服务等一系列活动中发现和解决问题，积累和丰富经验，自主获取知识，培养实践能力和创新能力，引导学生在实践中学习，在实践中发展。

（2）开放性。实践体验课程打开了学科知识体系和单一课堂教学的时空局限，让学生走出课堂，走出校园，走向广阔的自然和社会，学习的内容更为广阔，课程目标和内容具有开放性。实践体验更强调富有个性的学习活动过程，关注学生在这一过程中获得的丰富多彩的学习体验和个性化的表现，其学习活动方式与活动过程及评价都具有开放性的特点。

（3）体验性。实践体验课程以人为本，尊重学生的兴趣、爱好，注重发挥学生的自主性。学生是实践体验的主体，它要求学生主动参与实践性学习的全过程，在教师的指导下体验、实践、探究、反思。学生在体验中实践，在体验中学习，在体验中反思，在体验中收获。

（4）综合性。实践体验课程是开放的、综合的，课程内容打破学科界限，综合各学科知识，将自然地理、人文历史、科学艺术等融为一体。从课程内容上说，实践体验的主题范围包括了学生与自然、与社会生活、与自我关系等基本问题，其主题设计和实施都体现了个人、社会、自然的内在整合。学生在实践体验中检验所学的知识，探索未知领域，在认识和处理自己与自然、社会、自我的关系的过程中，在实践与体验的过程中，在探究未知世界的过程中，使自身的知识得到充实，能力和素养得到提高。

（5）生成性。实践体验课程注重发挥在活动过程中自主建构和动态生成的作用，处理好课程的预设性与生成性之间的关系。一般来说，学生的活动主题、活动内容或活动项目产生于对生活中现象的观察、问题的分析，随着实践活动的不断展开，学生的认识和体验不断丰富和深化，新的活动目标和活动主题将不断生成，实践体验的课程形态随之不断完善，学生在课程的实施中认识不断加深，体验不断增强。

3. 实践体验课程的意义

（1）激发学生的学习动力。目前，很多学生厌倦学习，特别是中学生表现得尤为突出，其中的一个原因就是还没有认识到学习的重要性。通过实践体验，可以激发孩子学习的兴趣。在气象观测体验课程学习过程中，当学生观测气象仪器时，需要对温度、降水量的范围、数值有基本的认识。以后想要生产这些仪器，也要掌握相对应的物理知识，要知道天上为什么会下雨，雨是怎么产生的，就要知道一些化学知识；要知道怎么避雷，就会用到自然课里的知识，要知道天气预报里播音员报的数从哪里来，就要学会数据处理，就要运用到数学知识。学生亲身体验了这些知识在实际中的应用及重要作用，感受了学习这些知识的必要和重要，实践体验中就增强了学生学习知识的动力。

（2）培养学生战胜困难的勇气和决心。实践体验中学生动手实践，切身体验，尝试生活中的各种困难，体会解决问题、克服困难的艰难，以及取得成就的喜悦。并且在战胜困难的过程中，认识责任、担当，学会尊重、协作，以及面对困难的勇气和战胜困难的决心，学会探索解决问题、战胜困难的方法。

（3）加深学生对社会的认识。让学生进行社会实践体验，对学生个人在未来社会中的成长具有极其鲜明而准确的指导性。学生在实践体验中认识社会，体会生活的复杂与艰辛，认识未来社会更加具有创造力和竞争力，从而培养学生的职业意识、角色意识和适应能力，增强学生的社会责任感、使命感和建设美好社会的理想愿望。

（4）培养学生的实践能力和综合素质。实践体验课程的实施切实转变单一的学习方式，引导学生开展调查与访问、实践与探索、体验与尝试等多种实践活动，体现学习方式的多样性，初步学会实践学习的方法，体验参与的活动形式。在多种形式的实践体验过程中，以探究为主的方法，以社会实践为主的方式，以项目设计和技术实践为主的形式，鼓励学生大胆创新，使学生的各种能力和素养得到培养。

4. 实践体验课程的设计

实践体验课程的开发要面向学生所能接触、感知、了解到的整个生活世界，包括学生本人、社会生活和自然世界中具有研究价值和可操作性的资源。根据区域实际情况，在所有自然环境、历史人文环境及社会生活中开发教育资源、设计活动主题和实践体验课程。

（1）选择主题的原则。实践体验课程的主题选择要遵循以下原则。

可行性。要根据学生已有知识经验、认识水平及研学资源确定课程主题。不要选择那些条件很难达到、活动难以开展的问题。

自主性。主题的确定要考虑学生的兴趣和爱好，给学生提供足够的自主探索空间，要能够使学生在课程实施中积极探索，勇于实践，充分地发挥主观能动性。

生活性。实践体验课程的开展要以学生身处其中的生活环境为基础，密切与生活的联系，引导他们关注生活中的事物，解决生活中的问题，促进学校教育与社会教育的融合。

实践性。强调让学生在亲身体验中学习，有更多的机会动手操作，在实践中获得积极的情感体验，形成对自然、社会、人生的健康态度和价值观，形成乐于动手、勤于实践的独立个性。

综合性。一般情况下，一个主题的探究内容会涉及多个领域和学科，它可能是以某学科为主的，也可能是多学科综合、交叉的，可能偏重于社会实践方面，也可能偏重于理论研究方面。无论是科学问题、自然问题还是社会问题，在一个主题的研究中都应对科学、自然、社会进行整体关注，从而实现学习过程的整合，实现实践体验课程在学生学习过程中的核心价值。

开放性。实践体验性学习不同于严格意义上的实践探究。当课程主题、内容确定以后，采用什么样的视角、确定怎样的目标、选择怎样的方法、怎样实施、结果如何呈现等，都有较大的灵活性。在课程实施的过程中，还可以不断地生成新的问题，这就要修改和调整课程方案，进行新的实践探究。

（2）实践体验课程内容的确定。实践体验课程主要包括以下内容。

传统的节日活动。根据各种节日设计课程方案，组织学生实施，以丰富学生生活并促进其健康成长，这是学生实践体验课程内容的重要来源。如节日活动（国家重大节日、纪念日、民族传统节日活动及科技节、艺术节、体育节、成人仪式等）、社团活动、值周等管理服务活动。这些活动设计为课程，应以学生为主体，将这些活动与体验性学习相整合，以课程形式综合地加以实施。

深入社会进行体验考察。组织学生对社会现象或相关问题进行观察思考，开阔视野和思路，增进对社会的了解。这方面活动包括参观教育基地、社区人文或自然景观，考察社区环境、传统、生活习惯、经济发展情况，对社区机关、特定群体、典型人物、热点事件进行调查、访谈等。这些活动作为课程与研究性学习相整合，以课程形式加以实施。

社会各行各业的体验性活动。组织学生接触社会各行各业，亲身体验真实的社会。如军训、学工学农、志愿者活动、科技文化活动、勤工俭学等。这些活动作为体验性学习的组成部分，综合地加以实施。

以基地为依托的实践活动。根据学生实际及基地资源情况，开发设计活动项目，确定活动目标，设计活动层序，学生在活动实施过程中切身体验，动手实践，各种能力得到培养。

（3）实践体验课程的实施。实践体验课程引导学生在实践中学习，在生活中实践，在体验中感悟，倡导学生主动学习、乐于探究、勤于动手，引导学生经历多样化实践学习活动的过程，经历问题探究、问题解决的基本过程，在探究和解决问题的过程中得到成长和历练。

实践体验课程的实施分三个阶段，即课程准备阶段、课程实施阶段、课程总结与交流阶段。

课程准备阶段。首先编制课程实施方案，确定课程实施步骤，设计课程活动项目以及课程实施过程中的每个环节，包括对参与学生的报名、身体状况摸排，营地活动所需的活动条件，对学生进行的安全教育，活动注意事项等。特别是做好各方面安全的预测与管理。

课程实施阶段。要求学生运用已有的知识技能和经验，尝试运用一定的问题解决方法，在特定实践情境中开展实践活动，通过收集与处理各种第一手资料和第二手资料来分析与解决问题，开展研究、服务、社会实践、劳动实践和技术实践等活动，特别是在实践中体验，在活动中学习，在活动中发展。

课程总结与交流阶段。这个阶段的主要任务是引导学生对活动全过程中的得与失进行全面的总结和交流。要突出对活动过程、活动结果、活动体会、活动方法等方面的总结、交流与反思。在总结与交流的过程中，要注意实事求是，活动结果的表达方式应多样化，要引导学生通过活动总结与交流获取知识，深化体验，发展实践能力和个性。

课程实施的三个阶段是相对的，要引导学生根据实施过程的实际需要，灵活地开展实践活动。

（四）主题营地课程

1. 主题营地课程的概念

营地是军队驻扎的地方，借指按编制集体生活的地方。一般指团体、组织等在野外设置的短期活动、休憩的地方。

营地教育以跨学科理论和实践体验为依据，以户外团队生活为主要形式，提供融合创造性、娱乐性和教育性的创意课程，鼓励、引导学生探索自己、发现潜能，培养他们在全球化和多元文化的背景下共处、共赢所需的意识与能力，通过领导力培训及自然环境的熏陶，帮助每一位学生达到生理、心理、社交能力、文化沟通、生存能力及服务精神等方面的成长。

营地教育是校外教育的重要形式，它在提升学生创新能力、社会责任感、科学技术技能、文艺体育技能、劳动技能等方面发挥了非常重要的作用。营地教育作为学校和家庭教育的补充，起着重要的作用。

主题营地课程通过小组工作坊、主题训练营、户外远足、各种主题研学营等多种体验式学习的方式，通过多梯次、多元化的课程体系，培养学生所应具备的独特品质，即远大抱负、领导能力、创新性思维、抗挫能力、个人规划，以及价值观、世界观体系，使学生获得独特的教育与成长。

2. 主题营地课程的特点

主题营地课程采用体验式情境教育，以提高学生素质为设计主线，具有如下特点。

（1）趣味性。新奇的环境、互动的学习、寓教于乐的教学方式让学生感到轻松愉快、心情振奋，引发浓厚的学习兴趣。在真实、开放的学习环境下开展实践探究，可以引发更多的反思。

（2）互动性。营地教育通常以团队合作学习的形式开展，促进同学之间、师生之间、小组之间、班级之间、与大自然之间的多维互动，相互促进、相互影响。

（3）生成性。营地教育过程中，预设目标不断实现，新的主题不断产生，新的目标不断生成，学生的体验、反思、成长将不断深化。

（4）自主性。教育回归学习主体，学习不再是依赖于施教，而是依赖于学生自我激励的好奇心和自主的探究行为。同时，营地教育充分尊重学生的兴趣、爱好，学生自行选择、自主参与、自己决定学习内容和方式，教师成了学习的协助者。

（5）开放性。主题营地教育在教师的指导下进行，但完全体现学生的自主探究，其学习形式无限多样，学生随时讨论交流，交流讨论未必只有一个答案，以实事求是的精神和开放的态度获取每一个成长瞬间。

（6）体验性。营地教育的本质是"经历、体验、分享与反思、成长"的体验式学习，重视过程体验和情感互动，课程设计和师资水平将直接影响营地教育的质量。

（7）综合性。主题营地教育课程以培养学生核心素养为导向，以单学科知识为基础，整合多学科知识，促进学生理想信念、综合素质的培养与提升。

（8）系统性。课程涵盖自我认知、个人励志、体验挫折、时间管理、意志磨炼、沟通交流、合作竞争、求异创新、感恩父母、未来发展十大方面，给予学生全面发展的空间。

3. 主题营地课程的目标

现代意义上的营地教育以教育学和发展心理学等跨学科理论与实践为依据，鼓励和引导学生发现和挖掘潜能，培养他们在21世纪经济全球化与社会多元化背景下共处、共赢所需的责任与能力。具体目标如下。

（1）改善心态。帮助孩子建立自信、积极的心态，不会因失败而轻言放弃，学会坚强与承受压力。

（2）体验快乐。在大自然的环境里，让孩子放松体验，尽情享受大自然的鲜活和美好，从而使他们的情操得到陶冶、心胸得到开阔。

（3）学会交际。走出独生子女的封闭空间，学习如何与人沟通和交流，感受合作与关爱的力量。

（4）发展能力。通过活动课程的参与，孩子的情商得到提高与发展，各种能力得到培养，特别是适应能力、生活能力、生存能力、领导能力、实践创新能力、做事能力、应变能力等。

（5）提升素养。在提升学生社会责任感、道德修养、心理素质、身体素质、人文科学素养、艺术修养、科学技术技能、劳动技能等方面发挥着重要作用。

（6）感恩父母。通过故事和情结教育，让孩子深度理解父母的爱，学会感恩，学会大爱。

4. 主题营地课程的分类

主题营地一般由活动区、露营区和服务区三部分构成，每一个营区都有其独特的功能。活动区主要开展各类活动即课程实施，露营区主要是安排学生露营，服务区主要是提供安全、医疗、救援等基础服务。这三部分当中，最核心的是课程实施和服务。

主题营地课程按教育主题分类如下。

（1）野外生存类。如野外露营、支帐篷、战地扎营、野炊野餐、战伤救护。

（2）心理训练类。如模拟逃生、信任背摔、携手并进、礼让通行、徒手营救、生死电网。

（3）体能锻炼类。如百米障碍、智勇闯关、勇敢攀爬、挑战趣桥、竹筏渡河、龙舟竞渡、水上戏珠、铁人三项、定向越野、极速60秒、移花接木。

（4）科学探索类。如无线电测向、风筝放飞、植物识别、天文观测—观测月球、野外赏鸟等。

（5）学能提升类。如丛林探险、紧急避险、体能拓展、攀岩体验、野外定向、骑马射箭、草原狂欢。

（6）领导力提升类。如穿越电网、峭壁取水、野外求生、深林探险、沙漠竞技。

5. 主题营地课程的实施

营地教育形式多样，其共同点是体验式学习，让学生在富有创造性的营地活动中，深度探索自己、发现世界。

（1）选定课程主题。根据学生的年龄和身心特点及营地实际情况，确定营地课程的主题和内容。

（2）设计课程活动项目。制订课程实施方案，编写课程实践手册，做好课程实施的一切准备工作。

（3）安排活动时间。营地课程比较长，一般是 5 ~ 15 天不等。根据学生实际情况和课程内容而定，具体时间流程在课程实践手册中具体呈现。

（4）做好安全管理。做好与安全相关的一切工作，特别是交通安全、住宿安全、饮食卫生安全、用电安全、课程实施过程安全、防火安全等，确保学生人身和财务安全。

（五）区域研学课程

区域研学依托研学基地，充分开发基地研学资源，根据基地实际确定研学主题，精选研学内容，依据研学主题和内容设计研学活动项目，学生以小组为单位参与活动，在实践活动中动手动脑，团结互助，在体验、探索、感悟与反思中，综合能力得到提高，核心素养得到培养。

1. 区域研学课程主题

区域内各研学基地研学资源丰富，内容广泛，经过规范的开发建设，已经成为学生研学实践的最佳场所。区域研学主题依据基地实际，开发确定历史文化类、红色传统类、自然生态类、经济建设类、科技科普类、体能拓展类等主题。一个基地内一般确定一个研学主题，也有一个基地确定两到三个研学主题。

研学过程中，首先要根据基地实际情况及基地内开发的研学主题和内容，谋划研学课程方案，设计研学活动项目，这是研学得以实施的保证。

2. 区域研学课程设计思想

区域研学是组织和引导学生在亲身实践中，把做人做事的基本道理内化为健康的心理品格转化为良好的行为习惯的过程。这是一个道德认知过程、道德感情升华过程、道德实践过程和人的社会化过程。

区域研学是从人与人、人与社会、人与自然、人与自我的四个方面的关系中提炼出学生应当培育的良好道德和良好行为习惯的内容，他们以自己的身份和视角、以他人的身份和视角进入设定的事件和情境中去体验，使教育内容触动学生的心灵，进入学生的内心，进而外化为学生的实际行动，最终为学生良好道德的形成和良好的行为习惯的养成及各种能力的提高奠定基础。

区域研学可以充分地发挥并能使道德教育真正具有"说服力"和"劝导力"。区域研学是学生在自身的实践中提炼出的指导自身的各种教育活动的具有主导地位的教育形式。

3. 区域研学课程特点

（1）主题明确。主题课程依据基地主题和区域研学教材设计，内容丰富，目标清晰，对学生的教育内容具体明确。

（2）因地而异。主题课程依托基地实际情况设计，因地制宜，因人而异，学生在主题基地参与实践活动。

（3）项目多样。主题课程内容中设计多个活动项目，每个项目都设计具体活动流程和活动目标，学生目的明确地完成设定的任务。

（4）分组实施。主题课程以小组为单位参与活动，要求组员之间团结协作，密切配合，共同完成项目中的任务。

4. 区域研学课程设计思路

（1）确定活动主题。先是确定活动主题，选定研学基地，在此基础上进行课程设计。

（2）明确活动目标。在活动主题明确的前提下，根据学生具体情况和研学基地的实际情况设定具体的研学目标。

（3）选定活动内容。根据研学基地资源开发情况，选择课程活动内容，内容要具体全面，课程设计时考虑学生情况和活动中生成内容。

（4）设计活动项目。依据基地实际背景，在同一活动主题下，设计多个形式不同的活动项目，每个项目都有具体活动流程、要求及实施目标。

（5）安排活动时间。区域研学时间比较短，一般是一天完成。因此，主题课程总体时间一般安排6~8课时，具体时间流程在研学手册中应具体呈现。

（6）制定评价标准。按照区域研学课程评价标准，设计制定每次研学课程评价标准，以便进行活动过程评价。

（7）提出具体要求。对课程的实施提出具体要求，如准备上的要求、安全上的要求、实施过程中的注意事项、活动结束后的成果总结等。

5. 区域研学课程设计流程

（1）主题课程目标。以研学课程目标为依据，结合研学基地特点、活动主题、活动内容和参与活动学生的年龄、心理特点、认知水平，拟定具体的主题活动课程目标。

（2）主题课程介绍。首先介绍活动课程主题及活动内容，设计的活动项目、活动特点及对学生的教育效能等。

（3）主题活动准备。课程准备有多个方面，准备越充分效果就越好。这里主要介绍四个方面。一是学生自主学习研学教材，也可自行查询一些与本次研学有关的资料，使学生对研学基地、研学内容有所了解。二是指导学生划出研学内容中有疑问的地方，设定学习问题。三是下发课程学习手册，了解研学中需要重点注意的问题。四是具体布置研学后的成果总结、展示和评比等事项。

（4）主题活动要求。根据活动内容和具体活动项目，对参与学校、家长、学生本人及带队指导教师等提出具体要求，对课程中要注意的事项进行具体说明，以保证课程实施的绝对安全、顺利、有效。

（5）活动项目内容。这是主题课程的主体内容，具体介绍活动课程的内容和实施流程。由于活动中设计了多个项目，要有序地描述每个活动项目的目标、内容、程序和具体实施办法。活动项目描述得是否清晰，决定学生活动是否顺利和实际效果，因此项目描述就显得非常重要。

（6）具体时间安排。这里所说的时间安排是学生从出发地出发到课程结束的整体时间。因此时间安排要科学合理，从往返到课程实施，都要精心设计。往返要适当留有余量，课程实施中课时安排上要留有课程生成的时间。

（7）课程评价标准。根据区域研学课程标准和本主题活动项目，制定适合本课程的评价标准，使本主题活动课程具有明确的实施方向和完成标准，以保证课程实施的顺利有效。

第六章 区域研学课程的实施

第一节 区域研学教师职责

"研学专职教师"是区域研学课程的一大特色,在区域研学课程中,教师发挥着重要的作用。他们与传统教师不同,不但要有研学专业水平,还要有实践组织指导能力。为了更好地开展区域研学,最大化发挥其优势,就要为自己的区域研学课程培训专门的"研学专职教师",其作用在于组织小组活动,在活动当中适时地引导学生活动,帮助他们了解自己,促进彼此之间的合作。每一位教师在正式上岗之前都要接受专门培训,并且有一定时间的见习期。这些教师在受过专门培训之后,对活动的目标、学生的特点,特别是对活动当中容易出现的问题,以及相应的解决办法都有非常清楚的了解。这对每一次活动的顺利组织与实施都有着至关重要的作用。

研学课程的实施涉及多个环节,每个环节都要有专业教师来指导协调,由于每个环节的任务不同,完成的目标不同,设定教师的职责也就不同,下面介绍几个主要环节专任教师的职责。

一、课程主带教师职责

总职责:组织管理研学课程的实施,指导基地课程教学,做好安全管理。

(1)在教学培训处的领导下,全面负责开展基地课程教学工作,保质保量完成教学任务。

(2)全面管理基地协调员、安全员、教师等工作人员工作。按《基地教学工作流程》《基地课程教学活动方案》《课程教学教师执行手册》要求布置任务，开展教育教学活动。

（3）在教学培训处的指导下与物资管理处对接，准备好基地教学所需课程背景及教具、学具、道具等物资安排，确保及时到位，确保课程教学顺利进行。

（4）对接计调部，根据《学生活动对接表》，具体落实接送学生人数、车辆、地点、时间和课程教学流程，实现"无缝对接"，保证无差错。

（5）兼任基地安全员，根据《安全管理制度》，排查课程开展的安全隐患，做好基地安全防护工作，制定并完成基地安全隐患排查台账，做好安全检查工作记录，保证不出纰漏。

（6）负责基地学生管理，负责学生评先、评优等奖励工作。

（7）根据《课程活动方案》，由协调员安排和落实校方带队教师角色。安排好基地工作人员和教师及时对活动亮点照相、录像等，为学校宣传提供素材。

（8）填写工作日志、每日小结、阶段性总结，及时上交教学培训处。

（9）管理好基地教学教具、物资，填好基地教具及物资使用登记表，对每天的教具及物资的使用和损耗要有详细记录并上报计调部。

（10）每天组织召开教师早会、晚会，做好当日课程总结及问题处理。

（11）负责教师的生活安排及管理（吃、住、安全、娱乐、考勤）。

（12）总结评优工作，并向内勤报告评优结果。

（13）组织并主持开闭营仪式，发奖。

二、课程协调教师职责

总职责：接送学生，办理门票，安全防控，师生午餐，教师住宿等。

（1）负责基地课程教学接送学生任务。根据计调部工作安排对接学校，提前一天与学校对接人落实好车辆停放地点、集合时间、出行人数，并及时与车队司机取得联系，核对车辆信息，确保车辆行驶、师生乘坐安全。

（2）负责组织教师跟车接送学生。要求在活动当天提前一小时到达指定学校，落实车、接车教师到位情况。核实学生人数，确保学生有序上车和安全，及时告知基地负责人总人数及车辆出发时间和预计到达时间。

（3）负责对接研学课程基地，办理门票，签署入园单，核实人数。

（4）负责基地课程教学活动的教学过程监督、安全检查、质量评价工作和突发安全事故处理。

（5）负责安排基地工作人员和学校跟班教师的午餐。

（6）在课程实施过程中，及时与校方沟通，征求校方、学生意见，并及时反馈。

（7）负责向计调部报告人数确认单（与学校负责人核实，特殊情况要注明）。

（8）接受客户投诉事项的改进处理。

（9）填写工作日志。

三、接车（带队）教师职责

总职责：课程总执行，课程实施管理，指导活动进程，保证学生全程安全。

（1）服从教学培训处主任的工作调动，听从基地负责人的指挥，做好课程教学各项工作。

（2）负责车上欢迎词、自我介绍、课程介绍、安全教育、卫生要求等。

（3）课程教学中，认真执行《课程教学执行手册》，切实落实《关于提高研学效果的意见》，协助守点教师按要求、按流程开展项目操作，具体负责讲解、分享，做到教学流程清晰，过程合理规范，观察学生全程参与、自主、合作、探究、挑战的状态，及时组织学生交流、分享、应用，现场完成《研学手册》。

（4）带队教师是学生的安全责任第一人。要把安全管理贯穿教学活动始终，发现安全隐患要及时报告、及时处理，在组织自主研学环节时，要保证现场安全隐患的排除，明确研学任务和时限规定，保证收放自如。突发事故及时报告安全员和课程主带教师，并及时参与救助。

（5）关爱学生，尊重学生，服务学生，严禁出现打骂、体罚、侮辱学员人格等行为。

（6）服从协调部指挥，做到接车、接人各环节准确无误，接送节点要准确填写报告单。

（7）负责小队的全程管理与评价，指导安全教师及时填写评价表并按时交予基地负责人。

（8）负责优秀班级的评比管理工作，协调教师及时上报优秀学员建议名单。

（9）强化服务意识，妥善处理与司机、校方人员、学生及相关人员的关系，热情服务、礼貌相待。突发事情妥善处理，并向基地负责人汇报。任何情况下都不准激化矛盾，发生口角或冲突将追究带队教师的责任。

（10）接受并执行客户投诉事项的处理，及时填写工作日志。

四、接车（安全）教师职责

总职责：学生管理，安全管控，生活管理，评优评先。

（1）服从教学主任的工作调动，听从带队教师的指挥，协助做好课程教学各项工作，在车程中宣读《学生规则》。

（2）配合带队教师在课程教学中认真执行《课程教学执行手册》，按要求、按流程组织学生参加活动，做到教学流程清晰，过程合理规范，注意观察学生全程参与、自主、合作、探究、挑战的状态，及时提供给带队教师。指导学生现场完成《研学手册》。

（3）安全教师是学生安全的直接责任人，要把安全管理贯穿教学活动始终，发现安全隐患及时报告、及时处理，在组织自主研学环节时，要保证排除现场安全隐患，明确研学任务和时限规定，保证收放自如，各节点清查学生人数。突发事故及时报告基地负责人，并及时参与救助。

（4）关爱学生，尊重学生，服务学生，严禁出现体罚、侮辱学员人格等行为。

（5）服从协调部指挥，做到接车、接人各环节准确无误，接送节点要准确填写报告单。

（6）具体负责学生团队的全程管理与评价，及时填写团队评价表，按时交予基地负责人。

（7）负责优秀学员的评比工作，及时上报优秀学员建议名单。

（8）强化服务意识，妥善处理与司机、校方人员、学生及相关人员的关系，热情服务、礼貌相待。突发事情妥善处理，并向基地负责人汇报。任何情况下都不准激化矛盾，发生口角或冲突将追究安全教师的责任。

（9）接受并执行客户投诉事项的处理，及时填报工作日志。

（10）担任团队安全员，负责相关工作任务的落实。

五、守点教师职责

总职责：任务点项目讲解操作，协助指导课程实施。

（1）服从基地负责人的管理和指挥调动，做好项目点课程教学各项工作。

（2）接受并服从课程协调等领导的检查指导，指出的问题要立即改正。

（3）课程教学中，认真执行《课程教学执行手册》，按要求、按流程开展活动，做到项目规则清晰、教学目标明确具体、操作过程合理规范，注意观察学员全程参与、自主、合作、探究、挑战的状态。

（4）负责项目点的安全管控，做好项目点设备、场地、教具安全检查及隐患排除，如果到达基地的人员较多、场地狭小时，要协调带队教师做好疏解，避免拥堵等待现象发生。

（5）关爱学生，尊重学生，服务学生，严禁体罚、侮辱学员人格等言行。

（6）负责场地卫生督导，发现不卫生事件及时处理。

（7）负责场地器材的准备、使用、保管工作，出现缺损及时报告，申请补充。

（8）协助带队教师完成研学手册的相关项目。

（9）接受并执行客户投诉事项的处理。

（10）负责基地设施的保护。

第二节　区域研学课程概述

一、课程实施特点

区域研学课程是一种社会性的体验性课程，实施起来比校内的学科课程困难得多，因此学校和研学教育机构都面临众多的现实挑战。

从实践操作的视角看，研学课程实施有以下几个特点。

（1）持续时间长。一天、两天、三天，甚至一周时间。

（2）安全要求高。几乎所有相关部门都会把安全要求放在区域研学的第一位。

（3）组织难度大。涉及学生的衣食住行和学习活动等方方面面，比室内课程或校内活动课程组织难度大得多。因此，研学课程实施的操作环节就显得非常重要。

不管是组织机构、学校、班级还是教师，都必须重视研学活动的细节问题，要有序地、安全地、有效地组织好研学活动的各个环节，确保研学不出问题，然后才是对课程的专业化和效果如何等问题的关注。

二、实施步骤

区域研学课程实施流程是在研学课程的理论依据和实践依据基础上总结建立起来的，是一种理论与实践相结合的课程实施模型。从研学课程实践的视角，可以把区域研学课程分为课前、课中、课后三个阶段，简称区域研学课程的"三阶段"；从研学课程理论的视角，可以把区域研学课程分为确定主题、选择资源、课程实施、课程评价四个环节，简称区域研学课程的"四环节"。即区域研学"三阶段四环节"实施模式。

（一）课程实施的"三阶段"

区域研学课程的"三阶段"是指课前、课中、课后三个阶段，课前阶段是区域研学课程实施之前的准备阶段，课中阶段是区域研学课程的实施阶段，课后阶段是区域研学课程的评价总结阶段。

1. 课前阶段

这个阶段要做好主题和目标的确定、选择基地、方案设计、确定路线、实地考察、学生教育等很多准备工作。但是，最重要的是做好三项内容。

第一是课程准备。一是课程主题、目标的确定。确定课程主题、目标是做好其他准备工作的最基础、最重要的工作内容。研学主题和目标的确定就使区域研学有了明确的方向，为课程的实施打下了基础。二是选择设计研学内容和研学活动项目，这是区域研学的主体内容。三是制订课程的具体实施方案，详细设计课程实施环节，以及各环节实施的具体措施等。四是行车路线的设计及各环节的教师配备，特别是跟车教师要进行专业培训。五是安全问题预设，对学生进行安全教育及各环节的安全防护，确保研学中学生财产和人身安全。

第二是研学手册的编制。区域研学手册是整个研学活动的行动指南，也是实现自我管理、自我教育的基本保障。区域研学手册应该包括区域研学组织结构、研学主题、研学目标、联系网络、课程简介、行程安排、项目活动、活动收获、研学报告等方面，研学手册力求做到明确具体、操作性强。

第三是组织机构的建立。区域研学课程属于室外活动课程，课程组织的有序性、安全性、教育性是非常重要的课程目标，而这些课程目标的实现，关键是要建立起区域研学课程的组织机构。这种组织机构除了干部、教师、学生三位一体的关系外，最根本的是学生自我管理组织体系的建构，即建立年级、班级、小组三级管理组织，最终是建立小组自主管理模式。自我管理、自我教育是区域研学课程最主要的管理方式和教育方式。

2. 课中阶段

这个阶段要做的事情比较多，而且都与学生有关，至关重要。概括起来，主要包括乘车管理、活动管理、食宿管理三项重要内容。

第一项是乘车管理。乘车管理包括往返家庭过程中的乘车设计与管理、通往旅行目的地过程中的交通设计与管理、活动过程中的交通设计与管理等。乘车管理包括乘车秩序、座位安排、文明要求等内容，最好的乘车管理方式是自我管理和小组自主管理。

第二项是活动管理。活动管理主要是研学课程的实施过程管理，管理方式是以学校、年级、班级为单位的统一管理，这种管理可以保障活动的预设性、有序性。学校可以为学生设计更多的模块化、个性化、微型化的选择性、探究性、合作性课程，以便分散学生。活动中要充分利用场地，学校教师和组织单位的指导教师以及基地管理教师都要各负其责，教师要深入到学生中去，参与研学课程，指导学生活动，以保证课程的顺利实施。同时，发现问题及时纠正解决。

第三项是食宿管理。食宿管理属于生活管理，也是安全管理的重要内容之一。食宿管理中，较好的管理方式是提前设计好餐桌号、餐桌人员、餐桌长，做好住宿人员房间分配，宣讲住宿管理制度，安排查岗查房等内容，以便实现食宿管理的制度化、有序化、科学化、效能化，基本实现食宿管理的学生自治。

3. 课后阶段

这个阶段是非常重要的课程学习阶段，也是很容易被忽视和轻视的阶段。课后阶段的主要内容包括研学作业的完成、研学成果的总结展示、研学成绩的认定等。

第一，研学作业的完成。按照课程设计，学校会在区域研学课前阶段布置研学作业，并在课中阶段体验、实践、探究，回到学校后整理和按要求完成作业。作业可以以小组为单位进行，以体现小组合作学习的效果。

第二，研学成果的总结展示。研学成果的总结展示实际上是一种课程评价方式，有利于检验研学目标的达成情况。主要是学生写研学报告、小论文、心得体会、感受、研学总结，整理研学照片、视频，举行成果展示活动等。研学成果的总结展示还可以实现研学成果的物化和延续，以提高区域研学的实效性。

第三，研学成绩的认定。研学实践活动结束，就要对每个学生进行评价和研学成绩的认定，这是研学实践课程规范管理的环节，是推动学生有效参与研学的重要手段。

(二) 课程实施的"四环节"

区域研学课程的"四环节"是指确定主题、选择资源、课程实施、课程评价四个环节。这四个环节实际上是区域研学课程的规范性结构，在实施环节中还要为学生提供更多的选择性、生成性、个性化课程，保证学生参与课程的有效性。

1. 确定主题

确定主题是区域研学课程的第一个环节。这一环节要在课前阶段完成，主要是根据学校的课程规划、育人目标、学生年龄特征等来进行设计。研学主题大致包含自然生态、历史文化、红色传统、经济建设、科技创新、体能拓展等，这些主题是区域研学主题的基本范围。

研学主题确定之后，就要确定育人目标，育人目标的确定要依据《区域研学课程标准》、基地情况和学生特点。一次研学不可能实现太大、太多的目标，目标要因地因人而定。育人目标确定后就按照学生特点，结合课程资源综合选择设计研学内容。

2. 选择资源

选择资源是区域研学课程的第二个环节。这一环节主要在课前阶段完成，主要是区域研学课程设计者根据《区域研学课程标准》确定研学目的地和线路，这是研学课程资源的第一次选择。

在研学资源的第一次选择之后，还要根据课程主题和基地实际设计具体目标，再根据课程具体目标选择课程内容进行课程设计和活动项目设计，以供学生以小组为单位进行体验、活动、实践、探究。这是课程资源选择的关键。课程设计者还可以把课程资源的设计权交给学生或合作小组，让学生在研学过程中自主生成课程资源，设计活动项目，这是一种更高境界和层次的课程资源开发方式。

3. 课程实施

课程实施是区域研学课程的第三个环节。这一环节主要在课中阶段完成，主要是按照课程目标、课程资源，亲身到研学目的地进行参观、考察、体验、实践、探究。

课程实施阶段最容易出现的问题是活动流于形式，课程实施中的实效性是区域研学关注最多的环节。课程实施中，学校教师、基地管理者、组织单位的研学指导教师、研学管理教师等都要深入到学生中去，深入到年级、班级、小组中去，每个层次都有专人管理，责任到人。教师深入学生组织、参与项目活动，任务是协助学生组织体验活动，指导学生实践探究等，切实落实课程内容，使区域研学落到实处。

4. 课程评价

课程评价是区域研学课程的第四个环节。这一环节主要在课后阶段完成，也要渗透在课前阶段和课中阶段，就是说，课前阶段、课中阶段、课后阶段都应该有课程的评价。

课程评价的方式多种多样，包括研学作业的完成、研学成果的展示、研学体会的分享、研学成绩的认定等，具体评价按照《区域研学课程标准》中的课程评价标准进行。

区域研学课程"三阶段四环节"模式是一个操作性的综合模型。"三阶段"是按照时间顺序划分的，把整个课程划分为课前、课中、课后三个阶段，每个阶段包括三项重点工作内容。"四环节"是按照课程设计实施的要素和环节划分的，分别是确定主题、选择资源、课程实施、课程评价，这是区域研学课程不可或缺的四个环节。

三、教学模式

区域研学课程在实施过程中，根据研学基地实际情况、课程内容及不同学段学生的年龄、心理特点、认知水平等，课程实施教师和研究人员经过不断尝试研究、探索实践、总结完善，总结出了五种创新式教学模式。

（一）场地式培训

场地式培训是以拓展训练为主要活动项目，以游戏活动为主要方式的场地式活动课程。此模式遵循小学生的认知特点，选择合适的场地，确定研学主题，设定活动项目。

这种体验教育模式的特点：根据基地的场地情况，依托传统的拓展项目，通过改进，设计适合学生的活动项目，此类项目以游戏活动为主，学生在完成相关的系列游戏活动之后，获得相关材料，最后完成最终的游戏任务。活动中要团结协作、动脑思考，从而收获知识、培养能力、快乐成长。

这种模式比较适合小学低年级学生，其活动步骤如下。

1. 课前准备

（1）选定研学基地，确定活动主题，引导学生学习研学教材，使学生对研学基地、研学内容有初步的了解。

（2）指导学生划出研学教材中感兴趣的内容，设计学习问题，带着问题去学习。

（3）做好课程方面的各项准备，向学生下发课程学习方案。

2. 活动实施

（1）宣布游戏项目，介绍游戏规则，使学生理解游戏内容。

（2）按游戏内容，将学生分若干小组，按小组分别进行。

（3）活动开始，多个游戏可以同时进行，学生参与游戏项目，进行体验、观察、思考、表达，这种初始的体验是整个过程的基础。

3. 交流体会

（1）分享活动感受。参加者要与其他体验过或观察过相同活动的同学分享活动感受，交流在整个过程中的收获。

（2）学生自主发言。在活动中有哪些印象深刻的地方，参与活动有哪些收获和体会。

（3）教师点评总结。表扬参与的学生，总结此项活动的意义和收获。

4. 总结成果

（1）教师要根据学生的表现，总结归纳提取出精华，以帮助学生进行总结提升。

（2）学生把总结归纳的体会形成文字成果，记入自己的成长档案。

（3）将总结的经验体会应用在生活中，进行再次实践、体验和创造。如"开心家园"体验课程，此课程以秦皇岛求仙入海处为活动场所来完成设定的活动项目。

完成此课程的步骤如下。

首先，完成"课前准备"。

其次，开始课程的实施。本课程设定了六个活动项目，即"最佳拍档""开心演变""童真之爱""点滴生活""魔法权杖"和"铸就梦想"。每个项目都以游戏的形式出现，孩子们每完成一个游戏就得到一种奖励。孩子们通过完成各种开心的游戏，获得了一块块地图卡片，最终将所有地图卡片组合成秦皇岛市地图，从而了解自己生活的美丽家园。

最后，教师指导学生进行心得交流。课程结束，学生意犹未尽，兴奋之中畅谈自己所得所悟。根据学生所讲，教师指导学生把自己的体会收获写成文字，记录到成长档案中。

（二）情境体验型

情境体验型是将定向运动和户外拓展训练相互结合而形成的一种全新的户外体验活动方式，是以定向运动技术为依托，充分整合各种资源，融入科技手段，依托独特的情境设计不同的活动项目，学生以团队为单位，团结协作，共同完成任务。

这种体验教育模式的特点：以基地知识和文化内涵为主旨，以基地实景为背景，设计不同类型的情景式体验项目，把学生带入特定的场景，通过体验这些不同类型的项目来完成各自不同的任务，从而获得不同的材料，再利用这些材料完成最终的挑战任务。

这种模式比较适合小学中年级学生，其活动步骤如下。

1. 体验准备

（1）选定研学基地，确定研学主题，引导学生学习研学教材，使学生对研学基地、研学内容有所了解。

（2）指导学生划出研学内容中有疑问的地方，设定学习问题。

（3）下发课程学习方案，做好课程方面的各项准备。

2. 破冰团建

（1）参加活动的学生每 12～15 人组成一个集体，共建一个团队。

（2）给团队起一个有意义的队名，创编队训、队歌，制作队旗。

（3）团队培训，树立团队至上意识，增强团队观念和团队自豪感、荣誉感。

3. 项目体验

（1）向团队布置活动项目，介绍活动项目的内容。

（2）活动前，团队内部按具体活动项目做好队员分工，提出具体要求。

（3）活动开始，团队成员合理利用所给的材料，在完成项目时大胆设计、实践、创造，在实践中认真体验、观察和思考。

（4）团队的每一个学生都要积极参与，团结协作，共同完成任务。

4. 分享收获

（1）活动结束，教师向学生提出要求，同学之间要交流完成任务的感受、体会，分享自己的收获。

（2）学生交流，畅谈在活动中有哪些收获和体会。

（3）教师点评，总结此项活动的意义和收获。

5. 成果展示

（1）教师对本次活动进行总结归纳，帮助学生把总结的收获和体会形成文字成果，记入自己的成长档案。

（2）设计创造研学成果作品，如绘画、手抄报、小发明、小制作等。

（3）学校进行研学成果评比。如"激情创想"体验课程，是以"沙雕大世界"为活动场所，以团队竞技、创新设计、动手制作为表现形式进行的体验活动。

完成此课程的步骤如下。

首先，完成课前准备。

其次，进行破冰团建，接着进行课程实施，学生以团队为单位完成"合力造桥""蛟龙出海"等活动项目，学生每完成一个活动项目就可以获得制作沙雕的工具，学生再利用这些工具进行"沙滩雕塑"的活动体验，在活动中，学生的想象力、创作力得到充分的发挥。

最后，教师指导学生进行成果交流，创造并评比成果作品。

（三）项目拓展型

项目拓展型是以基地的实际场地为基础，设定研学项目，并通过情境再创造将项目向多角度拓展，继而将再生项目主题延伸到爱国教育、科普教育、国防教育等各个领域。

这种体验教育模式的特点：以基地文化为线索，以实际场景为背景，以某一事件为线索，将项目背景延伸设计成新的场景，设定不同内容的任务链，再以定向闯关的方式完成每个关卡的挑战，最终完成体验学习课程。

这种模式比较适合小学高年级学生，其活动步骤如下。

1. 课程准备

（1）以研学基地的实景为基础，确定研学主题范围，多角度设计体验项目。

（2）指导学生了解研学基地情况，学习研学教材，使学生对研学基地、研学内容有初步的认识，并引发思考问题。

（3）做好课程方面的各项准备，下发课程学习方案和学习手册。

2. 破冰团建

（1）参加活动的学生每 15～20 人组成一个集体，共同组建一个团队。

（2）给团队起一个有意义的队名，创编队训、队歌，制作队旗。

（3）团队培训，树立团队至上意识，增强团队观念和团队自豪感、荣誉感，为团队合作完成项目奠定基础。

3. 项目实施

（1）向团队布置体验项目，介绍体验项目的内容。

（2）活动前，熟悉活动项目，团队内按项目特点做好队员分工，并提出具体要求。

（3）活动开始，队员要认真领会项目中每一个关卡的任务，合理利用所给的材料，大胆设计、创造，细心体验、观察和思考。

（4）活动中，每一个队员要积极参与，团结协作，共同完成任务。

4. 交流体会

（1）活动结束，教师向学生提出要求，同学之间要交流完成任务的感受、体会，分享在活动中的收获。

（2）学生交流，畅谈活动中的收获和体会。

（3）教师点评，总结此项活动的意义和收获。

5. 成果应用

（1）教师帮助学生把总结的收获和体会形成文字成果，记入自己的成长档案。

（2）设计创造研学成果作品，如绘画、手抄报、小发明、小制作等。

（3）将总结的经验体会应用到生活中，进行再次实践、体验和创造。

（4）学校进行研学成果评比。如"奔跑吧，少年"体验课程，本课程以秦皇求仙入海处为活动场地，让孩子们为自己的人生目标快乐奔跑。

完成此课程的步骤如下。

首先，完成课前准备。

其次，破冰团建。本课程是以团队为单位来完成。

再次，课程实施。本课程以寻宝为主要事件，以藏宝地图和接头暗号为线索，通过寻找宝物、看地图、使用指南针、密码破译完成关卡挑战的形式来完成"中流砥柱""穿越A4""盲人摸号""动力火车"等项目任务。学生在活动中坚持不懈，克服困难，顽强闯关，逐项完成挑战任务。

最后，心得交流教师指导学生进行成果分享、交流及应用，并进行成果创作和评比。

（四）任务统整型

任务统整型充分利用基地的特定实景和文化资源，结合体验式教育的基本理论，设计不同的活动项目，并运用项目式学习、深度学习、体验式学习等教育方式进行研学，学生在完成多项任务的同时，获得知识的积累和能力的培养。

任务统整型体验教育模式的特点：以基地文化为核心主题，统整活动任务，以基地实景为活动线索，设定不同项目，以项目学习为主要形式，进行深度研究，以"定向任务"为活动流程，逐项闯关。每个项目均以获得"通关文牒"为完成任务的成功标志。

这种模式比较适合初中学生，其活动步骤如下。

1. 研学准备

（1）以基地的实景为背景，确定研学主题，设计不同的体验项目。

（2）引导学生查阅资料，了解基地情况，学习研学教材，设定研学问题，并引发学生思考。

（3）学习课程学习方案和研学手册，拟订研学计划，做好课程方面的各项准备。

2. 破冰团建

（1）参加活动的学生每15～20人组成一个集体，共同组建一个团队。

（2）创建队名，创编队训、队歌，制作队旗。

（3）团队培训，树立团队至上意识，增强团队观念和团队自豪感、荣誉感。

3. 项目实施

（1）向团队布置活动任务，介绍完成任务的具体要求。

（2）活动前，团队内按不同项目做好分工，并提出具体要求。

（3）活动开始，队员要认真理解"各定项任务"内容，弄清各项目具体任务，按任务要求，深度思考，大胆尝试，积极探索，进行创造性研究。

（4）活动中，以团队为单位，每一个队员都要积极参与，团结协作，共同完成任务。

4. 交流收获

（1）活动结束，教师组织学生交流分享在活动中的收获。

（2）教师总结此项活动的意义和收获。

5. 成果应用

（1）教师帮助学生总结研学成果，并记入自己的成长档案。

（2）设计创造研学成果作品，如绘画、手抄报、小发明、小制作等。

（3）将总结的经验体会应用到生活中，进行再次实践、体验和创造，使学生不断进步和提高。

（4）学校进行研学成果评比。如"避暑山庄　世界遗产"体验课程，基地为承德避暑山庄。

完成这个体验课程的步骤如下。

首先，完成课前准备。特别是指导学生利用网络等方式查阅避暑山庄相关资料，学习研学内容，设计研学问题，以便在完成课程任务时的深度研究。

其次，破冰团建。本课程以团队为单位来完成。

再次，课程实施。本课程以避暑山庄的历史文化为核心主题，设计了多个以不同实景为资源的不同活动项目，学生对这些不同内容的学习项目逐一闯关，完成设定的任务。项目一：一统江山，勿忘国耻。项目二：班门弄锁，匠心独运。项目三：东宫风暴，斗转星移。项目四：山庄由来，帝国兴衰。项目五：帝王书法，指点江山。项目六：乾隆诗作，帝王胸怀。学生在活动中运用不同的学习方式，积极思考，努力探索研究，逐项闯关，最终完成设定的任务，获得成功。

最后，心得交流。教师指导学生进行成果分享、交流及应用，并进行成果创作和评比。

（五）网络综合型

网络综合型是以基地所有资源为体验教育内容，选择一个或几个研学主题来设计研学活动，主要以现代化网络信息手段并综合运用其他学习的方式，完成体验课程，实现育人目的。

这种体验教育模式的特点：以基地各种资源为基础，确定研究主题，以基地实际情况为依托，设计不同的研学活动，在实践体验、探索研究的过程中，充分运用网络资源及电子信息技术，并综合运用其他学习方式，逐项完成研学任务，填写研学任务完成卡，实现研学目标。

此模式适合高中学生，具体操作步骤如下。

1. 研学准备

（1）以基地的实际情况为依托，确定研学主题和研学任务。

（2）指导学生利用网络查阅基地资料，学习研学内容，设定研学问题，引发学生思考。

（3）学习课程方案和研学手册，自主拟订研学计划，填写研学手册中的"思维导图"。

（4）做好课程方面的各项准备。

2. 破冰团建

（1）参加活动的学生每 20 人组建一个团队。

（2）团队建设，创编队名、队训、队歌，制作队旗。

（3）团队培训，增强团队观念，树立团队自豪感、荣誉感。

3. 课程实施

（1）向团队宣布研学任务，提出完成任务的具体要求。

（2）队员认真理解各项研学任务，弄清各项任务要求及目标，深度思考，积极探究，大胆实践，进行创造性研究。

（3）以团队为单位，每一个队员都要积极参与，团结协作，共同完成任务。

4. 成果应用

（1）教师帮助学生总结研学成果，并记入自己的成长档案。

（2）设计创造成果作品，如绘画、手抄报、小论文、小发明、小制作等。

（3）将总结的经验体会应用到生活中，进行再次实践、体验和创造。

（4）学校进行研学成果评比。如"英雄唐山，工业摇篮"研学课程，研学基地分别选在唐山市的唐山工业博物馆、德龙钢铁、唐山地震遗址公园。

完成此课程的步骤如下。

首先，完成课前准备。指导学生利用网络等方式查阅关于唐山的相关资料，查阅三个研学基地的相关资料，对每个研学基地都要设计相关问题，以便在完成课程任务时进行有准备的深度研究。

其次，破冰团建。本课程以团队为单位来完成。

再次，课程实施。本课程依托唐山市三个研学基地确定研学主题，设计各自不同的研学项目，学生对这些不同的研学项目逐一体验，完成设定的研学任务。唐山工业博物馆，依据网络资料及研学计划，按照博物馆板块，在教师及专业人员指导下，了解唐山工业发展的历史及取得的重大成就，逐项解决研学问题。深入德龙钢铁，现场考察德龙生产钢铁的过程，了解我国工业现代化信息化的建设，增强对我国工业发展的信心。在参观考察唐山地震遗址公园时，了解了地震对唐山的毁灭性破坏及给唐山人民带来的巨大灾难，再通过网络资料，了解新唐山的现代化建设，从而体会唐山人民的自强不惜和建设现代化新唐山的顽强精神。学生在研学中运用不同的学习方式，积极思考，探索研究，逐项完成研学任务，获得成功。

最后，心得交流。教师指导学生进行成果总结、展示及应用，并进行成果创作评比。

四、实施流程

（一）市场调研

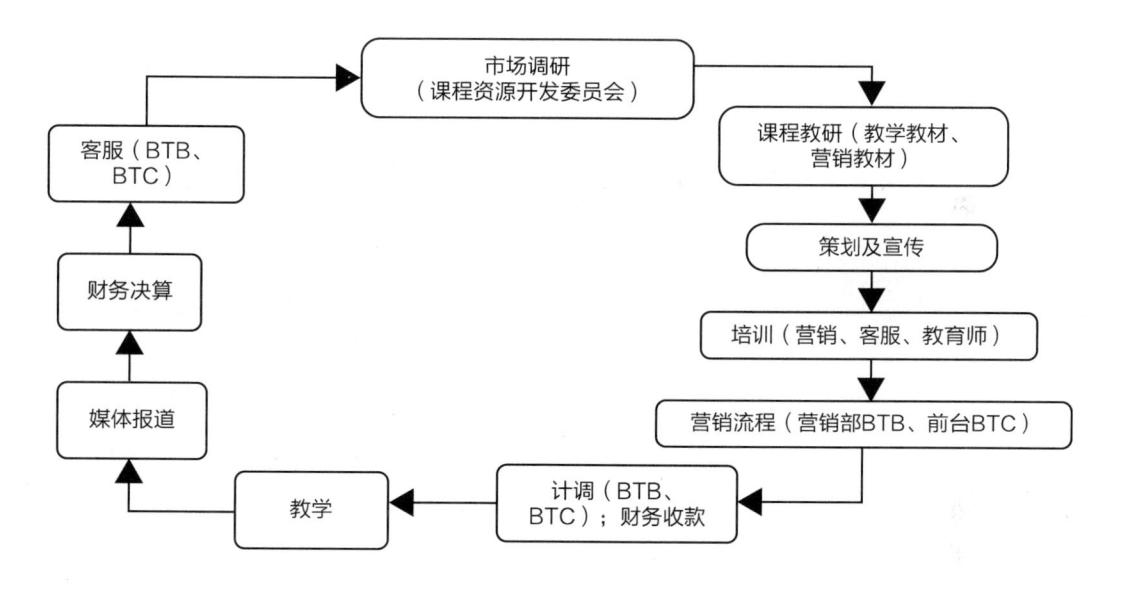

```
市场调研（课程资源开发委员会） → 课程教研（教学教材、营销教材） → 策划及宣传 → 培训（营销、客服、教育师） → 营销流程（营销部BTB、前台BTC） → 计调（BTB、BTC）；财务收款 → 教学 → 媒体报道 → 财务决算 → 客服（BTB、BTC） → 市场调研
```

（二）教研流程

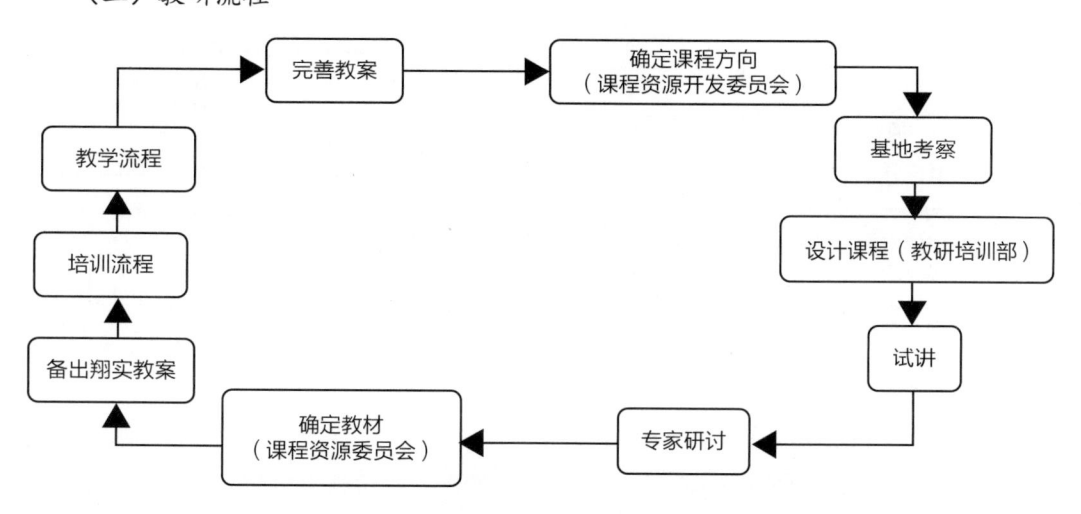

```
确定课程方向（课程资源开发委员会） → 基地考察 → 设计课程（教研培训部） → 试讲 → 专家研讨 → 确定教材（课程资源委员会） → 备出翔实教案 → 培训流程 → 教学流程 → 完善教案 → 确定课程方向
```

（三）培训流程

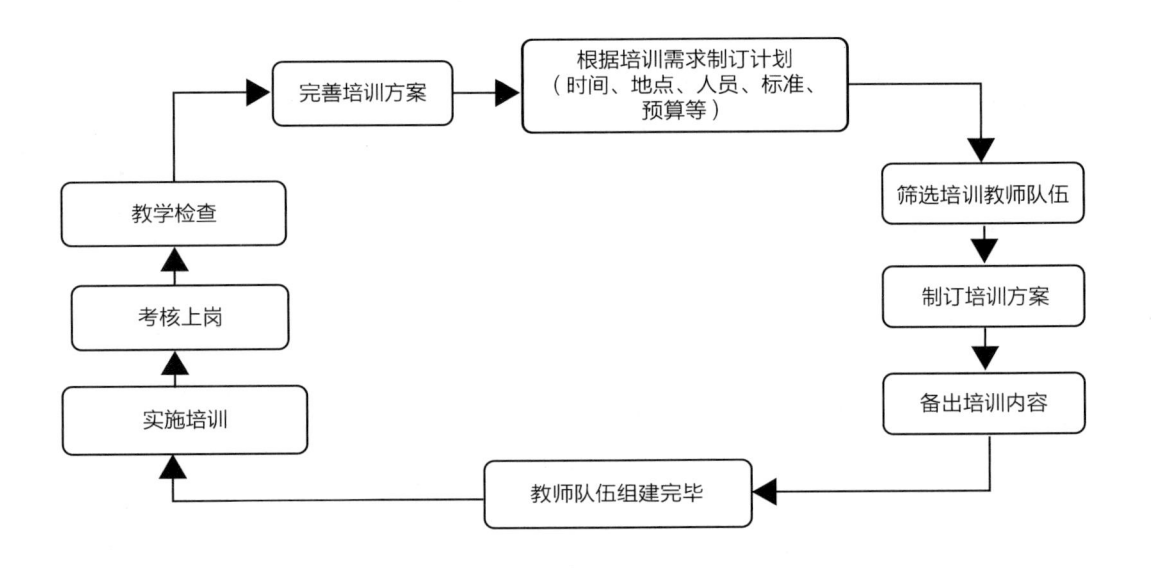

```
完善培训方案 → 根据培训需求制订计划（时间、地点、人员、标准、预算等）→ 筛选培训教师队伍 → 制订培训方案 → 备出培训内容 → 教师队伍组建完毕 → 实施培训 → 考核上岗 → 教学检查 → 完善培训方案
```

（四）营销流程

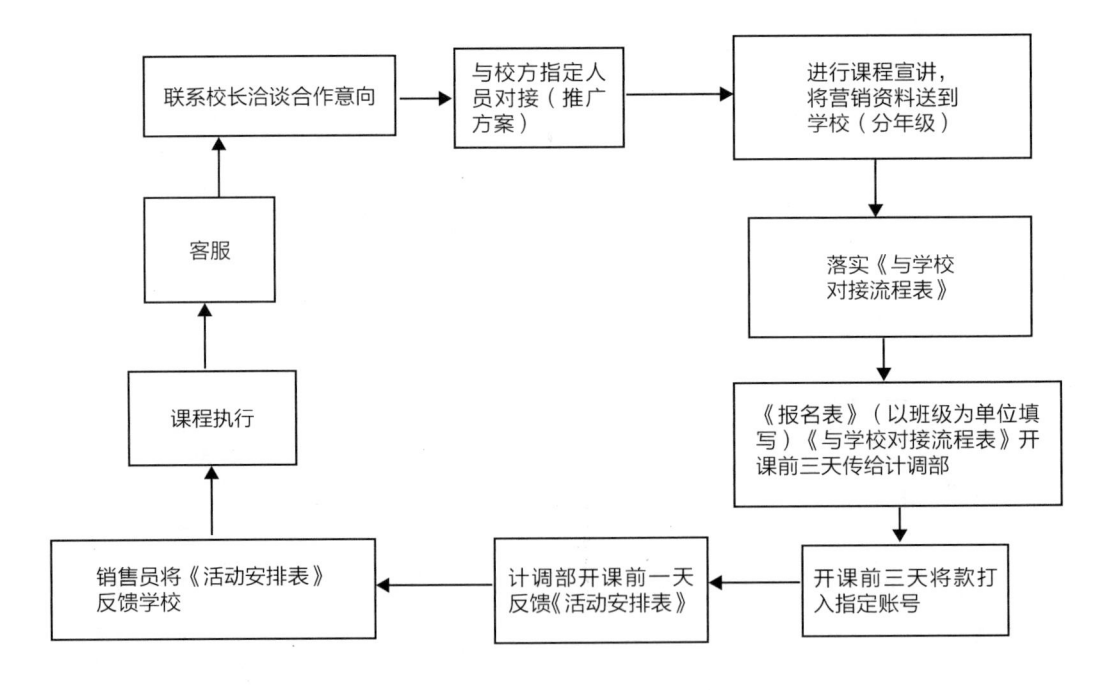

```
联系校长洽谈合作意向 → 与校方指定人员对接（推广方案）→ 进行课程宣讲，将营销资料送到学校（分年级）→ 落实《与学校对接流程表》→ 《报名表》（以班级为单位填写）《与学校对接流程表》开课前三天传给计调部 → 开课前三天将款打入指定账号 → 计调部开课前一天反馈《活动安排表》→ 销售员将《活动安排表》反馈学校 → 课程执行 → 客服 → 联系校长洽谈合作意向
```

（五）计调流程

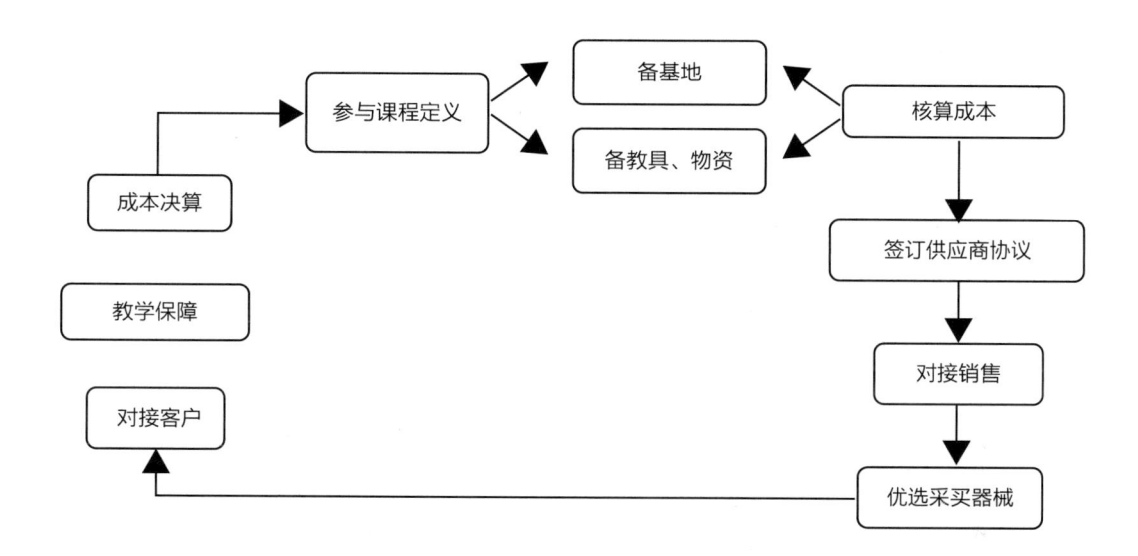

```
成本决算 → 参与课程定义 → 备基地 / 备教具、物资 → 核算成本 → 签订供应商协议 → 对接销售 → 优选采买器械 → 对接客户
教学保障
```

（六）教学流程

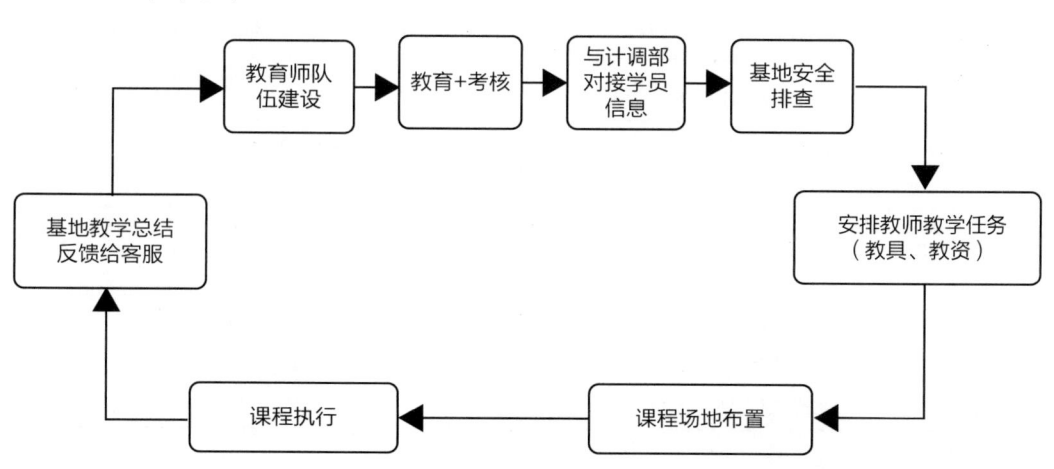

```
教育师队伍建设 → 教育+考核 → 与计调部对接学员信息 → 基地安全排查 → 安排教师教学任务（教具、教资）→ 课程场地布置 → 课程执行 → 基地教学总结反馈给客服 →（回到教育师队伍建设）
```

（七）主带流程

基地主带教师工作流程表

学校名称		年级		时间	
到达时间				返程时间	
时间	工作内容			负责人	完成情况
	与本基地协调员对接活动人数、班级数			主带教师	
	安排带队教师，确定班级主带教师			主带教师	
	布置场地（提前1小时到达）			主带教师	
	报告场地布置情况，对接器材			各教师	
	检查各场地布置情况			主带教师	
	与协调员确定班级人数、活动人数、到达时间			主带教师	
	与协调员沟通，安排带队教师接车			主带教师	
	停车场接车，带入场地			各教师	
	开场，介绍课程，宣讲安全教育			主带教师	
	开始活动			各教师	
	按时间流程，严格控制项目时间			主带教师	
	与协调员确定培训教师数量，午餐时间			主带教师	
	安排学生午餐，检查场地安全			各教师	
	按时间、流程，开展下午活动			各教师	
	安排学生填写学生调查表			各教师	
	将学生带入闭营场地			各教师	
	闭营总结，颁奖			主带教师	
	配合送车教师，组织等车			各教师	
	教具清点、回收			主带教师	
	总结校方情况，填写体验教育总结单			主带教师	

（八）协调工作

基地协调员工作监督表

学校名称			年级	
出发时间			返程时间	
对接时间	工作内容		负责人	完成情况
	与学校负责人进行活动人数对接（车辆停放位置、时间、车头朝向、出发时间及返程时间）		协调员	
	与大车司机对接（核实车牌号码、正座数、车辆停放位置、到校时间、目的地、短信通知）		协调员	
	与基地进行活动人数和时间及数据确认		协调员	
	与餐厅对接人数		协调员	
	通知主带教师班级数量、人数、时间、接车教师人数		协调员	
	接车教师工作对接		协调员	
	提前半小时确认大车位置，到达时间		协调员	
	车辆到位后确认大车位置，安放车号；通知学校负责人车辆已到位		协调员	
	要求接车教师清点人数并上报；汇总人数，签学校人数表		协调员	
	上车后告诉司机到达地点，行车路线		接车教师	
	车上宣讲安全注意事项，简单介绍活动地点、课程内容		接车教师	
	通知基地主带教师和景区，活动人数、到达时间		协调员	
	到达基地前十分钟通知主带教师准备接车		协调员	
	培训教师接车，将学生带入活动场地		主带教师	
	与景区签人数		协调员	
	确定午餐时间、订餐人数，并订餐		协调员	
	活动中突发事件第一时间通知安全教师		协调员	
	基地安全点排查，巡场并填写教师考核表		协调员	
	时刻与校方沟通，跟踪消防意见；填写校方意见调查表		协调员	
	回收学生调查表		协调员	
	活动结束前一小时联系司机，确认司机与车是否到位		协调员	
	安排学生等车，通知司机从哪接、送到哪；宣读车上注意事项		接车教师	
	下车前与教师沟通学生解散方式		接车教师	
	安全到达通知总指挥		协调员	

区域研学理论与实践

（九）教学流程

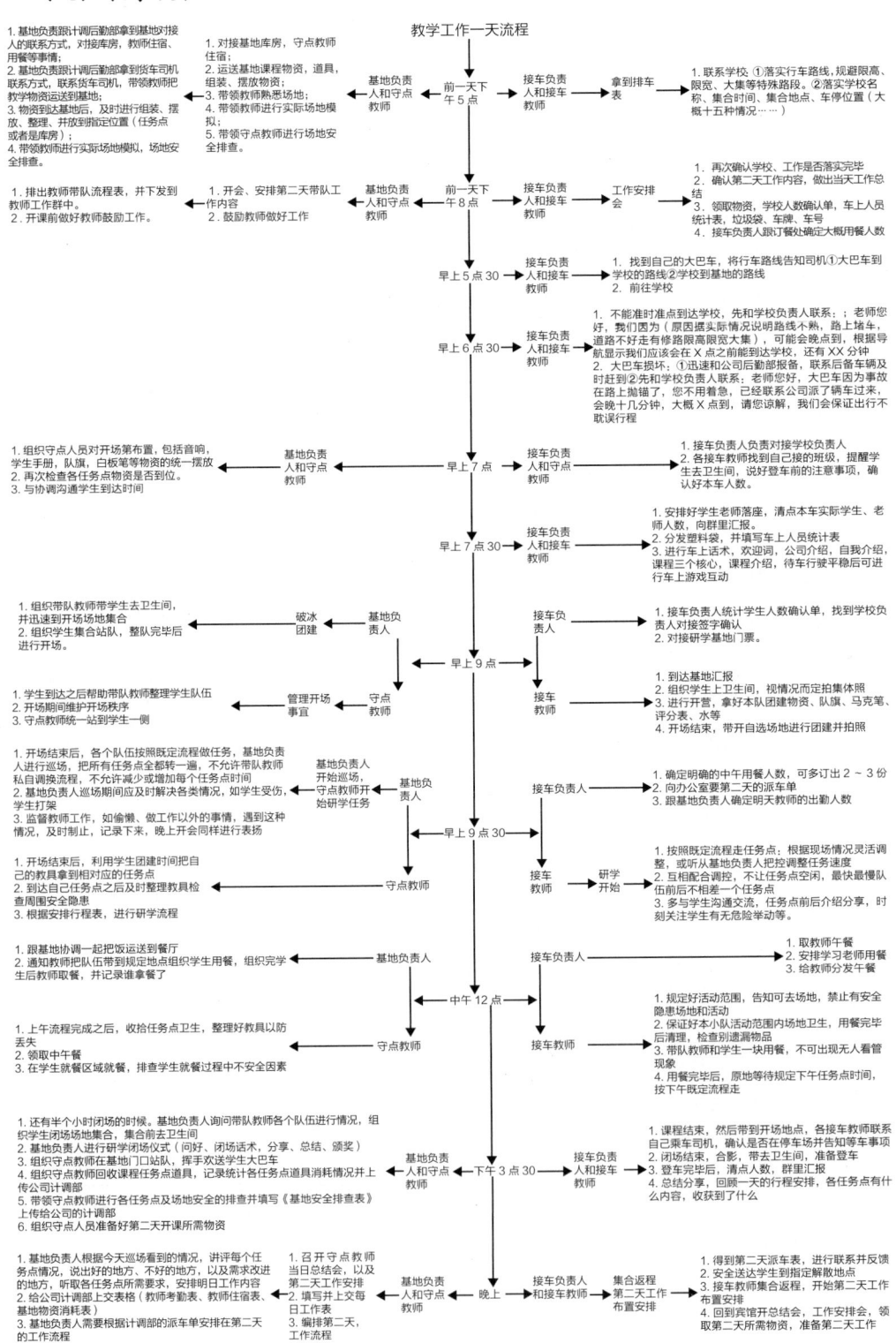

教学工作一天流程

前一天下午5点 — 基地负责人和守点教师 ← 接车负责人和接车教师：拿到排车表

- 基地负责人跟调后勤部拿到基地对接人的联系方式，对接库房、教师住宿、用餐等事情；
- 基地负责人跟调后勤部拿到货车司机联系方式，联系货车司机，带领教师把教学物资运送到基地；
- 物资到达基地后，及时组装、摆放、整理，并放到指定位置（任务点或者是库房）；
- 带领教师进行实际场地模拟，场地安全排查。

对接基地库房，守点教师住宿；运送基地课程物资，道具，组装、摆放物资；带领教师熟悉场地；带领教师进行实际场地模拟；带领守点教师进行场地安全排查。

接车负责人和接车教师：
1. 联系学校 ①落实行车路线，规避限高、限宽、大集等特殊路段。②落实学校名称、集合时间、集合地点、车停位置（大概十五种情况……）

前一天下午8点 — 基地负责人和守点教师 ← 接车负责人和接车教师：工作安排会

- 排出教师带队流程表，并下发到教师工作群中。
- 开课前做好教师鼓励工作。

开会、安排第二天带队工作内容；鼓励教师做好工作。

1. 再次确认学校、工作是否落实完毕
2. 确认第二天工作内容，做出当天工作总结
3. 领物资，学校人数确认单，车上人员统计表，垃圾袋、车牌、车号
4. 接车负责人跟订餐处确定大概用餐人数

早上5点30 — 接车负责人和接车教师
1. 找到自己的大巴车，将行车路线告诉司机①大巴车到学校的路线②学校到基地的路线
2. 前往学校

早上6点30 — 接车负责人和接车教师
1. 不能准时准点到达学校，先和学校负责人联系：老师您好，我们因为（原因据实际情况说明路线不熟，路上堵车，道路不好走有修路限高限宽大集），可能会晚点到，还有根据导航显示我们应该会在X点之前能到达学校，还有XX分钟赶到 ②先和学校负责人联系：老师您好，大巴车因为事故在路上抛锚了，您不用着急，已经联系车辆公司派了辆车过来，会晚十几分钟，大概X点到，请您谅解，我们会保证出行不耽误行程

早上7点 — 基地负责人和守点教师 ← 接车负责人和接车教师

- 组织守点人员对开场布置，包括音响，学生手册，队旗，白板笔等物资的统一摆放
- 再次检查各任务物资是否到位。
- 与协调沟通学生到达时间

1. 接车负责人负责对接学校负责人
2. 各接车教师找到自己接的班级，提醒学生去卫生间，说好登车前的注意事项，确认好本车人数

早上7点30 — 基地负责人和接车教师

1. 安排好学生老师落座，清点本车实际学生、老师人数，向群里汇报。
2. 分发塑料袋，并填写车上人员统计表
3. 进行车上话术，欢迎词，公司介绍，自我介绍，课程三个核心，课程介绍，待车行驶平稳后可进行车上游戏互动

早上9点 — 破冰团建 — 基地负责人 ← 接车负责人

- 组织带队教师带学生去卫生间，并迅速到开场场地集合
- 组织学生集合站队，整队完毕后进行开场。

1. 接车负责人统计学生人数确认单，找到学校负责人对接签字确认
2. 对接研学基地门票。

管理开场事宜 — 守点教师
- 学生到达之后帮助带队教师整理学生队伍
- 开场期间维护开场秩序
- 守点教师统一站到学生一侧

接车教师：
1. 到达基地汇报
2. 组织学生上卫生间，视情况而定拍集体照
3. 进行开营，拿好本队基地建物资，队旗、马克笔、评分表、水等
4. 开场结束，带自选场地进行团建并拍照

早上9点30 — 基地负责人开始巡场，守点教师开始研学任务

- 开场结束后，各个队伍按照既定流程做任务，基地负责人进行巡场，把所有任务点全都转一遍，不允许带队教师私自调换流程，不允许减少或增加每个任务点时间
- 基地负责人巡场期间应及时解决各类情况，如学生受伤，学生打架
- 监督教师工作，如偷懒、做工作以外的事情，遇到这种情况，及时止，记录下来，晚上开会同样进行表扬

接车负责人：
1. 确定明确的中午用餐人数，可多订出2～3份
2. 向办公室要第二天的派车单
3. 跟基地负责人确定明天教师的出勤人数

研学开始 — 守点教师
- 开场结束后，利用学生团建时间把自己的教具拿到相对应的任务点
- 到达了任务点之后及时整理教具检查周围安全隐患
- 根据安排行程表，进行研学流程

研学教师：
1. 按照既定流程走任务点：根据现场情况灵活调整，或听从基地负责人把控调整任务速度
2. 互相配合调度，任务点空闲，最快最慢队伍前后不相差一个任务点
3. 多与学生沟通交流，任务点前后介绍分享，时刻关注学生有无危险举动等。

中午12点 — 基地负责人 ← 接车负责人

- 跟基地协调一起把饭运送到餐厅
- 通知基地把队伍带到规定地点组织学生用餐，组织完学生后教师取餐，并记录谁拿餐了

1. 取教师午餐
2. 安排学习老师用餐
3. 给教师分发午餐

守点教师：
- 上午流程完成之后，收拾任务点卫生，整理好教具以防丢失
- 领取中午午餐
- 在学生就餐区域就餐，排查学生就餐过程中不安全因素

接车教师：
1. 规定好活动范围，告知可去场地，禁止有安全隐患场地和活动
2. 保证好本小队活动范围内场地卫生，用餐完毕后清理，检查别遗漏物品
3. 带队教师和学生一块用餐，不可出现无人看管现象
4. 用餐完毕后，原地等待规定下午任务点时间，按下午既定流程走

下午3点30 — 基地负责人和守点教师 ← 接车负责人和接车教师

- 还有半个小时闭场的时候，基地负责人询问带队教师各个队伍进行情况，组织学生闭场场地集合，集合前去卫生间
- 基地负责人进行研学闭场仪式（问答、闭场话术、分享、总结、颁奖）
- 组织守点教师在基地门口站队，挥手欢送学生大巴车
- 组织教师回收课程任务点道具，记录统计各任务点道具消耗情况并上传公司计调部
- 带领守点教师进行各任务点及场地安全的排查并填写《基地安全排查表》上传给公司的计调部
- 组织守点人员准备好第二天开课所需物资

接车负责人：
1. 课程结束，然后带到开场地点，各接车教师联系自己乘车司机，确认是否在停车场并告知等车事项
2. 闭场结束，合影，带去卫生间，准备登车
3. 登车完毕后，清点人数，群里汇报
4. 总结分享，回顾一天的行程安排，各任务点有什么内容，收获到了什么

晚上 — 基地负责人和守点教师 ← 接车负责人和接车教师：集合返程，第二天工作布置安排

- 基地负责人根据今天巡场看到的情况，讲评每个任务流程，说出好的地方、不好的地方，以及需改进的地方，听取各任务点所需要求，安排明日工作内容
- 给公司计调部上交表格（教师考勤表、教师住宿表、基地物资消耗表）
- 基地负责人需要根据调部的派车单安排在第二天的工作流程

1. 召开守点教师会以及第二天工作安排
2. 填写并上交每日工作表
3. 编排第二天工作流程

接车：
1. 得到第二天派车表，进行联系并反馈
2. 安全送达学生到指定解散地点
3. 接车教师集合返程，开始第二天工作布置安排
4. 回到宾馆开总结会，工作安排会，领取第二天所需物资，准备第二天工作

(十) 各部门工作流程

各部门负责人工作流程表

部门	活动前准备工作	活动中工作内容	安全及突发情况处理和其他临时性工作
学校	与学校负责人核实学校名称、具体位置、行车路线、车辆停放位置、车头朝向、车辆停放时间,并落实工作人员进入操场领学生出操场的时间及告知学生返校的大概时间	(1)告之车辆和教师已经到位。(2)跟学校负责人签订人数确认单,确保有序统一上车。(3)安排教师中餐,签订教师意见反馈表。(4)随时与学校负责人保持沟通,处理突发问题。(5)要求工作人员把学生送回学校大门并与学校负责人告别后方可离校	遵从安全事故处理流程:(1)第一时间获取学生信息,告知总协调报保险;(2)小伤通知基地安全员处理;(3)稍严重些就近送医;(4)注意保险手续
司机	与司机落实车座位数(指正座数)是否和计划单上匹配。并告知司机第二天接送的学校的具体位置及公司要求车辆到校时间及车头朝向,明确告诉司机如有变化及时和自己联系,打完电话再以短信形式发送到司机手机上,确保万无一失	(1)规定的车辆集合时间之前半小时要求工作人员再次与所负责的司机取得联系,落实车辆到达位置、预计到校时间、有无更换车辆。(2)活动结束前一小时要与各个司机取得联系,要求按时准确到位	接送途中发生车辆故障时第一时间汇报总协调,跟司机沟通车辆大概修复时间,30分钟以内安抚师生,30分钟以上跟总协调沟通是否换车
接送教师	通知所属教师第二天集合时间、集合地点及接送学校的具体信息	(1)发放接送工作信息表,包括车辆信息、学生信息、接送时间。(2)车上安全教育。(3)中途原则上不许下车,下车前清点车上物品和人员,带回学校操场	
基地餐厅	告知第二天用餐的大致人数及用餐时间	通知餐厅中午准确用餐人数、大概时间,以及送餐地点,付款或签单	
基地负责人	第二天到基地的大致人数及时间	告知基地负责人车辆已经出发和预计到达基地时间。沟通用餐时间,下午课程结束时间。一起签订教官考勤表	基地负责人主抓教学,协调主要负责接送及后勤保障,两者既有分工又有协作
基地	第二天到基地的大致人数及时间	根据公司规定办理门票或签单,项目时间协调	基地安全隐患排查
总协调	七点之前落实完毕汇报总协调	节点汇报 监督考察	问题处理

（十一）研学活动调查表

课程学校调查意见表

序号	内容	评价		
1	您认为是否应该让学生走出校园，走进大自然，丰富学生的课余生活	是	否	一般
2	您认为本次课程的组织情况	非常好	好	一般
3	您认为学生是否需要定期参加综合实践活动	是	否	一般
4	您认为本次课程是否有趣	是	否	一般
5	您认为在本次课程中，是否增进了学生间的友谊	是	否	一点点
6	您认为通过本次课程，是否增强了学生的团队精神	是	否	一点点
7	您认为通过本次课程，是否发掘了学生的潜力	是	否	一点点
8	您是否喜欢本次课程	喜欢	不喜欢	一般，没有特别感受
9	您的宝贵意见			
10	您有什么话要对我们说：			

学校_____ 年级/班级_____ 教师姓名_____ 联系电话_____

（十二）影像资料上传流程

影像资料上传流程表

工作节点	工作内容	执行人	监督人	负责人	工作目标达成人
乘车前往基地途中	1. 整车欢声笑语照片两张（整体照一张、局部特写一张） 2. 个人秀照片两张	带队教师	基地协调	基地负责人	所有照片通过微信群第一时间传给基地客服，由其整理，统一在乐航公众号发布
开场	正面、后面、左面、右面各一张	副带	基地负责人		
团队展示时	各小队展示照片一张	各分队教师	基地负责人		
各任务点	各自任务点每个小队参加任务时的活动照片三张	各守点教师	基地负责人		
闭场	正面、后面、左面、右面各一张	副带	基地负责人		
乘车返回学校途中	1. 整车人员照片一张 2. 个人分享照片三张	带队教师	基地协调		

照片要求：清晰可用、清晰可用、清晰可用，重要的事情说三遍
照相结束后：立即上传所在基地微信群

（十三）活动总结

基地体验课程当日总结表

日期：　　　　基地：　　　　学校：　　　　年级：　　　　总人数：　　　　教师人数：

活动阶段	项目	内容	结果及改进之处
活动开始前	行车	上车时	
		行车中	
		下车时	
	音响设备	使用情况	
	教师	教师到位情况	
		教师分组情况	
	道具	道具准备情况	
活动进行中	各个项目	各个项目的进行情况	
	午餐	纪律与卫生情况	
	工作人员	巡视情况	
活动结束	调查问卷	回收情况	
	返程	送回学校情况	

第三节　区域研学课程评价

一、区域研学课程评价理念和要求

（一）区域研学课程评价理念

区域研学的评价要坚持发展性原则、客观性原则和激励性原则。评价的重点在于学生的发展层次和发展水平上，反对通过量化手段对学生分等划类的评价方式。要引导学生进行"自我反思性评价"，即以已有的发展基础为评价标准，突出学习过程中的体验、态度、情感、价值观、综合实践能力，不过分强调结果的科学性和合理性。

区域研学课程最大的特点是体验性，在评价过程中，要重点关注体验的效果。评价是开展区域研学课程的一个重要环节，有评价才有促进和发展。为了促进区域研学课程的开展，必须建立和完善区域研学课程评价方式。

（二）区域研学课程评价要求

课程评价的根本目的在于获得反馈信息，以帮助教师改进教学，促进学生发展，保证课程目标的实现，而不在于对学生发展水平做出终结性的评定，更不是利用评价结果对学生进行比较等。

区域研学课程在课程内容上的天然的主题活动可以视为一个综合性质的单元教学。单元教学评价不同于教师熟悉的课时教学评价，具有整合性和主题性，教师需要站在较高的层面来审视和评价，需要将及时评价与延时评价、单项评价与综合评价相结合，从某种程度上看，延时评价与综合评价应该更多地应用于区域研学课程评价当中。

区域研学课程由于突破了传统课程的时空束缚，发展自身的课程特征，其本质在于，让学生体验、动手、动脑、实践、探究；使学生学会观察体验相结合，动手动脑相结合，实践探究相结合，小组活动中既独立自主，又团结互助，以完成研学目标为宗旨。

其特征有三个：一是实践性强；二是强调知识间的联系与运用；三是需充分调动学生的积极性与兴趣。

因此，区域研学课程的评价具有多元性、过程性和开放性的特点。

教学评价工具是伴随着教学评价的发展而发展的，评价工具与评价方法本身不可截然分开。教学评价的方法是指评价的程序和角度，教学评价的工具测试指对评价对象进行测定时所采取的方式和手段。评价主体，评价内容，评价的程序、角度、方式和手段综合应用，构建专业化的评价标准。

区域研学课程评价的评价体系包括对事和对人的角度，即教师评价、学生评价和课程评价。其中研学课程的主要实施载体是活动，因此对活动的评价至关重要。活动设计与实施的质量很大程度上决定了研学课程的品质。

二、区域研学课程体验式学习评价

对应区域研学课程的四个阶段，将研学中体验式学习评价分为行前、行中、行后和应用四个阶段。行前阶段为获取间接经验阶段，行中阶段为获取直接经验阶段，行后阶段为整理经验阶段，应用阶段为检验经验阶段。

不管是课堂上的教学还是校外的区域研学，各个阶段贯穿的仍是教与学的过程。在区域研学的过程中，教师的教更多地体现为隐性的指导，学生的学更多地体现为学习的主动建构。因此，评价焦点也主要对准"教师的指导"和"学生的学习"两个领域，由此构建区域研学课程中体验式学习的评价标准。

（一）行前阶段

目的：行前阶段主要是组织学生对区域研学目的地的资源和文化的了解阶段，重点考虑信息提供的多样性和趣味性的问题，以调动学生在有限的时间内能够真正了解基地的知识、特点和文化内涵的兴趣。

教师指导评价要点：主要围绕指导方式和内容进行评价。要求方式多元，如通过讲座、视频、网站、学生作品等方式了解知识及知识的形成过程。最大限度地调动学生的积极性。

学生学习评价要点：了解知识要点、知识脉络及形成过程，明确自身需要关注的重点知识。

学生学习的评价方式：可以通过学生的听课状态、查找资料情况、对研学内容的学习状况、提出问题状况、学习任务规划等进行评价。

（二）行中阶段

目的：行中阶段主要是以学生为主体开展多种多样的活动（以体验式活动为主），在活动中体验，在活动中建构，在活动中育人。

教师指导评价要点：活动形式与场馆资源和环境契合，活动内容指向目标，活动方式有趣；能够观察学生状态，适时进行指导。

学生学习评价要点：多感官观察、感知情境，识别和辨析情境中的多种信息，理解情境中的各种信息及关系，提出问题并探索解决问题的相关信息。

学生学习的评价方式：可以通过学生的体验状态、参与程度、是否提出有价值的问题、动手实践状况等进行评价。

（三）行后阶段

目的：行后阶段主要是依托学校课堂教学对体验进行整理形成经验，建构概念、观点的阶段，要对研学过程进行回顾、梳理和反思，是深度的学习，使区域研学的价值深化提升，将课内外两个课堂贯通。包括两个部分，一是对经验本身进行概括与提升，二是对学习过程与结果进行评价。

教师指导评价要点：用适当的形式激活学生的体验，组织进行成果的深度交流，诊断并指导学生完善自己的经验，构建学习过程与结果的评价标准，对研学过程做出归纳和总结,指导学生进行过程性评价。

学生学习评价要点:对信息进行梳理,形成观点和作品。分享自己的观点和作品,吸纳他人观点和作品,完善自己的经验。依据标准对自己和他人做出适当评价,对评价标准能够提出个人见解。

学生学习的评价方式:通过学生的作品、交流表达、参与活动程度和实践表现等进行评价。还可以通过学生的交流表达、参与程度、对标准修改完善的重要贡献进行评价。

(四)应用阶段

目的:应用阶段主要是学生将所学知识对接生活实践的尝试阶段,在尝试过程中,学生会进一步丰富和完善自身的经验和知识。

教师指导评价要点:具体指导学生的应用。

学生学习评价要点:将自己的经验应用于新的情境,有意识地进行思考,进一步完善自己的经验。

学生学习的评价方式:通过学生的实践参与、交流表达、学生作品等进行评价。

三、区域研学课程运行评价

区域研学的运行是否规范决定着课程实施的有效性,对区域研学课程运行评价注意以下几点。

(一)课程运行有重点

课程运行以学生为中心。

(二)课程运行要完整

在一定时间内,所有学生都参加活动,全部完成活动内容,并安全有效。

(三)课程控制有效率

活动时间达成度是检验课程效果的核心标准,要在设计的时间内完成研学内容。时间流畅代表活动设计合理,执行熟练,效果显著,价值性强。充分利用时间,活动效率高,任务完成效果好。

四、区域研学课程过程评价

对区域研学过程评价实际上就是对区域研学的整体评价,因此要特别重视课程实施的过程组织和管理。

(一)课程过程评价的四个要素

(1)学生参与度(全员参与)。
(2)真实场景或模拟情境(情境创建要与研学主题高度一致与融合)。
(3)课程资源选择恰当(要注意内容与课程目标的吻合)。
(4)活动结构合理(要包含精准的体验要点)。

(二)课程活动过程评价

评价对课程活动过程的要求如下。
(1)脉络要准。这是活动设计的出发点。主题与项目活动"一脉相承"。
(2)目标要明。这是活动设计的方向。以学生为主体,目标具体,要有可操作性。
(3)立意要新。这是活动设计的灵魂。项目活动有创意,新颖有趣,娱乐性强,寓教于乐。
(4)构思要巧。这是活动设计的翅膀。项目活动时间巧安排,活动内容设计要具体、丰富,活动衔接紧密。
(5)方法要活。这是活动设计的表现形式。内容呈现开放性,伸缩自如,利于增减。
(6)成果要精。这是活动设计的总结点。活动效果要显著,成果总结要具体、明显,能够体现课程目标。

五、对学生成果评价

区域研学课程有其特殊的教育特征,强调开放性、实践性、体验性,评价上强调形成性评价和发展性评价,很难如学科教学那样用分数来量化学生成绩。因此,我们需要把握区域研学课程的特点,对学生进行发展性评价、自主性评价和过程性评价,通过评价激励学生发展个性特长,发现自己,增强信心,提高综合素养。

凡是参加区域研学课程的学生,其研学成果评价均建立个人成长档案袋。从研学问题的形成到最后成果的总结,每一步骤都要建立完整的信息收集系统。研学班级要共同形成每一个小组和学生的学习档案。对这些资料的分析,加上与学生的交谈和直接参加学生小组活动的教师对学生活动情况和取得的成绩进行实时评价,结合学生最后的成果汇报和小组总结,很容易形成以学生自主评价为主的活动成果的评价体系。

具体做法是收集区域研学过程性材料。对每一项内容都进行发展性评价,一是参加研学的基本情况:研学前期准备的研学资料,包括研学主题、活动名称、活动地点、每次活动的记录表、调查访问记录、研学问题、拟订的解决问题方案各种原始材料。二是参加研学课程情况:拟订的活动计划,包括参加基地活动名称、活动内容、活动过程、活动效果、基地的评价等。三是研学成果情况、填写研学收获,进行研学成果总结,包括感受、心得、小论文、研究报告、照片、视频等,成果展示情况。四是收集课后回访评价资料。

每次组织学生开展区域研学,都要以班级为单位建立学生研学成长档案,将评价结果存档。

六、对研学教师评价

对研学教师的评价由学生、教师、学校和行政三部分组成。采用定性与定量结合的方式,对研学课程活动方案、课程实施管理、实施效果、活动成果等进行评价。

教师评价的内容主要包括活动设计的能力、活动指导的能力、驾驭项目活动的能力、对学生的态度及教学过程中的精神状态等。最直接的评价是对研学课程实施过程的评价。研学课程活动评价的主要内容包括学生的参与程度、课程目标的达成度,活动方式采用,活动的实际状况(活动气氛、时间、空间利用、节奏把握、学具教具的使用等),活动实际效果以及教师的行为表现。对于区域研学课程的活动评价,重点从以下八个方面进行。

(1)把握核心素养目标(目标明确、清晰)。

(2)研学活动组织形式(活动组织形式符合营造场所、开放式对话和反思性表达)。

(3)学生参与度(学生全员参与、全过程参与、全时空参与、深入体验,活动气氛活跃)。

(4)分层递进(能根据不同层次学生的需要设计活动)。

(5)个性发展(鼓励学生发表自己的见解,为学生提供实践探究、展示自己、表达自己的机会,学生能动脑、会动手、敢实践)。

(6)批判性思维能力培养(学生能思考、敢提问、会讨论)。

(7)核心素养目标达成(学生注意力集中,有自身的情感体验,能围绕课程目标主动学习)。

（8）教师课程执行特色（形成鲜明的个性化教学风格，对学生有人文感召力）。

七、区域研学评价要求

评价的内容应包括知识与技能、过程与方法、情感态度和价值观，在活动前、中、后的评价必须兼顾知、情、意、行四个方面。

（一）实地观察的评价

学生参与实地观察，通过口头、书面报告等形式呈现，并列入学习评价。

（二）活动过程的评价

参与活动即参与小组讨论的过程，实践探究过程都应列入评价的范围。

（三）研学成果的评价

应着重评价学生收集资料、综合组织能力、独立思考与批判精神、各种成果的总结等。

（四）评价形式的评价

评价形式和方法可以灵活使用，要对"档案袋评定""协商研讨式评定"等评价方法进行有益尝试。提倡"课堂日志"和"现场笔记"，由教师和学生把活动中发生的事情如实记录下来，客观描述学生在活动中的表现，通过访谈等多种途径收集学生的表现情况。

（五）评价的主体

评价的主体是学生自己，再结合教师、家长和社区的评价。评价方式有汇报、成果或作品展示、研究报告、答辩、演示、表演、竞赛、评比等。学生的成果可以采用各种书面、口头、演示、影音等多样化方式呈现。

第七章 区域研学运行机制

第一节 完整的组织体系

研学旅行是国务院和教育部等多部提出并推行的一项教育改革的具体措施,是人的全面发展和素质教育的崭新内容。区域研学是研学旅行的具有区域特色的素质教育和综合实践的创新形式。区域研学的实施不只是校外教育培训机构、教育职能部门、学校等哪一家的事情,它需要政府的重视支持,教育行政部门的直接管理,校外研学培训机构的组织,学校的协助组织和社会各界的理解支持。因此,必须建立统一的组织领导机构,区域研学才能有力地组织实施。

一、建立组织领导机构

区域研学的实施需要多方合作统一领导,因此建立一个统一的领导组织非常必要。

（一）建立领导组织

领导组织是区域研学具体实施的领导保障,区域研学的实施需要多部门参与、多方合作才能有效开展,因此,没有一个有力的领导组织来统一协调,区域研学就很难有效地实施。

首先,领导组织的组长由区域教育行政部门即教育局的主要领导来担任。这就确立了区域研学高度,同时也强调了区域研学的重要意义。

其次,副组长由区域教育行政部门即教育局主管德育和综合实践的领导担任。区域研学是素质教育的重要方式，是学校教育中的德育范畴，是综合实践的主要内容，因此区域研学由教育局主管德育和综合实践的领导亲自来抓，就加大了此项工作的领导力度，对于区域研学的有效实施提供了保证。

最后，组织成员由教育行政部门即教育局相关科室成员组成。区域研学是教育改革的一项重要措施，是开放校内教育，拓展校外教育，是将校内教育和校外教育相结合的有效方式。它涉及学科教学、德育、综合实践、创新教育、文化教育等领域。特别是它是教育改革的重要内容。因此，与这些教育内容有关的科室如教科所、基础教育、德育、创新教育等科室的相关成员都是区域研学的组织成员。各科室明确目标，协调一致，齐心协力，同抓共管，共同促进区域研学的有效开展。

（二）建立业务组织

为了使区域研学实践活动能够实现课程化、规范化、常态化，促进校外教育、综合实践等活动有效地开展，建立区域研学业务组织很有必要，也非常重要。

首先，确定区域研学业务组织组长。业务组织组长为公司主要负责人即董事长，这就明确了公司的业务重点，就是开展校外教育即区域研学活动。

其次，确定业务组织副组长。业务组织副组长由公司主要业务负责人即公司经理担任，这就明确了公司业务目标就是如何开展区域研学，围绕这个大目标，就要有计划地开发研学资源，开发建设研学基地，建设研学课程，探索区域研学课程实施方式、评价方式和评价内容，激励学生参与区域研学活动。

最后，确定区域研学业务组织成员。业务组织成员由公司主要成员组成，其全部工作就是区域研学资源开发、基地建设，区域研学课程建设、课程实施方式研究、课程评价等。

根据公司工作重点和工作目标，成立客服部、市场部、研发部、培训部、教学部、财务部、后勤部、人事部。

（三）确定工作职责

建立了领导和业务组织之后，还要制定具体全面的工作职责，做到目标清晰，责任明确。

领导小组的组长即董事长，负责区域研学的全面工作。

副组长即经理要为组长负责，落实组长布置的各项工作，并创造性地开展区域研学具体工作，包括工作谋划、总结，研学资源开发、研学基地建设、研学课程建设、研学课程实施、研学过程评价等。

各业务科室各有具体明确的业务范围和责任，具体如下。

客服部负责区域研学活动前、中、后的具体服务，包括研学前各种宣传资料，对学校、家长各种问题的解答，研学中各种问题的解决，研学后期服务等。

市场部负责区域研学渠道开拓，与各相关单位、学校、家长沟通，确定研学项目、完成研学规划、组织研学活动、区域研学品牌宣传、完成制定的相应业务指标等。

研发部负责区域研学资源开发、研学基地开发建设、研学教材编写、研学课程开发、研学课程实施方案制订、研学课程实施方式研究等。

培训部负责各种业务管理培训、各部门业务培训、新教师入职培训、各种通识培训和专业培训、对外部市场开发人员培训等。

教学部负责区域研学教学计划的制定、具体教学安排、教师岗位设置和教学执行、教学前备课和教学中出现问题的解决及教学后总结、教学方案的修改等。

计调部负责教学前教师安排协调、学校研学时间及基地安排协调、研学交通工具准备、路线考察、各种研学器材及物资的准备、研学中饮食及住宿安排、安全保险等。

后勤部负责区域研学课程执行的各种后勤保障，包括物资保障、与基地及学校签署各种协议等。

人事部负责区域研学中各种具体人事、组织管理，包括教师招聘事项、签订各种用人协议、组织新教师参加各种业务和管理培训等。

财务部负责财务管理，负责区域研学一切财务保证。

二、确定核心价值观

建立具有鲜明特色的区域研学长远发展文化，促使区域研学沿着正确、健康的道路发展。

（一）战略定位

区域研学是素质教育的重要内容，是教育改革的有效措施。为了进一步促进教育改革，全面推动素质教育的发展，使青少年能够健康快乐成长，选择不同内容，采取不同形式、分阶段、有步骤地进行幼儿素质教育、小学素质教育、初中素质教育、高中素质教育。

（二）战略愿景

企业愿景体现了企业的立场和信仰，是对"我们代表什么""我们希望成为怎样的企业"的持久性回答和承诺。

生活即教育，教育溶于生活，青少年的学习和成长都应该是全面的，生活化的，适应社会的，每天接受被动的填鸭式应试教育已经不是现代社会所应有的了。

区域研学战略愿景：还学生以生活，让他们在研学中快乐成长和学习，让他们的生活更丰富！

（三）核心价值观

区域研学的宗旨是培养学生综合能力，提升学生的核心素养，促进学生健康快乐成长，使学生成为全面发展的适应社会的综合型人才。

核心价值观是学生为本，尊重个性，激发潜能，全面提高；人与自我，人与群体，人与自然，和谐发展；德育为先，能力为重，积极主动，综合发展。

第二节　区域研学保障机构

一、建立区域研学三大运行体系

第一，资源开发。区域研学第一要素就是研学资源的开发，没有研学资源，区域研学就是无本之木，无水之源，就无从谈起区域研学。建立区域研学资源开发体系是开展区域研学的首要任务。资源开发包括区域研学基地的创建、研学主题的开发、研学内容的开发、研学课程的开发、研学课程运行路径的开发、研学课程实施方式的开发、研学活动项目的开发、研学课程教学模式的构建等，整体开发形成系列体系。

第二，师资培训。区域研学的开展在任何情况下都离不开教师的组织与管理，区域研学专职教师不仅要具有一定的研学专业知识，如研学资源开发、基地建设、主题选择、课程设计、内容规划、活动设计等，还必须要有一定的组织能力、管理能力、协调能力、辅导能力、总结能力等。这些水平与能力不是教师本身就有的，需要通过工作中的学习培训逐步习得提高，因此师资培训体统的运行伴随区域研学的始终，是区域研学不可或缺的重要内容。

第三，安全保障。区域研学是素质教育的创新形式，区域研学打破了陈旧的课堂教学框架，走出校园，走进自然、社会，开创了广阔的没有围墙的大课堂，学生在广阔的社会环境中体验、考察、实践、探究，表现了无限的开放性。因此，学生的安全就成了区域研学中的重要问题。区域研学的管理者、组织者、协助组织者、参与者都要把安全问题当作头等大事来抓，建立统一的安全保障制度及区域研学中各环节的安全运行标准，并坚决按标准执行，确保区域研学中学生的人身财产安全。

二、确立区域研学核心价值

第一，课程有价值。课程有价值要求课程目标是培养学生终身发展和社会发展所必备的品格和关键能力。

第二，安全有保障。安全有保障要求在素质教育过程中，保障学生的人身安全、财产安全及心理健康。

第三，学习有收获。学生参加区域研学，在开放的课堂里体验、学习、实践、探究，学到在书本上学不到的知识。知识的拓展，行为的改进，能力的培养，素质的提高，都是区域研学的最大成果。

第四，运行有标准。运行有标准是指研学在国务院、教育部的统一部署下进行，在政府和教育行政部门的领导和支持下开展工作，逐步建立规范科学的区域研学运行机制，制定区域研学课程标准，保证研学旅行向健康方向发展。

三、建立区域研学六大保障机构

为保障区域研学规范有效地向前发展，建立了六大保障机构，即素质教育研究院、培训学院、学术委员会、专家委员会、课程委员会、安全委员会，为研学课程的实施保驾护航。

（一）素质教育研究院

第一，素质教育理论研究。

（1）机构与国内外高校或相关科研机构横向联合，共同研究区域研学的相关问题，形成观点，发表论文论著。

（2）自主研究区域研学相关课题或内容，形成科研成果，发表新的观点和论文论著。

第二，国际课程体系交流中心。

（1）与国际相关教育机构和组织进行广泛交流，联合推动相关研究项目。

（2）积极学习国际先进教育理念和课程体系，结合区域研学实际情况借鉴创新。

第三，课程核心单元研发部。

（1）筹建素质教育课程核心单元库。

（2）研发并不断填充和更新核心课程单元。

（3）配合产品部不断包装，推出新的课程体系。

第四，承办素质教育论坛。

定期举办大型素质教育高峰论坛，增加机构在行业内的影响力。

（二）培训学院

教育行业是知识密集型行业，教师团队的质量直接决定了授课质量，进而决定了学生学习的质量。博大乐航自创立之初就对内部培训极其重视，博大乐航培训学院就是集团重视培训的产物。

培训学院的首要职责是为集团公司在编教师提供定制化培训服务，帮助教师团队不断提升综合素质及教学水平。另外，培训学院还负责为公司加盟机构和分校提供运营、课程、管理等方面的培训服务。

（三）学术委员会

教育理论和方法是不断发展的，同样体验教育也是动态发展的，作为国内最早从事体验教育的机构，博大乐航在教育创新和教育研究方面做出了努力。

学术委员会是博大乐航集团下设的体验教育学术研究机构，学术委员会通过承接体验教育的学术和课题项目，让最前沿的学术理念和价值在博大乐航得以验证和实践。学术委员会已经与国内多所体验教育研究机构建立了联系，双方就体验教育的相关课程进行的合作研究已经初见成效。

（四）专家委员会

专家委员会是博大乐航教育集团设立的独立外部专家群体，由科学家、教育家及企业家群体组成。专家委员会旨在整合非教育一线或非教育领域的专家资源，让专家的能量在研学领域得以发挥。

通过将专家们原领域内的知识移植或嵌入研学事业，可以有效地帮助青少年快速了解相关专业领域的知识概况，进而引起他们在相关领域内的兴趣，获得激发青少年积极向上的动力。

（五）课程委员会

课程委员会会聚了在教学实践方面有丰富经验的专家，专注于素质教育工作。专家们在体验教育方面都有丰富的实践经验，他们来源于北京大学、中国科学院、北京师范大学、东北大学、中国农业大学、亚洲体验教学中心等机构。

博大乐航在专家的指导下，由专家团队研发了"体验教育课程标准""研学旅行课程标准""家庭教育课程标准""夏令营课程标准"及研学课程。研究中不断丰富体验教育、综合实践、研学旅行、基地教育、家庭教育、情商教育、拓展培训等系列先进教学方法，在很多领域丰富和填补了国内校外研学的空白，成为中小学生领域开展研学教育的领跑者。

（六）安全委员会

安全工作一直是研学事业发展中最重要的环节之一，为了保证运营安全，博大乐航集团设立了独立的安全委员会。安全委员会直接向董事会汇报工作，根据业务发展下设多个安全管理小组。

安全委员会的设立是公司多年经营经验和团队智慧的结晶，它从公司业务的全流程进行安全服务管理，保证教学安全和每一位学生的安全，让教师和学生家长放心。

素质教育研究院、学术委员会及专家委员会保障课程实践价值。素质教育研究院指导课程体系紧跟国际潮流，引导学生具有国际视野和创新思维，学术委员会通过课题研究、项目研究来引领课程体系的内涵和方向，专家委员会在课程内嵌入丰富的知识，激发学生兴趣和好奇心，培养学生的观察能力和创造能力。安全委员会和各安全领导小组制定安全标准并负责实施，保障学生活动绝对安全。课程委员会和培训学院保障学习有收获。课程委员会创新研学教学方式，使研学活动与自然、科学、数学等学科交叉融合。通过培训学院使教师掌握生动有趣的教学方法，使教师与学生形成交互的导引者与被导引者的师生关系。

第三节 区域研学管理系统

一、管理控制体系

建立系统、规范的管理管控体系是保证企业良好运行、规避经营风险的重要保障。在组织管理上实行扁平化管理层级，减少管理成本，提高工作效率。层级最多设置为4层，管理宽度为10人。

建立员工职业发展双梯制,即根据员工个人特点及组织需要,采取管理线和技术线的不同职业发展路径,实现员工和组织的双赢。

建立因事设岗原则,除核心管理人才以外,避免因人设岗。

(一)部门管理

战略管理,生产运营管理,人力资源管理,信息管理,企业文化管理,行政管理,财务管理等。

管理上实行部门负责制,部门内部实行自主管理,责任到人。

(二)人才管理

不断吸引、发展、激励和保留企业发展所需的人才,不断激励员工为企业发展的积极性,做员工和企业值得信赖的伙伴,帮助员工实现梦想和企业的持续发展。

(三)人力资源管理

人力资源部研究、设计和制定适合公司发展阶段的人力资源管理工具和系统,统筹、协助、监督公司各部门的人力资源管理工作的实施。对全公司的人力资源状况负责,进入考核指标。

招聘和人才培养是人力资源工作的重中之重,人力资源管理的核心是建体系、搭台子、配班子。人力资源部的职能是制定人力资源规划。

1. 组织与岗位管理

组织审核二级组织机构和岗位设置;负责审核部门人员编制,并审批定员方案。

2. 招聘与配置管理

审核年度招聘计划,审批日常招聘计划;组织对经理人员、后备人才及重要岗位人员的培养、考核、选拔、任用。

3. 绩效管理

建立以各部门领导为代表的绩效管理组织,完善员工晋升、任免、奖惩和调薪等以考核结果为主的绩效管理系统;进行绩效管理方面的培训、辅导;设计、优化管理人员,技术人员,营销人员,事务人员和操作工人的考核表格;采用强制分布的方式进行绩效考核;每年按 5% ~ 10%的淘汰率进行"换血"。

4. 薪酬福利管理

组织建立和完善薪酬福利管理体系;审核薪酬策略、薪酬结构、薪酬总额、薪酬水平的优化建议；审批薪酬福利报表。

5. 培训管理

组织建立和完善培训体系；审核培训规划及年度培训计划；督导评估培训效果，改进培训策略。

6. 部门综合管理

组织制定部门制度、流程、计划等，并监督实施；组织实施部门年度费用预算；负责部门人力资源管理。

（四）研学团队管理

1. 管理团队

秦皇岛研学培训机构的核心管理团队源自旅游行业，拥有丰富的旅游运营经验。现在已经进入教育领域，相继引入了一大批优秀的中小学校长和优秀教师，加强教育方面的管理。

2. 研发团队

研发团队主要进行区域研学课程的开发。目前结合管理团队自身的知识、以往的积累及外部专家的帮助，已经开发编辑区域研学系列教材和区域研学系列课程，完成了《区域研学理论与实践》的创作。研发团队具有一定的研发实力和经验。

3. 教师团队

教师团队一方面是聘请具有一定经验的原旅行社的工作人员和相关学校的教师；另一方面是招聘已经毕业的、相关专业的大学生，所有人员都要经过业务和管理培训，以保证教师队伍业务精、能力强。

4. 专家团队

聘请和诚邀相关教育专家。目前积累了十几名北京大学等全国著名大学的各专业的专家，覆盖了生态体验教育、自然科学、社会学、心理学、研学和养成教育等领域。

专家的定位从专家的社会影响力和专家的专业知识来综合考虑。社会影响力可以为企业业务推广增强信用度，专业知识可以为课程体系开发提供智力支持。

（五）研学课程管理

1. 建立课程研发团队

（1）专家：建立了教育学、心理学、体验学、自然科学、社会学、研学等领域的专家团队。为基地文化内涵提炼、研学课程建设、主题选择、活动设计等进行指导，为制定政策、研究方向、专业术语和概念定义定位进行把关定向。

（2）学校家庭联络部：与校方联系，整理校方意见，制定校方责任和义务；与家长联络，反馈家长意见。

（3）教研培训部：制定课程草案，拟订课程方案，完成课程教案，进行教师专业知识与能力培训。

2. 确定课程研发目标

（1）小学生：习惯培养，性格塑造，开阔视野，动手实践，培养学习兴趣，校内外知识有效融合。

（2）初中学生：青春期教育，学习提升，科学探索，人际沟通，拓宽知识，传统文化学习。

（3）高中学生：学习提升，人际沟通，团队凝聚，学业发展，职业选择，国际文化。

（4）亲子教育：休闲娱乐，素质教育，情感培养，家庭关系。

3. 课程内容的研发

区域研学课程内容设置以培养学生综合能力、提高学生综合素养、促进学生全面发展为宗旨，结合研学资源特点及学生实际情况进行综合分析，科学提炼。

（1）确定研学主题。区域研学内容的开发首先是确定研学主题。研学教育要注重活动特色，丰富教育内容，研学主题的选择要根据研学基地建设的实际情况确定，大体包含自然生态、历史文化、红色传统、经济建设、科技创新、体能拓展等活动主题。

（2）明确研学范围。根据中小学生年龄特点、认知水平和心理特征，以及区域内研学资源的开发实际，确定中小学生集体研学范围，分为乡内、县市内、省内三级研学区域，原则上小学开展乡域研学，初中开展县市域研学，高中以省域研学为主，个别情况可以选择省外国内研学，条件成熟时可开展境外研学。

（3）构建课程体系。区域研学课程内容以研学基地为依托，以自然、社会等丰富的教育资源为基本内容，开发各种教育主题，根据学生实际情况，设计多样的活动项目，建立小学低中高、初中、高中等阶段研学课程体系。

小学低年级以游戏娱乐型课程为主体。

小学中年级以娱乐体验型课程为主体。

小学高年级以体验探索型课程为主体。

初中阶段以探索实践型课程为主体。

高中阶段以实践拓展型课程为主体。

二、管理责任制度

(一) 建全管理制度

各个职能部门都设定自己的责任目标，建立自己的管理制度，目前建立完善的管理制度有《服务管理责任目标》《服务管理制度》《安全管理责任目标》《安全管理制度》《生产运营责任目标》《生产运营制度》《人力资源责任目标》《人力资源制度》《信息管理责任目标》《信息管理制度》《企业文化责任目标》《企业文化制度》《行政管理责任目标》《行政管理制度》《财务管理责任目标》《财务管理制度》等。

(二) 安全管理制度

建立安全工作领导体系。成立安全工作委员会，安全委员会是公司最高安全管理领导机构，设置安全管理总监一名，受董事长直接领导，全权负责安全领导工作。根据职能要求设立安全管理小组，成员多名。

制定安全管理制度，构建安全保障体系。确定安全工作标准，制定安全工作规划，各项安全工作都制定详细的安全标准。所有安全事项、安全监督管理、安全工作责任，都采用分层、分级责任管理，落实到具体责任人。建立研学活动、衣、食、住、交通等全流程的安全保障标准。安全工作监管落实到分层分级安全管理体系中，建立安全需求调查，安全工作隐患排查与处理，责任追究制度。安全教育培训，落实到安全应急救援体系中。建立安全保障与安全救援服务机构合作方案，使安全工作落实到位。

(三) 培训管理制度

1. 丰富多彩的培训内容

建立自身培训制度，形成培训体系。根据不同阶段、不同岗位及自身情况，设计培训内容。

新入职员工：企业文化培训，包括企业核心理念、企业发展目标、企业管理制度等。专业课程培训，包括职业素质教育课、研学知识技能课、教学实施技能课等。营销管理培训，包括活动组织管理、领导力培养等。

有些资历员工：进行知识理念、各项制度、各种文件、员工手册、操作手册、企业动态等培训，进行通用技能、管理知识与技能、专业知识与技能及企业内部管理专题培训等。

2. 多种多样的培训方法

采用面授培训、网络教学、资料培训、在岗带教、参观考察等方式。

（1）面授培训。培训项目为通用技能、管理知识与技能、专业知识与技能，企业内部专题培训等。

（2）网络教学。培训项目为知识理念、通用技能、网络会议等。

（3）资料培训。培训项目为企业各项制度和文件、员工手册、操作手册、企业动态等。

（4）在岗带教。培训项目为新员培训、晋级培训、储备人才培训、岗位技能培训等。

（5）参观考察。培训项目为企业参观、管理经验、教学实施、营地考察、实际案例等。

3. 面对实际的通识培训

包括新员培训、晋级培训、储备人才培训、岗位技能培训、参观考察、企业参观、管理经验、教学实施、营地考察、实际案例等通识培训。

（四）服务管理制度

建立服务制度，确定服务标准，做好服务工作，做到服务细致入微。

（1）做好研学前的行车路线勘察，研学基地考察，基地内研学设施设备准备情况等。

（2）联系研学所需的交通工具，安排食宿，研学运营所需的工具等，下发研学安排表等。

（3）向学生发放研学教材、课程方案、研学手册，以及相关的研学资料，对研学准备提出具体要求等。

（4）对学生进行安全教育，下发研学安全须知、行车注意事项、告家长通知书等。

（5）研学过程中摄录研学活动实况，收集研学实践中文字材料，留有影像及文字资料等。

（6）建立研学过程资料档案，保存研学实践活动完整的过程资料。

第八章　区域研学师资保障

第一节　区域研学教师道德知识素养

区域研学是综合实践活动的重要内容，其要素主要包括中小学生、研学资源、研学课程、专业教师、服务管理等。这里学生是主体，资源是保障，教师是关键，课程是核心，研学教师在整个研学过程中起着关键性作用。没有一支道德品质优良、业务水平过硬、专业技能高超、组织指导能力强硬的研学教师队伍，要完成这项内容丰富、环节复杂的综合性实践活动是非常困难的。

因此，师资队伍就成了区域研学中的关键性要素。合格的区域研学教师先要具备良好的职业道德素养。

一、职业道德素养

（一）道德素养

区域研学作为综合实践活动的重要组成部分，研学教师在实践活动中肩负着立德树人、促进学生培育和践行社会主义核心价值观，激发学生对党、对国家、对人民的热爱之情的重任。首先，研学教师必须坚持正确的政治方向，自觉维护党和国家的领导，维护国家和民族的尊严，在思想上、言行上与党的路线、方针、政策保持一致，用自己的言行对学生进行潜移默化的教育，实现区域研学"育人"的目标。其次，研学教师应该具备诚实、正直、公平、正义的道德品质。需要遵守"爱国守法、恪尽职守；为人师表、立德树人；关爱学生、保障安全；探索实践、开拓创新；知行合一、共同成长"的职业守则。区域研学教师因身份和角色的要求，需要维护学生的合法权益，尊重学生，一切都要把学生利益放在第一位，平等对待每一位学生，不讽刺、挖苦、歧视学生，成为学生实践活动中生活和学习的朋友，使自己的行为成为学生的表率，真正做到为人师表。

（二）品格素质

研学教师要有强烈的责任心。区域研学是走出校园，走进自然和社会进行的综合实践活动，因此研学教师高度的责任心是做好区域研学的基本保证。只有研学教师具有了高度的责任心，他的一切工作才能做得好、做得细，才不会因为自己的疏忽造成工作中的失误。有了高度的责任心，他才能兢兢业业、全心全意地做好各方面的工作，才会高度负责地组织学生研学，指导学生活动，帮助学生完成实践任务，才会把学生利益放在心上，一切为学生所需，为学生所想。学生利益至上是研学教师责任心的具体体现。

有爱心是对研学教师最基本的要求。拥有爱心，研学教师才会像对待自己的孩子一样去善待、关爱自己的学生，哪怕学生犯了错误也不能歧视、侮辱，更不能做出体罚、变相体罚等违法的行为。在整个研学过程中，研学教师都要用欣赏的眼光看待每一个学生，为学生排忧解难，用一颗爱心对待学生，无微不至地体贴、关心、爱护学生，让学生感到爱的温暖，身心愉悦地参加活动。

忍耐与宽容是对研学教师的一种考验，也是研学教师必备的品质。区域研学是在校外进行，而且研学场地环境与课堂完全不同，加之研学时间长，进行的又是实践活动，学生没有成人那样的意志力，在心理、语言、行为等各方面出现这样那样的问题在所难免，这才是考验研学老师品格素质的关键时刻。这时研学教师要耐心、宽容地对待学生，要允许学生犯错误，要想办法耐心地引导学生认识错误、改正错误，要帮助学生解决问题，使学生在活动中得到成长。

认真执着的敬业精神是做好研学教师的灵魂。区域研学是教育改革的基本内容和具体措施，研学教师所做的是一项具有时代意义的大事，要充分认识本职工作在促进学生成长方面的意义和作用，要把自己的工作当成一种使命来完成。要有为研学事业贡献力量的决心和愿望，要与时俱进、不断创新，要乐学敬业、甘于奉献，要刻苦钻研、认真执教，要拒绝平庸、追求卓越。要以主人翁的责任感为区域研学献计献策，用实际行动推动区域研学的发展。

要有相互合作的团队精神。区域研学不是单打独斗的个体行为，而是学生集体参加,多个单位支持协助,多位教师参与组织管理的集体活动,单靠某一个教师的个人力量是无法完成整个研学过程的。因此,区域研学强调团队精神,所有与研学相关的单位都要相互协同合作,所有参与研学的教师、管理人员都要理解团队精神的内涵与作用,目标一致,相互协助。这就要求研学教师要有团队意识和集体荣誉感,要有为团队贡献自己力量的意愿和决心。

(三)行为素养

区域研学教师是完成研学任务的组织者、引导者,承担着指导学生实践、实现最终研学目标的责任和使命。一名合格的研学教师,除了要具备基本的道德素养外,还应具备基本的行为素养。

1. 专业态度

(1)认识开展区域研学的意义,热爱研学事业,具有职业理想和敬业精神。

(2)认同研学教师的专业性和独特性,注重自身专业发展,坚持学习培训,提高专业水平。

(3)为学生身心健康而努力,运用各种方式引导学生成长,促进学生全面发展。

(4)坚持自身修炼,用自身人格魅力和学识魅力教育和感染学生,做学生健康成长的指导者和引路人。

(5)一切以学生为中心,认识学生利益的重要性,把保护学生安全放在首位。

2. 行为规范

(1)研学教师是学生的榜样,必须起到带头作用,尊重自己,尊重他人。

(2)执教态度端正,刻苦钻研业务,熟悉研学课程,认真备课;严肃认真地对待研学过程中的每一项内容。

(3)善于激发学生的求知欲,充分调动学生的参与性和积极性,使学生在活动中能够发挥主体作用,动手动脑,实践探究。

(4)精心组织研学课程实施,做好学生活动指导,做好研学课程质量评估,及时查漏补缺。

(5)区域研学中,需提前到岗,不迟到、不早退,遵守工作纪律。

(6)研学过程中,要文明用语,表达准确简洁。

(7)严格要求学生,对学生一视同仁,不得歧视学生,热情、耐心地回答学生提问。

(8)严格执行区域研学课程方案,不能随意取消或改变研学内容。

(9)有序引导学生文明用餐,科学饮食,讲究环境卫生和个人卫生,养成良好的卫生习惯。

（10）研学过程中遇突发事件应首先保护学生的生命与财产安全，并参与协助相关人员处理相关事务。

3. 人际关系

（1）研学教师与学生：热爱学生，关心学生；尊重学生，了解学生；严格要求，耐心指导。

（2）研学教师之间：互相尊重，平等对人；相互学习，取长补短；互相关心，团结一致。

（3）研学教师与管理者：尊重组织，服从安排；互相理解，顾全大局；互相支持，秉公办事。

（4）研学教师与家长：尊重家长，相互理解；互相联系，密切配合；互通情况，共同育人。

二、专业知识素养

（一）知识素养

研学教师不仅要有深厚的文化理论修养、丰富的知识、合理完善的知识结构，同时要有较高的教育素养，不仅要组织管理好学生，自己更要勤勉学习，特别是要学习心理学和教育学等知识，努力促进自身发展。现代社会，知识的更新速度相当迅速，如果不加强自身学习，不及时补充新知，就会跟不上教育的新形势，被现代教育所淘汰。因此，研学教师要加强学习，提高自身知识素养。这就要求研学教师多下功夫，多读书、多学习、多思考、多总结，不仅要学习有关研学方面的专业知识，还要学习其他方面的知识，成为学习型、研究型的教师。不仅把研学教师当成一份职业，更应作为奋斗终生的事业，要站在终身学习的高度，学习多方面知识，提升实践育人理论知识的广度和深度，以适应未来教育所带来的新挑战。

丰富的行业知识及经验是解决研学问题的必备武器。研学教师不仅要懂得如何与学生、社会各界人士、家长沟通，还要成为掌握各方面知识的专家，能够解释学生、家长和社会人士提出的各种相关问题。家长、学生及社会人士希望的是组织管理和指导学生研学的教师都是知识渊博的学者，都是研学方面的专家。因此，研学教师必须有丰富、全面的知识，特别是行业知识和管理经验。

(二) 知识能力

区域研学中，研学教师在其综合能力素养上要具备对教师所要求的语言表达、教育教学和课程研发等综合素养，还应具有相关的沟通协调、计划执行、安全防控等能力。在区域研学中，知识能力素养具体表现为：了解活动流程，掌握课程和活动的目标，从设计到指导，一切以学生有效学习为依据，提前准备好活动流程并进行活动前准备；对研学风险进行预估并做出预案，能够妥善处理意外事故；能够熟练地给学生讲解活动内容，指导学生实践活动；依据不同的课程目标，运用适当的指导风格与策略，提供适当的学习情境与体验内容；组织、引导学生参加设定的项目活动，汇报、总结交流研学成果；在研学过程中，能够协调学生关系、师生关系及与家长的关系。因此，研学教师必须具备综合性知识与能力。

(三) 知识内容

区域研学要求研学教师既要有精深的个人学科专业知识，又要有渊博的知识面。作为研学教师，除了应该具备的区域研学基本的专业性知识和概念性知识之外，还应该将研学过程性知识和研学元认知知识的学习贯穿于自身学习的全过程中，提高自身在研学过程中的执行能力。

作为研学教师，加强学习既是所从事研学事业的需要，也是个人发展的需求，只有不断地充实自己，更新知识，才有实力增强与学生及学校的沟通效果，加大在研学过程中的指导力度，提高自己在学生中的威信。

首先，研学教师要了解并具备区域研学领域的基础知识。要学习地理知识、环境知识、生态知识、旅游知识、科技知识、管理知识、文学艺术知识及研学基本政策知识等。渊博的知识是做好研学教师的基础和前提，是进一步提升自己综合素养的必备条件，同时是对区域研学进行深入研究的基本条件。

其次，研学教师要熟知并理解教育理论。要能把教育理论运用到教育实践中去，将理论与实践相结合，充分发挥理论对实践的指导作用。同时要加强对实践教育方面知识的学习，以确保自己在区域研学中对关键问题的提炼升华，有理有据地解决实践问题。因此，研学教师要加强教育理论的学习，加强教育学、心理学及教育管理学的学习。深厚的教育理论是研究区域研学的依据和基础，是区域研学课程开发和实施的依据和基础，也是提高研学教师理论素养的前提和基础。

再次，研学教师要具备教学演示和指导学生实践学习两个层面的知识。在研学过程中，研学教师对学生进行教学演示和实践活动指导是教学执行力的体现，也是自身拥有深厚知识底蕴的体现。因此，研学教师要学会教学示范和演示，学会对实践活动的指导，边指导边解说。这就要求研学教师除了要具备自己了解领域的知识外，还需要综合很多其他领域的知识，才能在研学过程中游刃有余，有效引导学生进行区域研学。

最后，研学教师还要学习创新性知识，要有创新意识。演示、讲解、指导和教育都是基于现有知识之上，如果仅有知识而不去创新，知识很快就会滞后，研学知识创新非常需要具备创造力的研学教师。因此，研学教师要不断地学习新知识，掌握新方法，使自己的观念和知识不断更新，以便创造性地组织和指导区域研学。

三、形象素质

在区域研学中，研学教师起着关键性作用，除去研学课程的开发、实施、指导，还承担着整个研学过程中言传身教的职责。从教师形象上来说，举手投足、衣着打扮都在无形中成为学生模仿的对象。得体的外在形象可以有效拉近师生间的距离，真诚的微笑、彬彬有礼的行为等有助于建立一种新型的师生关系，在潜移默化中使学生学到人际交往的常识，为日后与他人合作奠定良好基础。因此，研学教师在形象和行为规范上应做学生的表率，成为学生的楷模。

研学教师的仪容仪表是在学生面前树立良好形象的基础和前提，良好的仪容仪表也是对参与研学师生的尊重，并能为研学教师带来自信。

（一）仪表要求

仪表，即人的外表，包括容貌、举止、姿态、风度等。在区域研学中，研学教师的仪表不仅体现其文化修养，同时也反映了其审美情趣和精神面貌。仪表中最重要的是服饰，研学教师得体的穿着不仅能赢得师生的信赖，给参与研学的学生留下良好的印象，而且能为区域研学的顺利开展打下基础。若衣冠不整、穿着不当、举止不雅，往往会降低研学教师的身份，也会影响其在学生心目中的形象。作为一名研学教师，在仪表要求上应包括以下几个方面。

（1）研学教师衣着上应端庄、大方、整洁、美观、和谐，切忌过露、过透、过紧，夏天男教师忌穿背心、短裤，女教师忌穿吊带衫、超短裙。

（2）研学教师工作中应服装整洁、得体，佩戴工作牌，禁止奇装异服。

（3）研学教师在室外场域开展活动时不应佩戴墨镜、变色镜，以确保与学生进行眼神的有效沟通交流。

(二)仪容要求

仪容,是指人的外观、外貌,包括五官和适当的发型。在区域研学中,首先引起学生注意的是研学教师的仪容,它能够反映出研学教师的精神面貌、状态和活力,是传递给学生视觉感官最直接、最真切的信息,这是给学生形成第一印象的基础。作为研学教师,要用心修饰仪容,充分展示自己良好的仪容形象。男教师不留长发,发型规范,前不遮眉,侧不压耳。女教师适度淡妆,发型得体大方,不染发色和指甲等。

(三)仪态要求

仪态,泛指人们的身体所呈现出来的各种姿势,即身体的具体造型,主要包括站姿、坐姿、走姿、蹲姿、手势和表情神态。在区域研学中,研学教师应以规范的仪态出现在学生面前,并以自己的言谈举止向学生传递不同的信息,站、坐、行自然自信,表情神态表现有度,讲解手势自然到位。

(1)在活动过程中,研学教师站姿应挺拔、舒展,表现正直。身体重心垂直,防止偏移。眼睛平视,挺胸、收腹。表情自然,双臂自然下垂或体前交叉在腰间,不可抱在胸前。站立不要无精打采,不要双手叉腰,不要将身体倚靠在墙上或其他物品上,不要双手斜插裤兜,不要随意晃动及左顾右盼等各种习惯性小动作。

(2)研学过程中,研学教师要表现热情。通过面部表情的变化传达出内心情感,要热情友好、从容镇定、宽容随和、坚定自信。通过眼神进行交流时要注意目光活动的范围应在对方头部、肩部或胸部以上自然流转,而不能在对方全身随意扫瞄。对有较多参与者的规模化研学活动,应以环视的目光有意识地顾及在场的每位学生。热情友善、真诚正直的目光能赢得别人的好感和信任,有效缩短与学生的距离,创造良好的学习交流氛围。

(3)研学教师讲话时运用手势要得体。讲解、课堂教学等环节需要恰当的肢体语言和动作,使用手势时,不可随意比画,不可用单指指向学生或被讲解物品,可以用向上平推手掌指示。得体的手势有助于清楚地表达自己的意思,是个人心情的一种自然流露。

第二节 区域研学教师课程实施技能

"能力"具有特定的含义,从词义上理解,它是指"能胜任某一项任务的主观条件"。能力是指人们在认识和实践活动中形成、发展并能表现出来的能动力量,是体力和智力的结合、物质和精神的统一,是对学到的知识和技能经过内化的产物,是顺利完成所做事情的个性心理特征和执行力。区域研学教师应当具备对新知识、新技能的学习能力,较强的沟通协调、策划组织和语言表达能力,正确运用相关法律法规和规范标准的能力。同时,针对不同学校,满足不同学龄段学生需求的研学项目策划、课程开发、活动项目设计等能力,具备区域研学课程实施与指导的能力,具备安全管理、风险防控、系统保障能力。在区域研学实施中能够恰当运用教学语言组织实践活动,能够设计并按既定的有效评价方法对研学过程和参与者进行评价和总结。

一、课程设计能力

区域研学课程设计能力是指针对中小学研学课程目标、课程内容、课程结构、课程方案、课程评价等各个内容做出的规划和安排,在这一层面上,研学教师要对每一内容都提出具体的观点、主张及实现这些观点和主张的程序、方法,并且形成特定的课程设计模式。区域研学教师的课程设计能力表现为对研学课程围绕着学生在校学习的学科内容的融合并加以拓展,将校内常规教育与校外研学教育有机结合,设计过程中注重教育理论、心理学、教育学和艺术学等方面的理论对课程设计与研发的影响,突出课程的本质、课程要素的基本关系等。

二、课程实施能力

区域研学课程实施能力分为两个层面:一是区域研学课程实施能力,包括对课程取向的感知能力、对文本课程的解读能力、对各类课程的整合能力、对课程的设计能力、对课程执行的掌控能力和对课程的反思能力;二是活动项目的设计能力和活动组织能力。总体来说,研学课程实施能力在结构上包括个人对研学课程的理解能力、设计能力、执行能力和反思能力。

研学教师只有对研学课程进行了深入、全面的理解,才能了解课程的价值取向、课程主题、课程目标、组成结构、基本内容、实施途径、教学方式等。在区域研学课程设计的环节上，包括确定课程主题的能力、制定课程目标的能力、构建课程结构的能力、选择课程内容的能力、安排教学形式的能力和形成课程特色的能力等；在课程设计的任务维度上，包括课程信息定位能力、课程信息收集能力、课程信息比较能力、课程信息整理能力和课程信息呈现能力等。研学教师的课程反思能力是一种综合能力，包括对课程内容的认知能力、对课程异同的比较能力、对课程过程的再现能力、对课程问题的捕捉能力、对课程本质的洞察能力和课程实施效果的评价能力等。

区域研学课程执行能力是研学教师进入课程实施场地，在研学过程中指导学生完成研学任务、实现研学目标的能力。研学教师需要在预设课程与生成课程、个人经验与互动经验、参与团体与个人、活动价值与深远影响之间进行抉择和平衡。良好的课程执行需要研学教师具有充分的知识储备、丰富的教学经验、机敏的教学艺术和巧妙的沟通技巧，将理论知识与实践经验、理论思维与实践智慧完美结合。

三、语言表达能力

良好的语言表达能力是研学课程实施的关键性因素和重要技能、技巧。研学教师的语言表达在课程实施与教学中起着重要的信息传递与沟通作用，学生通过教师的语言表达来系统地把握、透彻地理解研学实践过程中的知识。研学教师只有具备一定的语言表达能力，才能在教学中将生硬的、理性化的语言转化为学生易于接受、比较口语化的教学语言，便于学生理解。教师的语言表达能力对学生的学习心理和思维活动有着直接的影响，一方面可以激发学生在研学中的求知欲，调动学生学习的兴趣，吸引学生的注意；另一方面可以促动引导学生积极动脑、开放思维。

研学教师掌握优雅的语言表达技巧，能体现教师的专业素质。一个人的内在的气质会通过外在形象表现出来，举手投足、说话方式、音容笑貌都能表现一个人的素养。语言表达能力好，可以成为学生学习效仿的榜样，激发学生的表达欲望，从而将研学教师良好的语言表达特征内化成为学生自己的语言表达特点。研学教师好的语言表达能力在于不断地学习和积累，只有知识丰富、积累深厚，遣词造句才会运用自如。另外还要经常动脑，训练口才，这样才会反应灵敏，出口成章，才会在沟通、指导、交流等方面做到随心所欲，流利表达。

四、课程评价能力

课程评价是区域研学过程中的重要内容，研学教师不但要具备研学课程的开发能力、课程的组织实施能力、实践活动的指导能力，还必须具备对研学课程的整体评价能力。研学课程内容设计和课程实施效果如何，需要在课程实施中进行观察、总结和评价，然后得出结论。

这就要求研学教师首先要熟悉区域研学课程标准，熟悉实施课程的内容目标，以及对课程进行评价的标准，然后才能有目的全方位地对课程进行评价。其次要掌握评价的内容，对课程进行科学的评价并不是一句空话，而是要在课程实施中进行，要从课程主题、课程目标、课程结构、课程内容、活动项目、实施方法、活动环节、学生反馈等环节进行评价。特别是课程主题要实际、课程目标要准确、实施过程要严密、教学行为要规范、学习反馈要有效、资源利用精准等方面进行精心、重点的评估。最后要熟练运用课程评价方法，如观察、记录、谈话、测试等，如果研学教师不具备课程评价的知识和技能，就无法进行课程评价。

五、沟通协调能力

区域研学是校外综合性实践活动，学生集体参加，涉及的单位、人员众多，研学内容丰富，课程实施环节复杂，活动时间长。因此，研学教师的沟通与协调能力在区域研学过程中就显得非常重要。

沟通是人与人相互之间传递、交流各种信息、观念、思想、感情，以及建立和巩固人际关系的综合能力，是社会组织之间相互交换信息以维持组织正常运行的过程。协调是教师在其职责范围内或在领导的授权下，调整和改善组织之间、工作之间、人与人之间的关系，促使各种活动趋向同步化与和谐化，以实现共同目标的过程。教师沟通能力是指在教学工作中完成教育目标，用语言、文字、图片、行为等方式相互交流思想、观念、意识、感情等信息，以获得相互了解、信任并达成共识、产生一致行为的本领。教师的协调能力是指教师在教育活动中对活动参与各因素之间的关系进行调整，使其能够配合协作，完成教育目标的本领。

沟通与协调是一个普遍的客观存在，是一个问题的两个方面，沟通是协调的条件和手段，协调则是沟通的目的和结果，两者相辅相成。沟通与协调无处不在，无时不在。

（一）学会良好的沟通艺术

要认识到良好的沟通具有意想不到的益处。它能够有效表达自己的所思所想，能够获得和谐的人际关系，能够赢得对方的信任，能够提升自己的人格魅力，有助于自己事业的成功。

沟通需要艺术，研学教师要磨炼自己，在生活和事业中学会进行良好的沟通。一是用心沟通，换位思考。每个人看事物的角度不同，想法就不同，需求也不同。人与人之间沟通如果从对方的角度考虑对方的需求，换位思考，就能够得到更多人的理解和认同，提升了自己的人格魅力。二是用嘴沟通，学会赞美。说话需要智慧，急事慢慢地说，大事清楚地说，小事幽默地说，没把握的事谨慎地说，做不到的事不乱说，现在的事做了再说，没做的事先不说。三是用耳沟通，学会倾听。听进去并且表达出自己的真知灼见，就会赢得更多的信任。善于倾听才是成熟的人最基本的素质，多听能赢得尊重，获取信任。四是用手沟通，增进感情。手势也是一种语言，这里指的用手沟通是宽泛意义上的手语，是进行有效语言沟通的一种辅助手段。握手、拍肩、拥抱、挥手等简单的手势动作包含了尊重、爱护、关心、信任、友爱等不同情感的表达。用手沟通会起到事半功倍的作用。五是用眼沟通，传递真诚。关心、信任的眼神能给别人带来被重视的感受，给人带来被尊重的感觉，给人带来被认同的体验，能显示自己的自信、表达自己的真诚。学会注视对方，让人感受到你的真诚和温情。六是互相信任，学会尊重。人与人之间的沟通是一个互动的过程，应该是信任的、真诚的、相互尊重的，只有表现出对别人的尊重，才能够赢得对方的尊重。尊重是双向的，只有相互尊重，沟通才能互动，才能有效。七是勇于道歉，学会礼让。"人非圣贤，孰能无过，过而改之，善莫大焉"，在与人沟通时难免犯错，当对的时候我们要试着温和地、有技巧地使对方同意我们的观点或看法，而当我们错的时候要快速而真诚地承认并道歉，这不是伤面子的行为，而是礼貌的表示，这种沟通技巧能够产生惊人的效果，任何情况下都要比为自己争辩效果好得多。八是平等互利，学会理解。沟通不是单项式，而是双向沟通、相互影响。现代社会是一个共存共荣的社会，只有平等互利才能有效沟通，只有理解别人才能取得别人的理解，使大家处于一种互相理解、互相尊重、平等友好的关系之中，达到沟通顺畅，才能实现沟通的目的。

（二）掌握一定的协调方法

良好的协调可以促进工作的顺利进行，可以调整好组织活动各参与因素之间的相互关系，是减少内耗、增加效益、缓解矛盾的重要手段，是增强组织凝聚力、促使成员团结互助、齐心协力地实现共同目标的有效途径，是调动成员积极性、发挥个人才智的重要方法。

要做好协调工作，首先要有全局观念，一切以大局为重，以有利于整体工作为前提。其次要有较好的语言表达能力，协调靠的是语言，因此语言表达效果是协调的关键因素。

协调时要根据语境和沟通对象而选择适用的语言，并注意语气音量、表情等因素，注意语言表达的确切简洁、严谨文雅，还要注意谈话时端庄、稳重、大方。书面语言表达要条理清楚、精练简洁、重点突出。要善于团结，宽容忍让，尊重他人。善于营造宽松、和谐的气氛，创造良好的人际关系环境。同时，沟通协调坚持原则性与灵活性相结合。

有效协调讲究方法。首先要了解对方，知己知彼方能求全。其次要互相尊重，尊重对方是有效沟通协调的前提。区分轻重缓急，如果发生冲突，则避重就轻，逐步统一认识。

（三）提高沟通协调能力

沟通协调能力是逐步训练和培养出来的，需要自己不懈地努力才能实现。一要提高学习能力。学习能力是教师整体素质的基础，是激发教师创新力的关键，更是提高沟通协调能力的内在要求。在知识经济迅猛发展的今天，我们只有不断学习理论、政策和各种业务知识，不断更新知识结构，才能与时俱进，跟上时代的步伐。二要提高思考能力。思考是行动的先导，思路决定出路。思考是分析、比较、提高、举一反三和学以致用的过程，不思考就行动，盲目决策，容易误判、出错，导致协调失误，沟通堵塞。教师应当提高思考能力，既要勤于思考，更要善于思考。只有在学习中深入思考，在实践中总结思考，在借鉴经验中比较思考，才能真正提高沟通协调的能力。三要提高业务能力。研学教师是研学课程的直接实践者，在组织与指导实践活动时，业务能力直接关系到研学课程的实施。因此，研学教师必须钻研业务。四要提高创新能力。只有不断创新，才能与时俱进、提出新思路、推出新举措，沟通协调才能开拓新局面。研学教师必须具有创新意识、创新能力和自我革命的勇气，思想僵化、墨守成规就会落伍。五要提高综合思考能力。综合思考能力是研学教师沟通协调中非常重要的能力，研学教师必须具有超前谋划的意识，无论是开发课程还是实施课程，都需要提高谋划力。六要提高执行能力。执行能力就是落实能力，是研学教师沟通协调能力和水平的具体体现。提高执行能力，就是要树立落实结果第一的观念；就是要树立求真务实、讲求实效、雷厉风行的作风；就是要树立勇挑重担、奋发有为、不怕困难、开拓进取的精神。

第三节　区域研学教师活动指导技能

区域研学课程活动项目的实施一般要经历三个阶段：破冰建团、项目实施、活动总结。研学教师要熟知三个阶段的操作细节，能够熟练地指导学生进行研学项目活动。

一、破冰启航

破冰是打破人际交往间怀疑、猜忌、疏远的藩篱，就像打破严冬厚厚的冰层。破冰是项目活动中的一项专业的技术，特别是在拓展训练当中，成功的破冰是整个训练能否达到预期效果的关键。

破冰的作用是消除人与人之间的隔阂，这个叫法起源于冰山理论。冰山理论是指人就像一座冰山一样，意识的部分只占了很少的部分，而更大的部分是潜在的意识，或者说是不容易被分辨的意识，而破冰就是把人的注意力引到现在，因为注意力在现在无法或者不容易被潜在的意识影响，这样就可以达到团队融合，离开怀疑、猜忌、疏远。

破冰的目的是融化人与人之间的隔阂，使团队成员能够团结协作，共同完成任务。

（一）破冰过程

1. 时间

破冰时长为45~75分钟，具体时间随参训人数和当时培训的气氛而定。

2. 内容

一是研学教师自我介绍（2~3分钟）；二是活跃气氛的小游戏（20~30分钟）；三是拓展训练的起源介绍（5~10分钟）；四是团队建设（15~20分钟）；五是团队展示（5~15分钟）

3. 破冰器材

队旗、白板笔2~3支、报纸若干张（画队旗垫在桌子上）。

（二）破冰内容

1. 活动前的自我介绍

自我介绍十分重要，可以根据自己的性格自由选择幽默型、正式型、简短型等。富有创意的幽默型是研学教师的首选。

2. 活跃气氛的小游戏

小游戏是要靠平时积累的，在游戏的选择上，本着简单、实用且能够很好地调动气氛的原则。破冰时常用的游戏，以下可供选择。

（1）左手与右手（3~5分钟）。请每个人的左手张开伸向左侧人，手掌心向下；然后把右手食指垂直放到右侧人的掌心下。每排最左边的人左手不动，只用右手；最右边的人右手不动，只用左手。当研学教师喊到3时，左手应设法抓住左侧人的食指，右手应设法逃掉。

（2）按摩操（3~5分钟）。所有人员向左转，为前面的朋友揉揉肩膀（部位可以调整，如太阳穴、后背、腰、大腿、小腿等）。然后所有人再向后转，为后面的朋友进行按摩。

（3）同心圆相识（5~10分钟）。围成一个同心圆，一个大圈一个小圈，面对面站立，放起音乐的时候，里面的小圈顺时针转动，外面的大圈逆时针转动，每次转动的幅度就是一个人的幅度，即每一次面对面的都是不同的面孔，然后互相握握手，说出自己的姓名。

（4）逢7过（5~10分钟）。所有学生蛇形报数，凡是7、含7、7的倍数都要站起拍手，嘴里不能发出声音。括号里是禁报数字（7、14、17、21、27、28、35……98）凡是错报的学生，要上台表演一个节目。

3. 拓展训练的起源介绍

依据拓展训练的具体项目，进行5~10分钟的简要介绍。

4. 团队建设

学生建立自己的团队，人数根据具体情况而定，原则上每一个团队12~24人。研学教师在指导学生建团时，要注意男女平均。建团后要告知队员在团队建设中的任务。

（1）选出一个队长（着重强调一下队长的重要性，他承担着全队的责任）。

（2）为自己的团队起个名字。

（3）在旗子上设计自己团队的Logo（Logo的大小以充满旗帜为佳）。

（4）设计一个有气势的队训（有创意、积极向上）。

（5）编唱队歌（有创意、积极向上，可以改编流行歌曲）。

（6）队型（团队所有成员摆一个Pose，要有创意）。

整个团队建设时间为15~20分钟，保证每一个团队完成上述六项任务。

5. 团队展示

团队建设之后，每一个团队都要进行成果展示。研学教师可以提示展示内容，具体步骤由团队自己商定。

比如，队长首先自我介绍，然后介绍一下团队的名字，展示队旗，讲解队名及队旗的设计意义，带领队员高喊队训，高唱队歌，最终摆出队型。

时间原则上不能超过15分钟，展示过程中，研学教师要调动学生热情，一个团队展示，其他团队保持安静，展示过程中的精彩之处与展示结束都要响起掌声，以表对展示团队的鼓励与尊重。

二、活动项目实施

(一) 下发《研学手册》

向学生下发《研学手册》，手册中活动的要求、规则、道具都有详细的说明。研学教师做简单的讲解。

(二) 项目活动要求

（1）一个项目的活动时间控制在 60～90 分钟。

（2）项目活动进程中，是由学生在实践中寻求解决问题的方法。所以，研学教师的角色不是问题的解答者，尽量不要指导学生，更不能亲力亲为。遇到特殊情况，适当给予暗示。

（3）读规则时，要严肃、严谨，要让学员对活动重视起来。

（4）活动过程中，研学教师始终要保持专业的作风与态度，教师之间要互相配合、互相尊重。

（5）交流分享时要鼓励学生更多发表自己的见解，一个学生发言完毕，其他人都应鼓掌，对发表见解的学生进行鼓励，研学教师最后总结应以鼓励表扬为主。

(三) 项目活动技术

活动过程中，提问引导非常重要，有效的提问引导是推动活动进程的核心要素之一。

1. 提问引导的基本原则

一是提问引导面向团队中所有成员，任何人没有特殊，要一视同仁、平等对待和交流。

二是注意引导的界限，要避免讨论过程中话题宽泛化现象，导致脱离项目主题。另外，也包括其中探讨内容的范围。

三是尊重学员的能力和自我思考的部分，强调自发性，避免造成不必要的学习压力。

四是尊重学生分享时有沉默、不发言的权力，尤其是当学员片刻沉默时，不表示不参与，有可能是在思考。避免研学教师只与个别学员或少数学员单独对话，如有特殊问题应另找时间处理，不能就学员在活动中的表现开讽刺性玩笑，导致学生逆反。

2. 提问引导的层面

探讨过程中可能会涉及多个层面，无论是在哪一个层面出现的问题和现象都会影响一个团队在各方面的表现。

第一，团队层面。团队层面主要集聚焦于整个团队发生了什么。出现的典型议题包括领导、沟通、计划、目标达成等。此层面的主要议题更多倾向于理性的认知和解决团队问题。根据团队表现的情况及出现的问题，研学教师进行有效的引导，就有关问题进行研讨，以便解决相关问题。

第二，人际关系层面。人际关系议题聚焦在个人相互关系的表象和状态上，如认同与否定、宽容与贬低、沟通状况的优劣、团队氛围是否融洽甚至冲突。人际关系的问题常涉及彼此的知觉和这些知觉影响人们行为和互动的方式。营造一个良好的沟通氛围，制定一个团队成员都认可的沟通原则（如沟通过程中不抢话、以客观事实为依据等），可起到一定的促进作用。

第三，个人内在层面。个人议题关联到单一个人，其涉及如何体悟、管理自己的感觉、情绪和心态，对自我内在需求的了解，甚至某些个人价值观的认知和调整。在探讨交流的过程中，个人内在层面的议题会涉及与个人过去生活、工作中的经验相捆绑的情况，往往会成为交流过程中的主题。探讨个人内在层面议题时，作为引导者要有"进入"和"跳出"的能力，因为交流者往往会在谈论议题时情绪波动较大，应尽力避免因为个人感情倾诉而忽略影响到团队成员共同学习和讨论的时间和机会。

3. 提问引导的具体步骤和技巧

提问引导技术历经分享、讨论、整合乃至应用的循环工作，关键部分可以简单概括为分享感受、讨论认知、整合上升为理论。研学教师对团队及其成员在活动过程中的现象和问题（包括代表性的言辞、举动、结果）进行记录，这是分享讨论阶段所必需的基础工作。

第一，分享过程的开场和组织。组织学生对活动项目发表自己的感悟和感想，尽量语言简单、精练。技巧可以让每一个学生先以一个词来形容自己的感受或感悟，并进行简短的理由阐述。研学教师引导问题举例：在活动过程中你有何感觉？有哪些自己的感悟？你觉得是什么原因使自己会有刚才的那种表现？你为自己刚刚的表现打几分、为什么？你认为我们的团队表现得怎样？

第二，讨论过程中的引导。引导学员就项目展开广泛讨论，认识并发掘项目背后的主旨。研学教师可参考观察体验活动时的记录，触发学生对讨论范围的聚焦。需要注意的是，作为教师要注意引导学生将焦点放在目的上，而不要固执于手段和立场。对于目标的共识是需要首先解决的问题，而且聚焦基本目的，会使学生间更容易找到共同点。在此基础上，团队成员间的讨论才会更具效能。在适当的时候以教师的观察记录为切入点，让学生对发生过的事实引起关注，以此为核心展开团队在认识上的共识，并逐步扫清认识的盲点。引导问题举例：这个项目大家认为团队的主要任务是什么？在项目活动过程中，大家都发现了哪些比较突出的现象？哪些现象是值得我们大家注意的？为什么会发生这样的现象？刚刚我们的表现是一个什么样的团队表现？有哪些需要改善的地方？

第三，整合过程中的促进。此阶段更具理性和逻辑，团队需对讨论过程中的内容进行凝练，上升为可指导个人及团队行为的理论指导和策略支持。引导问题举例：成功的团队应该具备什么样的能力和行为准则？优秀的领导应该具备哪些素质？执行力来源哪里？团队良好沟通的条件有哪些？团队讨论会议的准则有哪些？团队的纪律如何维护？如何让团队群策群力？

每一个不同的项目，其背后的内涵和主旨也不同，所以研学教师在提问引导的过程中，需要结合项目的主旨和参训团队自身的特点（行业特点、性格特点、行为特点）灵活地进行引导。

提问引导技术的基础是涵盖在游戏项目所蕴藏的内涵和主旨中的，偏离游戏项目的主旨就成了简单的"谈话节目"了。如何不生硬的代替学生领悟、总结出项目游戏的理论内涵和意义，而是由学生的深入反思、广泛讨论和整合认知的过程中领悟主旨、提升理论指导思想，进而促成团队和成员的共同成长和持续改善的契机，这是需要研学教师长期摸索和实践的。这里要注意的是，活动主体是学生，真知和智慧在学生的大脑里，教师要做的就是引导学生走上一条思考的路去发掘自身的智慧。

（四）引导技术

1. 引导

（1）带领；领路，引导观光。

（2）广义是指通过用某种手段或方法带动某事物的发展。

（3）指的是在行动上助人走出困境。

2. 引导技术

引导者通过有效的组织和沟通，让个人或团队学会主动思考，集思广益，群策群力，缩短想法和实践的距离，让个人或团队主动去寻求目标并努力完成，最后达到实现引导者预设目标或创新的目的。

（1）引导技术是指团体领导者诱发团体成员积极发言的方法。

（2）引导技术的功能一是促使学生更好更多地参与协助那些在团体中分享、表达有困难的成员，使其从交谈中获益并提升自信心，二是促进成员在团体中更深层次的自我探索。

（3）引导技术是团体焦点转移和保持的一种有效途径。

3. 引导者的基本功

（1）引导者的基本功：中立。在引导的过程中，有一个很小的练习。让大家两人一组，其中一个人向另一个人分享一件事情，另一个人积极聆听，能够做的就是保持中立，即不评判、不加入自己的观点，听者可以复述对方的陈述："我理解你的意思是……"也可以做进一步探索："你能否再多解释一下，什么令这件事情对你那么重要？"或者进行总结："你能否用一句话概括一下你刚才的讲话？"5分钟之后，请大家停下来，让他们交换角色，再谈5分钟。之后问大家："哪个角色容易做？""哪个角色难做？"当引导者真正保持"中立"的时候，就是在营造一个安全的场景，没有来自引导者的评判，当人面对评判的时候，很容易引发防卫。沟通也是如此，如果让对方能够坦诚地表达自己内心，要做的就是放下自己的评判。

放下评判，对于引导者是一种修炼，因为对方的话可能常常会触及自己的信念价值"他怎么能这样想？太不成熟了！"一旦引导者觉察到自己内心被勾到，这就是自己要成长的机会。喜欢做引导者，不是因为引导工具很丰富，而是因为那是一个自我成长、与人互动的艺术。引导者的中立却能引发一个很真实的呈现，当团队觉察到这份真实的时候，也就启动良好的沟通艺术了。

中立是一种放空自己的状态，能放空自己，就懂得知觉自己，能够觉察自己，否则有了对对方的评判都不知觉。

关于放空自己，这里有一个深层次的信念，就是"相信对方"，相信对方有能力和资源去面对真实。引导者要做的事情就是帮助团体发现并整合自己的资源和能力。

（2）引导者须具备的核心能力。对引导者而言，有两个层面的修炼。

一个层面是方法，有很多很棒的引导工具和方法，如焦点讨论法、开放空间会议、欣赏式探询等，单单掌握好这些工具，就已经可以发挥很多作用了。

另一个层面是引导者的精神层面，就是引导者心怀怎样的初衷，引导者的意图就是协助对方找到自己的目标，并为之承担责任，而不是用工具来操控对方。引导者的精神就像水一样，承载着像船一样的方法，心怀这样的精神，很多方法都有它发光发热的场合。

4. 引导技术的运用

（1）沉默成员的引导技术。对于团体中保持沉默的成员，教师最好先分析其沉默的原因,然后决定是否进行引导及如何引导。一般来说,成员沉默行为的可能原因包括以下几点。

恐惧心理。有些成员很想发言,但是出于担心、害怕其他成员的看法或评价而表现出沉默行为。教师需要引导这些成员发言,并协助他们去觉察和验证自我预设的团体反应的非真实性。

正在思考与体验。这种情形是指在团体进行过程中成员在思考或体验团体的互动。这种沉默其实是一种正性的和有意义的,成员需要反应与思考的时间,但要防止拖延的时间太长。教师可通过成员的面部表情来判定,并可借助于点头、手势、口语的陈述来鼓励成员发言。比如:"请说吧!""你好像在想什么,能不能和大家分享一下?""你似乎对某些事有些感受,有没有任何你愿意分享的?""似乎我们的讨论与你有些关系,说说看。"

沉静人格。团体中有些成员天性文静,不喜欢说话,即使面对家人或朋友也是听多于说。教师需要有足够的认识和认真的评估,如果会使这些成员感到不舒服,则不需要尝试引导其发言,否则可能会让引导使他们产生退缩行为而更加沉默。

心不在焉。在团体进行过程中,有些成员的心思会放在团体之外的某些事情上。教师邀请这些成员谈谈他们正在想的事情,会有助于他们将注意力重新转回到团体之中。

缺乏心理准备。成员的沉默行为可能是因为缺乏心理准备,尤其是在教育团体、讨论团体和任务团体中。这些团体往往会有指定的作业必须在下次聚会前完成,假如作业没有完成,可能就无法参加团队。对此,教师与其引导成员发言而停止沉默,不如引发成员完成作业的动机。

厌倦或困惑。当团体焦点没有趣味或已经停留在某个成员、主题上太久时,成员将会因为感觉到厌烦而表现出沉默。面对这种情况,教师要及时调整团体焦点来打破沉默。成员不确定团体正在进行的状况,又不说出来或要求澄清,也会表现出沉默。成员感到困惑时,可能会使行为退缩或对领导者产生不满情绪。教师需要洞察这种沉默,并引导成员改变。

(2)沉默成员的引导方法。引导沉默成员的发言是一种艺术。这种艺术性表现在:教师在允许沉默成员出局的同时,大部分的成员是参与分享的,要避免沉默成员成为团体关注的焦点。有技巧的教师经常可以巧妙地不使沉默成员感到明显的强迫或压力,而能够自在轻松的说话、分享或表达自己。一般来说,引导沉默成员发言的方法有三种。一是直接询问法,教师直接询问成员是否有话要说;二是活动导入法,运用配对、绕圈发言、书写活动;三是肢体语言导引法,教师借由简短的目光接触邀请成员谈话,再借由目光转移给成员隐退的空间，如教师同时邀请二三位成员发言，然后注视其中一位似乎愿意表达的成员。

（3）团队引导技术。团队引导是促进众人参与的一门技术。它运用设计及引导讨论过程，让众人能够在自发自愿的互动讨论中交流思想、达成共识，并且激发热情与改变的动力，帮助团队发现、整合自己已有的经验和智慧，解决团队面对的各种挑战。

（4）拼图游戏。在一个团队中，每个人都掌握着应对当前挑战的某些资源，作为一名教师，就是让大家都有意愿、积极地贡献自己的想法，彼此之间相互搭配，拼成一张完整的图片（解决方案）。

5. 团队合力的要素

通过引导帮助团队发现自己的团队合力，需要明确以下重要的元素。

团队意图：团队有清晰的意图，即"我们成立这个团队，到底图什么呢？"团队成员能够对此有认同和承诺。

愿景：由团队共同描绘的未来图景，可以通过文字、图画甚至音乐来表达，愿景能够对团队成员构成一种召唤和鼓舞的力量，特别是当大家陷入困境的时候。

价值观：团队要秉承的价值信念，这些隐含在团队意图和愿景中，当团队面临重大决策的时候，价值观是很重要的参考基础。

清晰性：团队有清晰的职责分工、规则、彼此的期待及清晰的界限。

项目：团队通过设计并执行一个个项目来实现其愿景和意图，每个项目都有清晰的责任分工和行动计划。

亲如一家人：团队成员有强烈的一家人的感觉，彼此真诚，相互信任、包容。

沟通：团队内部能够有效沟通，大家能够正视和面对发生的冲突，互相接纳彼此的感受，即使在严峻的情况下大家也愿意通过沟通去解决问题。

团队学习：团队能够对项目、团队互动进行反思，从中学习，持续提升团队效能。

互相认可：团队成员能够认可自己为集体做出的贡献，也能够认可其他伙伴为集体做出的贡献。

庆祝：团队能够为大家的努力成果举行庆祝活动。

以上每个元素都是引导者要特别注意的，当团队的合力迸发不出来的时候，不是简单地归结为"执行力不强"，而是应带着一份好奇，探索团队合力的各个元素的状态。

三、活动总结

（1）学生分享当天活动的心得、感受。

（2）研学教师为当天的活动进行简要的总结。

（3）大家一起在音乐声中观看当天活动的照片、视频。

（4）研学教师送上衷心的祝愿，学生填写活动反馈表，完成研学手册。

（5）合影留念，播放和谐音乐，营造感人的氛围。

第四节　区域研学教师组织管理技能

一、管理的概念

管理是社会组织中为了实现预期的目标，以人为中心进行的协调活动。由管理主体在一定的环境下，运用计划、组织、领导和控制等职能，依靠组织内的全体成员的活动，使有限的资源得到合理的配置，从而有效和高效率地实现组织目标。管理有四层含义：管理是为了实现组织未来目标的活动；管理的工作本质是协调；管理工作存在于组织中；管理工作的重点是对人进行管理。管理就是制定、执行、检查和改进。制定就是制订计划（或规定、规范、标准、法规等）；执行就是按照计划去做，即实施；检查就是将执行的过程或结果与计划进行对比，总结出经验，找出差距；改进首先是推广通过检查总结出的经验，将经验转变为长效机制或新的规定；其次是针对检查发现的问题进行纠正，制定纠正、预防措施。

管理的基本特征。一是两重性。生产过程包括物质资料的生产和生产关系的再生产，因此对生产过程的管理存在两重性，即与生产力相联系的自然属性，与生产关系相联系的社会属性。二是科学性与艺术性。管理是由一系列概念、原理、原则和方法构成的知识体系，反映了管理活动的科学性。艺术性就是强调管理的实践性，没有实践也就无所谓艺术。三是普遍性与目的性。管理普遍存在于各种活动之中，这就决定了管理的普遍性。管理是人类一项有意识、有目的的协作活动，是为实现组织既定的目标而进行的，这就是管理的目的性。

二、管理的内容

区域研学是学生走出校园、走进自然、走进社会，在开放的环境中组织实施研学旅行的研学课程，与封闭的传统的课堂教学完全不同，这对研学教师的个人能力而言是严峻的考验。研学教师不仅要有丰富的知识和专业水平、创新的教育思维和创新意识，还需要有较强的组织实施能力和掌控能力。研学教师要在研学过程中结合活动内容，通过一个个小的学习单元来逐渐完成研学内容，实现研学目标，同时还要负责学生团队的日常管理工作。研学教师不仅是课程的设计者、实施者，还是学生实践活动的引导者，整个研学安全的保障者。研学教师的工作主体是学生，学生人数多、随意性比较强，这是最大的特点，所以研学教师的组织管理技能就显得尤为重要。组织管理技能的提高可以通过专题培训，更多的是靠经验总结和长期练习获得。

研学过程管理中，研学教师必须亲力亲为，提前到场就位，提前勘察好组织集合的场地。研学教师应具备足够的风险预见性，组织集合时注意周边环境，必须规避危险地带。当学生人数较多时，研学教师有必要配备口哨等工具，以提高工作效率和质量。组织集合时，应以班或车为单位，主带研学教师负责控场，各研学教师积极配合。研学教师必须提前通知集合时间、地点，如场地不适合大团队集合，可以化整为零，分散组织集合，统计完人数迅速通报主带研学教师，等待下一步指令。集合完毕后，主带研学教师要对集合效果进行点评，点评以表扬为主。研学过程中，学生组织集合频次较高，一定要提高效率，避免拖沓，绝不能影响集体的研学计划。不同集合地点，集合的处理方式也不同。不管在哪里集合，都要保证学生安全，保证学生物品完整。

整个区域研学过程管理分为四部分。

（一）行前管理

研学课程实施前要做好充分的准备。一是对区域研学基地进行实地考察。考察内容包括基地实景、研学资源、周围环境、场地情况、活动教室、设施设备、实践材料、操作工具、安全系数，还包括饮食住宿情况、卫生状况、交通路线路况等。一切与研学有关的因素都要考察清楚，然后进行可行性论证。二是要以研学基地资源为依托，根据学生年龄、心理、认知规律等确定研学主题，开发研学课程，多角度设计研学活动项目。三是进行区域研学整体行程设计，确定研学出行交通工具，进行交通工具设施等安全考察，签署交通安全协议等，确定交通路线等。四是制定研学全程各环节的安全保障措施，制定安全预案，并落实责任，责任到人。五是指导学生通过网络等多种渠道了解研学基地情况，指导学生学习研学教材，使学生对研学基地、研学内容有初步的认识，激发学生研学兴趣，引发学生思考问题。六是做好课程实施方面的各项准备，下发课程学习方案和学习手册，有针对性地指导学生进行预习。

(二)行中管理

1. 交通管理

(1)乘汽车管理。负责交通的研学教师要按计划时间带领运送学生的车辆提前到达指定地点等候学生,车辆要提前在前挡风玻璃和后窗玻璃上黏贴车队顺序号,以便顺序识别。负责接送学生的研学教师要提前到达参加研学的学校,与学校教师一起组织学生集合,进行行前安全注意事项及研学实践动员宣讲,对学生所带物品进行检查。研学教师要提醒学生注意上车安全,记清所乘坐车的车牌号码和车队顺序号,提前安排好晕车的同学坐在前排位置。在行车过程中,要注意行车安全,车上必须统一系好安全带,放下侧扶手,整理好行李,研学教师逐一检查到位,清点人数到齐后方可发车,并对学生提出乘车要求,不得随意走动,不许把身体任何部位伸出车外,有特殊情况向研学教师报告,要听从指挥。下车前,研学教师再次强调下车后的注意事项。有序下车,听从统一安排,不得推搡、打闹。研学教师安排一位校方教师最后下车,检查车上是否有遗留物品和滞留学生。研学教师负责引导学生到安全地带集合整队,清点人数。然后研学教师对学生在基地的活动行程进行说明,并提出具体要求。再由基地教师将学生带到实践活动地点。

(2)乘火车管理。如果研学地点路途遥远,一般需要乘坐火车,乘坐火车比乘坐汽车环节烦琐,需要做得事情也多,研学教师要特别注意安全问题,要加强管理,任何细节都不能松懈。一是进站通过安全检查。研学教师应提前到火车站,与车站安检口工作人员协调学生进站事宜,确认是否开通绿色通道。然后与学校教师协同负责,组织学生有序通过安检,进站时研学教师须走在队伍前方,先行进站等候,同时一名校方教师在队伍后边做好收尾工作。二是乘坐电梯。学生进站后集合,研学教师告知学生乘坐电梯的注意事项,与校方教师互相协助配合,学生队伍前、中、后都要有教师跟随,并随时提醒学生注意安全,保持距离,拿好行李箱,关注前方,不要玩手机,不要聊天等。三是候车。研学教师带领学生进入候车室,要将学生以班为单位组织在一起,不许学生在候车室购买物品,有序组织学生去卫生间,嘱咐学生相互看好物品。四是进站检票。研学教师要提前与检票工作人员联系检票方式,协调确认是否开通绿色通道。五是乘车。火车行驶时,研学教师随时在车厢内巡视,并提醒学生车上注意安全,放好个人物品,嘱咐学生不要大声喧哗,不要中途下车,接开水时要小心,不要倒满,避免烫伤。特别嘱咐女同学不得穿过于暴露的服装。研学教师还要做好夜间巡查,提醒学生贵重物品不要随意放置,背包应放在靠窗、靠近头部一侧,避免财产损失。到达目的地车站前30

分钟，研学教师要提醒本车厢学生错峰去卫生间，避免拥堵，并提醒学生将琐碎物品装包，不要遗漏。火车到站前5分钟，研学教师再次提醒学生检查并带好行李物品，然后组织学生在车厢出口处排队等待下车，如果有其他乘客，提醒学生让其他乘客先下车。研学教师和学校教师依然是在学生队伍的最前和最后。六是下车出站。学生下车后研学教师引导学生在站台集合，清点人数。出站时，研学教师提前与出站口工作人员沟通，协调学生统一出站。一般情况下，等待其他旅客出站后再组织学生集体出站。

2. 课程管理

（1）总体要求。为确保研学课程顺利实施，研学教师应提前与研学基地联系，做好研学基地接待学生的准备，包括活动场地、器材、食宿、辅导人员等。并要求基地的接待人员、辅导人员使用职业用语，使用标准普通话。指导、讲解用语要规范，注意语言表达的专业性，指导、讲解内容积极向上，要健康，树立正气，不要出现野史、杜撰、神话、歪曲历史事实的内容。研学教师在基地活动中应提醒学生带好胸卡、研学手册、饮用水等。研学教师全程要跟紧本班队伍，负责组织、监督、提示学生不要脱离集体。如遇突发状况，须及时与校方沟通，共同协商处理。在课程实施过程中，研学教师要随时关注基地辅导教师的讲解内容，若出现重大问题应及时制止或干预。提醒学生认真听讲，保持安静，随时提醒学生关注个人财产安全。课程实施过程中，要多关注学生的参与度，特殊情况可做适当引导。研学教师要有时间观念，强调解散时间、集合时间、集合地点。学生如有特殊情况需要离队，可安排本班校方教师一同前往，禁止学生独自离开。

（2）活动指导。一是活动前准备。研学教师组织学生在指定地点集合。二是指导学生建立团队。以班为单位，根据学段不同，学生每12~15人组成一个集体，形成一个团队。学生要选出队长，并给团队起一个有意义的队名，创编队训、队歌，制作队旗。进行团队培训，队长讲话，树立团队意识，增强团队观念和团队自豪感及荣誉感。三是项目活动。研学教师向团队布置活动项目，介绍活动项目的内容。队长组织队员按具体活动内容进行分工，提出具体要求。活动开始，团队成员合理利用所给的工具和材料进行实践活动，研学教师要鼓励学生在完成项目时大胆设计、勇于实践、勇于创造，指导学生在实践中认真体验、观察、思考和反思。团队的每一个学生都要积极参与，团结协作，共同完成任务。四是分享收获。活动结束，研学教师提出要求，同学之间要交流完成任务的感受、体会，分享自己的收获。学生交流分享收获和体会后，教师要进行点评，总结活动的意义和收获，肯定学生的实践成果，并给予鼓励和表扬。

（三）行后管理

1. 结束返回

研学结束，研学教师与学校教师共同组织学生集合站队，清点人数，进行简要总结。然后研学教师按照行程计划护送学生返回指定地点，途中不许学生下车，按照安全制度严格要求学生。学生下车要带好随身物品，做好座位上的卫生，清理垃圾并带到车下扔进垃圾箱。然后以班级为单位站队集合，清点人数，进行简单的小结，学生有序解散回家。

2. 活动总结

活动结束后，研学教师要配合辅助学校教师指导学生进行活动总结，形成文字成果，如收获、体会、日记、小论文、调查报告、研究报告等。帮助学生设计研学成果作品，如绘画、手抄报、小发明、小制作、根据研学照片制成的音频作品等。配合学校组织学生研学成果评比，颁发获奖证书。配合学校建立学生成长档案。

（四）食宿管理

1. 餐饮管理

区域研学时间长，学生的餐饮问题就成了研学教师管理中的重要问题之一，一定要引起重视。为了有效预防区域研学中可能发生的食品卫生安全事故，研学教师要加强管理，切实保障师生的饮食安全。研学教师要全程进行安全防控工作，确保活动安全进行。一是应以食品卫生安全为前提，选择餐饮服务提供方。二是应提前制定就餐座次表，组织学生有序进餐。三是应督促餐饮服务提供方按照有关规定，做好食品留样工作。四是应在学生用餐时做好巡查工作，确保餐饮服务质量。

（1）制订安全保障方案。在开展区域研学之前，研学教师配合学校要根据研学路线制订详细的饮食安全保障方案，要考虑到餐饮卫生的各个方面，以确保学生安全，并做到各项安全责任落实到人。出行前，学校在为学生投保师生意外险、校方责任险时，要格外注意餐饮安全的条款。与家长和学生签订安全责任书，明确各方责任，提醒学生注意食品安全，还要向上级教育行政部门报备，接受审核。

（2）制定安全应急预案。区域研学前，应安排相关人员提前考察整个行程中的餐饮安排，针对食品安全中可能出现的各种意外情况，如食品过敏、食品中毒、腹泻等事故，以及其他各种可能为学生安全带来不安全的因素，制定出安全应急预案，如备好常备药、了解附近三甲医院地址与急救电话等。一旦出现问题，能够及时有效采取措施。

（3）开展安全教育。行前对参与活动的学生进行食品安全教育。发放区域研学有关食品安全的注意事项告知书，并组织学生学习。同时，在研学过程中教育学生不吃生水、不吃生冷变质食物、不在小摊上买零食，以防食物中毒。教育学生养成良好的用餐习惯，饭前洗手，不挑食，少吃零食。让学生更加深刻地认识到安全行为的重要性。

2. 入住管理

住宿管理是研学过程中的重要环节，不可忽视。第一，研学教师要在行前联系学生将要入住的酒店，对酒店情况要十分了解。要详细沟通入住酒店的每个细节，包括酒店地址及周边环境；酒店防火安全通道是否畅通；是否有专用停车场；前台大厅面积；房间包含几个楼层；安全通道是否畅通；是否有开放性阳台；是否含有特殊房型；是否提供免费矿泉水；房间内是否有自费商品；每个房间有几张房卡；早餐地点及楼层；早餐厅容纳人数；早餐形式（房卡、早餐券）等。第二，入住前研学教师联系酒店，要求酒店将学生房卡提前准备好。在车辆到达酒店安排学生入住的过程中，研学教师要有安全意识，不要将所有学生集中在酒店大堂办理入住手续，要安排学生在车上等待，每个车辆上的研学教师到酒店前台领取本车房卡，然后回到车上发放。研学教师要熟悉酒店安全通道，检查是否畅通，要在车上提前告知学生安全逃离线路和入住酒店注意事项，告知学生早中晚餐用餐地点、时间，用餐方法，早晨集合时间、地点，出发时间等。学生领到房卡，拿着自己的行李下车直接到房间入住。第三，做好分房管理。分房应由学校提前与研学教师进行沟通，按照校方需求，确定分房形式，即统一按年级及性别分房。研学教师负责对接酒店，酒店按学校要求安排所有住宿房间，并要求酒店尽量同班同楼层，男女不同楼层，并遵循男低楼层女高楼层的原则进行分配。要求校方教师与学生同住，每层至少有一位校方教师和一名研学教师，校方教师不够则由研学教师补齐。酒店提供以班级为单位的所有学生住宿房间名单，研学教师和学校教师各一份，并拍照发到研学工作群。第四，做好查房管理。学生入住后，研学教师及时查房是非常重要的事情，也是重要的环节。研学教师在查房前要与校方教师沟通查房形式，并与校方教师一同查房，最少由两名教师共同完成。研学教师查房时，应统一服装，并注意个人形象。查房时仔细核对房间号记录，避免走错房间。查房内容包括学生是否正常入住，学生入住后的情况，房间内设施设备是否齐全、完整，有无损坏。查房过程中，继续叮嘱学生要遵守入住规则，不要远离房间，不要大声喧哗、打闹、打牌等。研学教师查房时要先敲门，进入异性学生房间，校方教师应先进入房间，并应与学生保持适当距离，且房门不能关闭。如遇房间内部设施问题，研学教师必须陪同酒店工作人员一同前往房间进行处理。第五，做好退房管理。由于学生退房的时间比较集中，为确保退房时间，研学教师应提前做好学生的叫早工作，督促学生抓紧时间收拾行李，并提醒学生带齐所有物品。研学教师要在学生用早餐时收齐学生房卡，按班级、学生房号登记表进行核查所退房卡情况。酒店检查房间时，注意是否有学生遗留物品，检查时如出现房间物品破损、丢失等情况，研学教师要与学校教师一起与该房间学生核实，如核实无误，须由学生自行照价赔偿，酒店开具收费证明，并由校方本班教师保管，避免后续产生不必要的纠纷。饭后，学生在指定地点集合，按原计划车号统一上车，车上再次清点人数，并提醒检查证件物品等注意事项。

第九章 区域研学安全保障

第一节 区域研学安全制度

一、区域研学安全的重要性

区域研学是学生走出校园，走进大自然，走进社会，而且活动时间长，因此学生的安全问题是区域研学的首要问题，组织区域研学必须高度重视安全问题，要把安全工作放在第一位。

（一）要提高思想认识

教育部等 11 部门印发的《关于推进中小学生研学旅行的意见》中提出，研学旅行要坚持安全性原则。强调研学旅行要坚持安全第一，建立安全保障机制，明确安全保障责任，落实安全保障措施，确保学生安全。各地教育行政部门和中小学要探索制定中小学生研学旅行工作规程，做到"活动有方案，行前有备案，应急有预案"。这里明确提出研学旅行要坚持安全原则，要把安全放在第一位，充分表明安全保障在研学旅行中的重要地位。因此，开展研学旅行首先要认识和理解国家关于研学旅行要坚持"安全第一"的精神，贯彻教育部有关研学旅行对于安全保障的要求，在保障学生安全的前提下，积极开展研学旅行。

（二）要做好组织管理

区域研学的安全非常重要，要保证区域研学的安全，必须做好组织管理。首先，学校组织开展区域研学可采取委托校外研学专业机构开展的形式，提前拟定活动计划并按管理权限报教育行政部门备案。其次，通过家长委员会、致家长的一封信或召开家长会等形式告知家长活动意义、时间安排、出行线路、费用收支、注意事项等信息。再次，加强对学生和教师在区域研学中的安全教育，要做好区域研学一切准备工作。最后，要与校外研学专业机构签订安全责任书，与家长签订安全协议书，明确校外研学专业机构、学校、家长、学生的责任权利，保障区域研学的绝对安全。

二、成立安全领导小组

要保障区域研学安全第一，首先要成立安全领导小组，单位法人应该是安全工作的第一责任人，工作布置要有序，检查要到位，要实行责任追究制。

这里的安全领导指的是校外研学组织机构中的安全领导，领导小组的组长应该由机构的主要领导（法人）担任，副组长由负责组织管理研学旅行的直接领导担任，成员由参与组织管理区域研学的各个相关部门的负责人担任。

领导小组要明确责任，确保区域研学安全运行。

组长为区域研学安全的第一责任人，负责全面安全工作。副组长要对组长负责，负责区域研学过程中的具体安全工作，确保区域研学整体运行的绝对安全。

成员要按照各自负责的工作责任到人，各负其责，保证各个环节的安全工作不出差错。

三、制定区域研学安全制度

为了强化区域研学的安全管理，保障全体师生的人身财产安全，确保区域研学顺利进行，在活动过程中，安全保障措施必须落到实处，为及时应对突发事件，迅速合理地处理各种安全事故，特制定实用、具体、操作性强的安全制度，区域研学的各个环节都要制定安全标准，要采取严密的安全防范措施。

（一）指导思想

安全工作是区域研学中的重中之重，营造安全、和谐、健康的培训环境，是确保研学质量及目的重要保证。本着习近平总书记"安全工作重之又重"的指导思想，坚持"安全第一，预防为主，综合治理"的方针，落实"统筹规划、责任到人、分工负责"的组织形式。

（二）具体内容

1. 安全负责人要求

（1）要树立高度的安全意识，对参加研学人员的安全负全责。

（2）要严格执行各项安全标准，保证区域研学各环节安全运行。

（3）严密组织学生活动，对学生进行跟踪式管理，杜绝各类人为事故的发生。

（4）发生或发现安全等各种问题要及时上报领导并立刻解决。

2. 安全工作内容

（1）保证行车安全，制定行车安全预案（车辆的来回路线图在活动前要交给校方一份）。

（2）保证基地场地安全，研学前进行场地安全排查，制定场地安全预案。

（3）保证学生住宿、用餐卫生和安全，制定食、宿安全预案。

（4）保证课程各项目及活动过程中的人身安全，制定课程操作安全预案（教师操作标准、学生行为规范、项目操作标准）。

（5）保证学生财产安全，制定管理及安全保卫预案。

（6）落实安全岗位责任制，安全领导小组成员负责加强对工作人员的安全教育和培训。

（7）组织工作人员进行安全知识培训，并根据实际情况及时修改、完善应急预案。

3. 安全工作流程

（1）出发前校方安全教育。

（2）行车过程中安全教育。

（3）活动前安全宣讲。

（4）各项目关卡安全提醒。

（5）中餐后安全排查。

（6）下午活动前安全宣讲。

（7）返程前人员清点与安全排查。

4. 突发事件处理原则

（1）保持镇静、沉着应对原则。

（2）学生优先原则。

（3）就地抢救原则。

（4）报警、求援原则。

（5）维持秩序、迅速疏散原则。

5. 对学生的安全工作

（1）对学生进行身体排查。患有心脏病、高血压、哮喘、受伤、心理疾病等病症人员不允许参加。

（2）将参加研学的学生分组，讲清活动内容，提出安全要求，加强安全、文明、纪律教育，做到预防在先、教育在先，以便确保研学期间万无一失。

（3）研学前要求学生整理好携带的必备生活用品。禁止携带任何违禁品，如刀具、易燃易爆等危险物品，含有酒精类饮料等，饮用水提倡普通水。

（4）自觉遵守秩序，学生整队集合按顺序上、下车，不拥挤、不争抢座位，服从教师的统一指挥，不擅自行动。

（5）乘车途中，注意自身安全，妥善放置随身携带物品，不得随意在车内走动，更不得将身体任何部位露出车窗外。不准大声喧哗，不准向车内外扔废弃物。

（6）到达研学基地下车后，听从教师统一安排，发扬团结、合作、互助精神，严格遵守时间，按时集合、列队，不准擅自离队。

（7）活动前，教师组织学生预热活动，活动手腕、脚腕等，防止活动中肢体受伤，注意行动安全，禁止冒险，不能携带火种，更不许私自玩火。

（8）要注重文明形象，讲究言行举止文明，爱护基地的卫生环境和设施设备，遵守基地的有关规定，不得违规攀爬、跳跃危险障碍物。如损坏场地内公用物品，除受到批评外还要照价赔偿。

（9）严格遵循教师的指导，"安全指导"内容是学生必须遵循的行为规范，要正确使用活动器材，规范操作技术。如果学生不注意教师的指导，违背操作规范，擅自行动，将受到批评、处罚。

（10）活动期间，学生不得擅自离开研学基地，如有特殊情况确须离开，必须由教师报领导确认批准，否则后果自负。

（11）严禁在活动中嬉笑打闹，活动中发生意外或困难，如身体生病、不适或其他情况，要及时向教师报告，不得隐瞒，患有重大疾病、传染疾病和其他特殊病症的，应提前说明，绝对不可隐瞒病史，防止造成意外。

（12）遇有危险时，迅速呼救。同学之间发生矛盾要报告老师解决。因违章用电、用火酿成事故，除赔偿经济损失外，还要追究当事人责任。

6. 因天气因素变更活动处理

活动前一天了解天气情况，通知学生做好相应准备。发车时遇到天气变化，有可能对行车安全造成影响时，要果断采取措施，做出延时或变更处理，并针对学生可能出现的情绪波动做好引导、说服教育工作,妥善处理善后事项。

7. 应急电话

突发事件拨打应急电话。

(1)匪警:110。

(2)急救中心:120 或 999。

(3)交通事故:122。

三、明确教师岗位责任

区域研学过程中,研学教师在安全问题上起着极其关键的作用,尤其是带队教师和基地负责教师是区域研学中学生安全最主要的管理者和责任者,必须明确管理教师分工,责任到人,并提出具体要求,确保区域研学的绝对安全。

(一)基地带队教师职责

基地带队教师全程参与区域研学,主要职责是直接参与学生研学活动、监督管理研学活动期间学生的人身安全,是学生安全的第一责任人。

1. 工作总体要求

安全、规范、积极、认真。

(1)严格执行《基地安全制度》(确保场地安全、教具使用安全、教学过程安全)。

(2)严格按照《课程教案》操作标准进行教学,确保教学效果和质量。严格遵守《教师管理制度》,认真落实主带教师工作内容。

(3)要树立安全第一的思想意识,要有高度责任心,全程跟随学生活动,手机 24 小时开机。

(4)研学过程中,学生出现任何安全问题都应该第一时间通知基地负责人,并在最短时间内解决。

(5)课程进行中,及时记录学生对课程的喜爱程度及经典案例,在当天总结会时及时总结并上报主带教师。

(6)在活动过程中,要因材施教,确保活动效果;严禁体罚、打骂和侮辱学生人格。

2. 具体工作内容和要求

(1)跟车教师应在发车前一个小时到达车辆停放地点,核对车辆信息,进入学校,明确本车的班级人数和教师人数,上报基地负责教师,整队上车。

(2)基地布场教师服从主带教师安排,提前两个小时到达场地,熟悉场地,明确每项活动的具体位置，根据场地的安全预案做好安全点监控，准备每个场地所需器械。

（3）学生到达前一小时进行班前会，再次明确当天活动的详细流程和注意事项。

（4）学生到达前15分钟，带队教师到达接车场地。学生全部下车后立刻整队，接车教师和跟车教师确定本班人数，带领学生统一去卫生间，整队带入破冰场地。

（5）主带教师破冰前，所有带队教师及时整队，保证队伍的纪律性，保持队伍整齐。主带教师开场过程中，所有带队教师在指定位置跨立站好。

（6）做好团队建设，带队教师将每班分为若干小队（20~25人一队）。团队建设过程中督促学生抓紧时间，严禁学生嬉戏打闹。所有团队建设完成后，辅助主带教师，按照班级的顺序进行团队展示。

（7）主带教师宣布项目开始后，各带队教师应严格按照本小队当天的活动流程执行。当天所有学生分为四个方阵，采用两两方阵间轮换互倒的方式进行活动。每个方阵由已定的副带教师直接与主带教师进行沟通。

（8）全天的活动采取积分累加制，每个带队教师详细记录好各自小队一天活动的总体积分，在活动结束后上报副带教师，由副带教师上报主带教师。

（9）进行活动项目时，各带队教师将本小队领至指定位置。在主带教师宣布项目开始后，带队教师应将学生小组带向各自的场地进行项目活动。在项目进行过程中，带队教师应把控项目进行时间，严禁学生浪费道具，严格按照评判标准评分。

（10）午餐时，所有带队教师领取自己的午餐后和学生一起在指定位置用餐，用餐过程中带队教师维持本小队学生的纪律和安全，避免学生随意走动，嬉戏打闹。

（11）各带队教师去基地负责人处领取满意度调查表，分发给每个学生，填写完毕后回收，交给基地负责人。

（12）研学活动结束，闭营仪式开始，在主带教师颁奖时，带队教师选出一名小队的代表上台领奖，并维持队伍纪律。

（13）闭营仪式结束后，带队教师和班级所有成员合影留念并回收所有旗杆。

（14）带队教师带领本班级学生去卫生间后登车，跟车教师确认本车人数后上报基地负责人，基地负责人确认无误后准备发车。

（15）所有带队教师听从主带教师安排，列队集合成一排，挥手示意欢送学生。

（16）送车完毕后基地布场教师整理物资，回归器械库，分类整理。如有缺失或者损坏应及时上报主带教师。

（17）器械整理完毕后，参加总结会，总结带队情况、亮点及出现的问题，进行问题分析并解决。

（二）基地负责教师工作职责

区域研学基地负责教师须持有专业的体验式教师资质证书，接受过红十字急救培训，有丰富的安全管理经验和专业从事户外活动的经验、技巧。主要负责基地研学活动安全、教学质量把控、研学教师的管理，是基地研学安全和教学质量第一责任人。

1. 工作职责

（1）严格执行《基地安全制度》，确保场地安全、教具使用安全、教学过程安全。

（2）严格按照《课程教案》操作标准进行教学，确保教学效果和质量。严格按照《教师管理制度》进行教师管理，认真落实教学部交给教师的教学工作。

（3）负责带队教师的工作安排，做好带队教师的传、帮、带工作。针对带队教师出现的问题进行个别谈心及训练方法交流，不断帮助其提高单独带班训练的能力，从而提高整体训练的效果，遇有临时工作或紧急任务时，负责教师的工作调整。

（4）做好学生管理工作。牢固树立"安全第一"的思想观念，培养学生令行禁止、雷厉风行、一切行动听指挥的意识；坚持"一切为了学生"的人本思想，管理学生，提高自身的管理水平。

（5）认真履行基地负责教师的工作职责，坚守工作岗位。每天做好工作总结，及时上交教学主任。

（6）在活动前要讲清本次活动的目的和要求，布置观察、记录内容，回校后完成个人或小组作业，整理活动成果，收集照片、文字资料等，写出体会。

（7）要完成的布置任务，一是安全教育；二是注意影像资料收集存档；三是组织活动全过程，总结经验完成预案的修订稿。

2. 工作内容

（1）活动前一天。基地负责教师确定活动当天的跟车教师及基地布场教师。活动当天，当大巴车从学校出发时，跟车教师要告知基地负责教师，到达场地前15分钟，再次通知基地负责教师，基地负责教师准备人员接车。

（2）活动当天。学生到达场地前2个小时，检查基地布场教师是否到齐，检查各场地的物资及活动器械是否备齐，带领所有工作人员熟悉活动场地并进行安全排查；开班前会，基地负责教师再次安排每个教师的具体工作，并告知注意事项。

（3）学生到达场地后。基地负责教师指挥一部分带队教师接车，将织学生带到破冰场地；基地负责教师检查车上是否有遗留的学生和物品；另一部分带队教师准备好破冰器械，基地负责人准备进行开场仪式。

（4）破冰开场。开场活动注意学生气氛，引导学生对今天的活动产生兴趣。

（5）基地负责人指挥各带队教师把自己所负责的班级分成若干小队进行团队建设，并告知团建时间。

（6）团队建设完毕，基地负责教师通知各带队教师把队伍带到破冰场地集合。

（7）基地负责教师组织学生进行团队展示和团建，展示完毕，指挥各带队教师把队伍带开，进行一天的活动。

（8）整个活动期间，分成若干个方阵进行，每个方阵有一个教师直接服从于基地负责教师，两个方阵与两个方阵互倒，两个项目之间通过互倒的形式进行，每完成一个项目会得到相应的积分奖励。

（9）基地负责教师做好调配，指挥带队教师按照项目顺序进行活动。活动开始后，基地负责教师开始巡场，遇到不安全因素，及时处理并记录上报，如遇到危险情况，及时处理；发生安全事故，按照学校的《安全事故处理流程》进行处理。

（10）基地负责教师巡视期间，协助所到的任务点教师完成项目，如遇到带队教师出现问题，要及时提出并进行改正，对无法完成任务的教师上报教学主任。注意观察学生对每个项目的喜爱程度，活动结束后做出总结并上交基地负责人。

（11）午餐前，基地负责教师确定每个班级的吃饭地点，并通知到每个带队教师，提醒中午吃饭时间，准时吃饭；安排巡场人员，同时兼顾每个场地。

（12）中午吃饭时，巡场人员巡场，防止在吃饭时候出现追逐打闹等情况，不许学生乱跑、乱跳，组织好学生用餐。用餐期间下发学生满意度调查表，填写完毕回收。

（13）用餐结束后，基地负责教师通知各带队教师继续下午的活动。完毕后由基地负责人组织校方老师统一评比打分，最后评选出"优胜小队"。

（14）基地负责教师核算成绩，宣布获胜班级，给获胜班级颁奖，教师把奖杯及奖状等物品准备好，并准备拍照。组织每个班级与本队的带队教师合影留念，基地负责人拍照。

（15）带队教师把学生送到指定的车辆，跟车教师清点、核实人数，汇报到基地负责人，确认无误后，准备返程。

（16）基地负责教师带领所有留在场地的工作人员列队集合，站成一排，挥手示意，欢送学生。

（17）基地负责教师组织基地布场教师回收教具及器械并送到器械室，分类摆放。

（18）召开基地全体教师总结会。总结活动安全情况，指出亮点及出现的问题，并进行问题分析，形成解决方案，记入工作日志。

第二节　区域研学安全责任

区域研学不是孤立的活动，而是多方相互合作，相互协同，相互支持的社会性活动，因此，区域研学的安全问题就涉及多个方面，包括教育行政主管部门、校外研学专业机构、交通、学校、学生、家长等。要保证区域研学的绝对安全，就要明确各方面的安全责任，责任到位，落实到人，并且严格执行责任标准，实行责任追究，以保证区域研学中学生人身财产的绝对安全。

一、教育行政部门安全责任

教育行政部门是区域研学的主管部门，主要负责督促学校落实区域研学安全责任。审核学校报送的区域研学活动方案和安全应急预案。督促检查学校确保区域研学研学前有方案，研学中有备案，研学安全有预案。确保研学计划周密，方案具体，实施安全。监督校外研学专业机构在组织区域研学过程中的相关工作，特别是安全预防工作是否到位，监督检查研学专业机构对研学出行路线的选择是否合理方便安全，选择的交通工具汽车等是否合乎标准。督促检查学校在区域研学活动前要做好安全教育工作，是否为学生和教师购买意外险，是否与家长签订安全责任书，是否与委托开展区域研学的校外研学专业机构签订安全责任书，明确各方安全责任。督促学校与校外研学专业机构就研学的相关事项特别是各个环节的安全问题进行沟通，保证区域研学的绝对安全。督促学校与家长签订协议书，明确学校、家长、学生的责任和权利等。

二、学校区域研学安全责任

学校是区域研学的主办单位，在区域研学过程中责任重大，特别是学生的安全问题，学校领导和教师都要极为重视，当作头等大事来抓，要把区域研学的各个环节分支分解，细化内容，责任到人，要提高认识，心系学生，确保研学活动的绝对安全。

第一，成立学校区域研学安全领导小组。领导小组要对学校区域研学的学生安全负全部责任。组长由校长担任，成员由主管领导和各班班主任担任。明确领导小组的安全责任及各负责人的安全责任，实现责任到人，各负其责。

第二，带队教师的安全意识教育。对学校带队教师的价值观和责任心教育十分重要,带队教师跟随学生,也是学生中的一员,要使带队教师保持高度责任心和责任感,把学生的安全放在所有事情的第一位,细心关注研学活动的每一个环节,确保研学方案在具体执行过程中的每一个细节都不会出现问题。

第三,要与区域研学专业机构就相关事项进行沟通。一是研学基地的选择与安全问题,研学基地要适合学生年龄与心理特点,特别是基地要绝对具备安全因素。二是出行路线的选择要安全,区域研学一般在本区域内进行,出行一般都选择汽车,路线的选择非常重要,要选择适合客车行驶的路线,保证行车安全。三是车辆和司机的选择,要符合国家和相关部门的要求。四是检查复核研学专业机构开发设计的研学活动项目,如有不安全因素,有权要求修改活动项目。五是与研学专业机构签订安全责任书,明确各方责任,确保各方尽责,使区域研学绝对安全。

第四,取得学生家长的支持。研学前学校要与家长密切沟通,一是取得家长的支持与帮助。二是要求家长协助学校做好学生的安全教育,发放致家长的一封信,就研学的相关事项特别是安全问题请家长协助与支持。三是学校与家长签订安全责任书,明确各方责任,确保双方尽职尽责,保证学生的绝对安全。

第五,做好学生的组织与管理。集体外出活动,要发挥班主任的管理作用,学校要组织班主任管理培训会,就区域研学中对学生的组织管理进行培训,使班主任既是带队教师又是指导教师,切实对学生的研学和安全负起责任,保证学生的绝对安全。在管理中还可以发挥学生自主管理的作用,既培养了学生的自主管理能力又保证了学生的安全。

第六,做好学生的安全教育。制定学生区域研学安全须知,从交通安全、活动安全、场地安全、饮食卫生安全、住宿安全等方面进行细化,确保学生的每一步活动都在学校规定的安全范围内进行。

对学生提出具体安全要求。一是出发前请整理好必备用品,禁止携带任何违禁品,如刀具等危险物品。二是整队集合后请自觉遵守秩序,按顺序上、下车,不拥挤,不争抢座位,服从培训教师的统一指挥,不擅自行动。三是乘车途中注意乘车安全,妥善放置好随身携带物品,不得随意在车内走动,更不得将身体任何部位露出车窗外,不准大声喧哗,不准向车内外扔废弃物,不携带危险物品。四是下车后听从教师统一安排,发扬团结、合作、互助精神,要相互照顾,集体活动,严格遵守时间,按时集合、列队、不准擅自离队。五是要注重文明形象,讲究文明举止,爱护研学基地的卫生环境和设施设备,学生不得违规攀爬、跳跃危险障碍物。遵守研学基地的有关规定,如损坏基地公用物品,除将受到批评外还要照价赔偿。六是学生必须严格遵循教师的指导,正确使用活动器材,规范操作技术。七是学生不得擅自离开研学基地,如有特殊情况,确须离开研学基地，必须由教师确认，否则后果自负。八是，严禁在训练中嬉笑打闹，活动中发生意外或困难，如身体生病、不适或其他情况，要及时向教师报告，不得隐瞒，患有重大疾病、传染疾病和其他特殊病症的，应提前说明，绝对不可隐瞒病史，防止造成意外。九是，遇有危险时，迅速呼救，同学之间发生矛盾要报告教师解决，不允许发生不文明行为。

三、区域研学专业机构安全责任

区域研学专业机构是区域研学的组织机构，应该对区域研学的学生负全面责任。区域研学专业机构不但组织学生进行有效的研学活动，更为重要的是要保证研学中学生的人身和财产安全。为规范区域研学活动秩序，保障学生的人身和财产的绝对安全，区域研学专业机构要成立安全领导小组，组长应该是研学机构的法人，成员应该是机构各部门的主要负责人，并明确各自的安全责任。要制定安全责任制度，实行分级管理，职责到岗，责任到人。

第一，做好研学前各项安全检查。包括研学基地安全因素检查，研学活动场所安全检查，研学出行路线安全检查，研学车辆和司机的安全标准核查，研学课程实施中涉及的设备工具等安全因素检查，研学活动项目中各个环节安全因素核查等。要确保各个环节绝对安全。

第二，制定全面的区域研学安全应急预案。包括行车安全预案，场地活动安全预案，饮食卫生安全预案，各种自然灾害安全预案，等等。确定区域研学各环节的责任人，制定区域研学各环节详细的安全标准和责任人职责，每个环节负责人都要做好和学校的相关人员的直接无缝对接，真正实现责任到人，确保安全问题不留死角。

第三，要对研学机构中所有人员进行安全管理培训。首先是提高思想认识，要认识到安全问题是区域研学的头等大事，本着以人为本，安全第一的原则，实施区域研学的课程。其次是认识本职工作责任的重大，熟悉本职工作，牢记安全职责。最后是要全心全意地为学生服务，保证学生的人身和财产绝对安全。

第四，组织各环节的研学教师对自己负责的工作进行梳理。检查区域研学过程中可能存在的安全问题，并针对每所参加区域研学的学校召开安全管理协调会议，负责各环节运行的教师交流自己的责任安全设想，发现问题及时解决。

第五，安全领导小组严格管理各环节安全工作。严格车辆安全管理，严格交通管理，严格司机营运管理，严格行车管理，严格场地安全管理，严格研学器材设备管理，严格学生研学活动项目管理，严格饮食卫生安全管理，严格学生就餐安全管理，严格学生住宿安全管理。保证学生在每个环节的绝对安全。

第六，在研学过程中对学生进行安全教育。时刻不忘对学生进行安全教育，学生上车前下发学生行车安全告白书，接车教师组织学生学习行车安全须知，下车前下发研学基地活动告白书，接车教师组织学生学习场地安全和活动安全须知，活动结束就餐前，组织教师带领学生学习饮食安全须知，住宿前组织教师下发住宿安全注意事项，带领学生学习住宿安全须知。要使学生熟知各环节的安全注意事项，从自身角度保证各环节的绝对安全。

第七，研学专业机构要与相关部门签订安全责任书。与运营部门签订汽车安全营运责任书，与学校签订安全研学责任书，与区域研学各个环节负责教师签订安全责任书，明确各自责任，确保各自负责的工作安全无误。为区域研学师生购买区域研学人身安全和财产安全的保险。

第八，研学专业机构具体责任。建立区域研学安全工作保障体系，全面落实安全管理工作责任制和事故责任追究制，保障安全工作规范、有序进行。建立健全区域研学各项安全管理制度和安全预警机制，制定突发事件应急预案，完善事故预防措施，及时排除安全隐患，妥善处理学校各类安全事故。宣传贯彻国家有关安全管理工作的方针政策和法律法规，加强对师生进行安全教育及管理，提高师生安全意识和防护能力。争取和配合社会有关部门，维护区域研学基地及周边环境安全，创建良好的办学治安环境，确保全体师生人身安全和公共财产不受损失。强化区域研学安全工作检查制度，重点加强防范，及时排除安全隐患，妥善处理各类突发事件和事故。建立安全工作档案，记录日常安全工作、安全责任落实、安全检查、安全隐患消除等情况。安全档案作为安全工作目标考核、责任追究和事故处理的重要依据。研学现场应配备应急救护车辆，并跟随一到两名救护大夫和护士，以备出现事故对学生的应急救护。

第九，领导小组组长责任。一是建立、健全区域研学安全工作责任制，组织制定区域研学安全工作规章制度，保证区域研学安全工作投入的有效实施。二是定期研究安全工作，向董事会报告安全工作情况。三是依法设置安全工作管理机构，配备安全工作管理人员。四是督促、检查区域研学安全工作，及时消除安全事故隐患，定期组织区域研学突发事件应急救援预案演练。五是及时、准确、完整报告安全事故，组织事故救援工作。

第十，安全专职干部职责。一是组织制定区域研学安全管理年度工作计划和目标，进行考核，并组织实施。二是组织制订安全防范措施计划，并督促相关部门落实。三是组织制定或者修订安全制度，并对执行情况进行监督检查。四是组织区域研学安全事故隐患的排查及整改,每天检查不少于三次。五是配合安全事故的调查和处理,履行事故的统计、分析和报告职责,协助有关部门制定事故预防措施并监督执行。

第十一,机构活动组织教师职责。一是接车教师是所接车辆安全工作的主要负责人,时刻注意车上学生的安全,管理好本车辆安全工作,如因工作不力、措施不当而造成事故,直接追究其个人责任。二是主带教师为本基地学生安全工作第一责任人,负责对学生进行安全知识宣传教育工作,经常检查,发现问题及时解决,不能解决的及时上报,如因主带教师教育监管不力而出现学生事故,将追究主带教师的责任,根据事故情节给予相应的处分。三是带队教师为本小队的安全工作主要责任人,课堂教学带队教师不得脱岗。加强对本队学生的安全教育工作及看管工作,发现问题及时解决,不能解决的及时上报。本小队成员发生安全问题由本带队教师负责。四是全体教师必须加强师德师风建设,严禁对学生进行体罚和变相体罚,一旦发现由体罚和变相体罚引发的安全问题,将依据有关规定追究其责任,并由本人负责导致的一切后果。

四、研学基地安全责任

研学课程在实施过程中学生的安全问题是不能忽视的大事,在区域研学课程实施前一定要做好课程实施安全说明,并在课程实施过程中做好各项安全事项,保证学生安全。一是课程实施前,一定要对课程活动场地进行安全排查,剔除不安全因素,不安全地带要有警示牌或警示语,还要了解场地所属海域当天的海浪及天气情况;要对学生进行安全教育,要检查学生身上所带物品,口袋中不允许装手机等贵重物品,避免跑跳中摔坏,也不允许装钥匙、笔等尖锐物品,避免跑跳中扎伤。二是课程实施过程中基地教师要加强巡视,发现学生有不安全的行为要及时教育、阻止。三是各项目关卡教师都要特别提醒学生安全注意事项,学生要听从教师的安排与指挥,活动项目要严格按规定操作,不要开玩笑或冒险做出一些危险动作,教师要特别提醒学生不得从高处往下跳跃。四是要求学生严格遵守时间,按时集合、列队,不准擅自离队,身体不适确须离队,需要和教师请示允许后方可离开。五是基地设置卫生服务所,随时可以为学生和教师服务。

五、运营车队安全责任

运营车队要切实加强接送车辆的安全管理工作,预防和杜绝安全事故,保障学生乘车安全,为区域研学做好交通服务工作。

第一,车辆应符合《机动车运行安全技术条件》等国家标准,并在公安机关交通部门备案，不得使用农用车等非营运车辆，严禁使用拼装车、故障车、报废车、套牌车、未年检的车辆或假年检车辆。定期对车辆进行保养和消毒。

第二，驾驶员应符合《道路运输从业人员管理规定》，并具备下列条件：有相应准驾车型3年以上安全驾驶经历；最近3年内任一记分周期内没有累计记满12分的记录；未发生过致人死亡且负有责任的交通事故；依法经公安部门审验合格；健康，言行文明，无嗜酒等不良习好，无传染性疾病，无癫痫、精神病等可能危及行车安全的病史；无犯罪或严重违法记录。

第三，车辆行驶应认真遵守《中华人民共和国道路交通安全法》。严格执行以下要求：一是每天提前10分钟将车辆停在指定地点，做好出车前的安全检查；二是按规定的时间和线路接送学生，保证学生正常上下学的时间；不得擅自改变路线和接送点，应安全送返至指定接送点，不得漏送漏接，不得没到接送点提前让学生下车；三是锁车入库前要检查是否有未下车学生和遗留物品；司机文明行车，安全驾驶，不得打骂、侮辱学生；四是禁止酒后驾驶、疲劳驾驶，开车时不准抽烟、接打电话或与他人交谈，不准超速、超载；保持车厢内外整洁，确保车辆设备、设施齐全有效，必须配备有效的灭火设备。

第四，及时处理接送期间的突发事件。在接送过程中，如果车辆发生故障，不得发给学生路费让学生自行回校或回家，更不得让学生中途下车不管，要及时更换车辆，保证学生的运行；接送学生过程中发生侵害学生人身、财产安全的违法行为时，及时采取措施对学生进行保护，并及时向公安机关报告；发生车辆交通事故时，及时采取救助措施，保护现场，并立即向相关部门报告；规范驾驶车辆，保障学生往返安全。

六、研学教师安全责任

研学教师要全面落实"安全第一，预防为主"的方针，强化安全管理，健全学校的"安全风险，安全制约，安全激励"机制，进一步提高区域研学安全管理，实行责任到人的目标管理，使全体教师认识到"安全责任重于泰山"，确保安全目标的实现，按照"谁带队，谁负责"的原则，带队教师对学生的安全工作负全责，承担本次研学和本岗位学生安全管理责任。研学教师的具体责任内容既是教师的责任范围又是教师具体工作内容，在组织指导学生完成研学活动的过程中，研学教师要把安全放在首位，时刻关注学生的人身安全，不能有丝毫的懈怠。

第一，带队教师是学生安全的第一责任人，负责本项活动学生的安全，发现问题及时处理并汇报；组织活动应做好学生安全保护工作，发现学生身体不适应及时向上汇报,在基地协调教师的配合下通知班主任及学生家长;每项活动前清点人数,对缺勤学生要及时了解原因,及时汇报给基地负责人。

第二,活动中需要使用活动道具时,教师一定要进行指导,学生在听讲解时,特别是在操作时,教师不能离开现场,在项目活动后清点道具并归位。

第三,进行需要跑、跳等剧烈运动的项目前,教师一定要进行安全教育,明确注意事项和操作规程,并认真指导;活动时要引导学生讲究方式方法,力求做到适时、适量、适度;教师要把学生控制在自己的视线范围之内;要掌握特殊体质学生的情况,防止意外事故的发生。

第四,基地内实施设备、建筑进行维修时,教师要教育学生不要靠近,更不能进入施工现场,防止发生意外事故。

第五,室内活动项目,教师要引导和组织学生排队前往,活动后按顺序排队依次回到室外,严禁学生在走廊或楼梯上推搡、打闹。严防因教师指挥不利,活动前电源、器材、备品检查不到位或教学组织不当,操作不规范,导致的火电灾害和学生人身伤害。

第六,活动器械的搬运和安装,不得允许学生参与,以免造成学生人身伤害。在教学过程中认真关注特殊体质的学生,讲解指导要到位,严禁实施不符合学生身心发展规律的动作或活动方法,避免学生受到伤害。

第七,活动期间,有家长(或亲属)到活动基地,提出学生因特殊情况离开场地,必须和班主任联系,班主任与家长沟通后方能批准离开。研学教师还要认真查验核实,并做好登记。

第八,研学教师要处理好与学生的关系,不得体罚或变相体罚学生,不得对学生进行语言伤害、人身攻击,以免影响学生身心健康或造成一定伤害和影响。

第九,如有事故发生,要及时处理并在第一时间报告直接领导和主管领导,防止因处理不及时或迟报、漏报、瞒报造成学生伤害和财产损失。

第三节 区域研学安全措施

区域研学是学生集体外出活动,人数多,时间长,并且是实践体验活动,在交通、住宿、饮食、活动等方面都存在一定的安全隐患,为杜绝安全问题,确保学生人身和财产的安全,必须制定科学有效的中小学生区域研学安全保障措施,建立行之有效的安全责任落实、事故处理、责任界定及纠纷处理机制，实施分级备案制度，做到层层落实，责任到人。

一、交通安全保障措施

（一）接送学生汽车要达到标准

选择交通工具时要根据安全性原则，将安全性放在第一位。为切实加强区域研学有关用车的安全管理工作，预防和杜绝安全事故，保障学生乘车安全，选择签约车队与驾驶员应具有以下标准。

1. 对车辆的具体要求

车辆应符合《机动车运行安全技术条件》等国家标准，并在公安机关交通部门备案，要选择具备经营资格且信誉好的汽车公司（车队），技术性能合格，证照齐全，有旅游客运资质的车辆。不得使用农用车等非营运车辆，严禁使用拼装车、故障车、报废车、套牌车、未年检的车辆或假年检车。定期对车辆进行保养和消毒。

2. 对驾驶员资格的审核

驾驶员应符合《道路运输从业人员管理规定》，责任心强、技术过硬且有旅游车辆驾驶员上岗证，做到不超载、不违章、不疲劳驾驶、不开故障车等，切实保证学生的安全。

（1）有相应准驾车型3年以上安全驾驶经历。

（2）最近3年内，任一记分周期内没有累计记满12分的记录；未发生过致人死亡且负有责任的交通事故。

（3）驾驶证依法经公安部门审验合格。

（4）身心健康，言行文明，无嗜酒等不良习好，无传染性疾病，无癫痫、精神病等可能危及行车安全的病史。

（5）无犯罪或严重违法记录。

3. 对驾驶员的具体要求

（1）每天提前10分钟将车辆停在指定地点，做好出车前的安全检查。

（2）按规定时间和线路接送学生，保证学生正常上下学的时间。不得擅自改变路线和接送点，应安全送返至指定接送点，不得漏送、漏接，不得没到接送点提前让学生下车。

（3）锁车入库前要检查是否有未下车学生和遗留物品。

（4）在接送时间内，驾驶员文明行车，安全驾驶，不得打骂、侮辱学生。

（5）严禁酒后驾驶、疲劳驾驶，开车时不准抽烟、接打电话或与他人交谈，不准超速、超载。

（6）保持车厢内外整洁，确保车辆设备、设施齐全有效，必须配备有效的灭火设备。

（7）处理接送期间突发事件的义务。

（8）在接送过程中，如果车辆发生故障，必须安排其他合格车辆接送，不得发给学生路费让学生自行回校或回家，更不得让学生中途下车不管。

（9）在接送学生过程中发生侵害学生人身、财产安全的违法行为时，及时采取措施对学生进行保护，并及时向公安机关报告。

（10）发生车辆交通事故时，及时采取救助措施，保护现场，并立即向相关部门报告。

（二）车辆停放要求

在接送学生过程中，及时与学校对接人联系，选取停车地点与车头朝向，原则是不让学生过马路上车，保障学生的安全。

（三）车上安全要求

行车过程中，对学生在车上的安全要提出具体要求。

（1）坐在靠窗的学生不允许把窗子打开，更不允许把手、头及其他的身体部位露出窗外。

（2）最后一排中间座位不许坐人。

（3）坐在外面的孩子把扶手扶起，并系好安全带。

（4）禁止学生离开座位，在车上随意走动，以免车辆刹车时摔倒。

（5）禁止学生在车上大声喧哗，禁止在车上吃零食，以免发生不必要的危险。

（6）因车辆行驶时间过长，学生出现犯困的现象，可以允许学生睡觉，同时提醒学生要注意睡姿。

（7）下车前提醒学生马上要到达终点，检查自己的随身物品，并提醒学生，车停稳后经教师允许之后才能下车。

（四）行车过程安全要求

（1）活动前要检查车况，车况不良必须更换，否则不得发车，加强用车的交通安全管理。

（2）在学生出行前，必须办理个人意外保险。

（3）研学教师团队负责人提前一小时到达集合地点接人。

（4）上下车前，由研学教师及带队教师当场清点人数，然后由教师带领，列队上车、下车。

（5）带队教师在车上再次对学生进行安全、文明、纪律教育。

（6）带队教师必须掌握一定的安全常识，一旦发生安全事故，应立即采取紧急措施，拨打紧急救援电话。

（7）中途车辆发生故障时，带队教师应及时把故障情况告知学校领导和研学机构。因故障影响安全时，一定要做出停驶的决定，并提出紧急调车的要求。

（8）车辆换乘时，带队教师维持好学生秩序，严禁下车随意走动，防止发生交通事故。

（9）按既定行车路线行驶，不允许私自更改行车线路。因天气、道路情况需要更改的需报主管领导同意方可。

（10）途中遇车辆失火应立即要求司机停车开门，同时指挥学生不要惊慌，如火势较小，前部学生从前门下，后部学生从后部应急门下。如火势较大，可视情况破窗逃生。下车后及时组织学生疏散到安全地带，一名教师清点人数，一名教师负责及时向领导报告情况。如有学生受伤应立即组织抢救。

（五）交通事故处理要求

（1）有重伤情况即可拨打122、120、999，并立即组织抢救。

（2）迅速报告学校领导，调动应急车赶到事发现场。

（3）保护好现场，指挥师生撤离至安全地点，向上级领导报告事故情况。

（4）安定学生情绪，询问、检查学生受伤情况，把受轻伤学生送往医院检查、诊治。

（5）立刻成立事故处理小组，分别负责家长、公安、医疗、保险等各方，接洽妥善处理善后事宜。

二、基地安全保障措施

区域研学基地是学生研学活动的最终场所，是学生研学活动最集中的地方，因此，安全问题极为重要。基地要严格落实基地安全标准，严格遵守基地安全制度，对基地研学教师进行安全教育，提高安全意识，开展检查和实施安全技术措施，加强安全管理，积极寻求降低事故发生、减少损失的办法和措施。基地研学教师在活动过程中必须严格遵守安全操作规程，正确使用各种研学工具和防护用品，杜绝安全事故的发生，要将安全工作放在中心地位，有预案，有检查，有记录。

（一）基地安全排查

为保证学生在区域研学基地活动的安全，最重要的是进行安全排查。

（1）活动场地应尽可能平坦完整，无人为制造的安全隐患。

（2）活动场地应有充足阴凉处，确保孩子能够正常休息。

（3）活动场地内应有安全的避雨处，在降雨天气下确保课程正常进行。

（4）活动场地内不宜存在过多可攀爬高处（5处之内），避免学生攀爬跌落造成意外伤害，可攀爬高处高度在1米以上须粘贴"禁止攀爬"警告标志。

（5）活动场地内不宜存在过多水域处，在水域处须粘贴"禁止靠近"警告标志及警戒线。

（6）所有具有安全隐患的场地应在隐患处摆放安全警示标牌。

（二）场地器械安全管理

1. 器械的安全管理

（1）基地主带教师在活动前一周领取学生在基地活动所需器械，填好出库单（时间、器械数量及种类）。

（2）活动器械送到基地后，由基地总后勤进行器械清点，分类存放，不得混乱。

（3）对已领取使用的器械由实际使用人和基地主带教师承担责任。对因个人自身过失、非正常使用而对器械造成的损耗（消耗品除外），由责任人承担所造成损失部分的赔偿。

（4）活动中使用的器械如有损坏，需要及时报告基地总后勤，基地总后勤迅速查明原因，确定损坏性质（正常损坏或非正常损坏），做出是否赔偿的决定。

（5）对违规操作造成的损坏，使用者按原价赔偿，对正常操作出现的损坏要求带队教师和基地总后勤签名办理报废手续。

（6）对故意损坏的器材除要求赔偿外，还要追究损坏人的责任。

（7）活动结束后，要把器械送回总仓库，由公司后勤接收并进行清点及检查。基地主带教师须填写回库单（时间、器械数量、种类、损耗单及报废单），信息与出库单一致，由公司后勤签字确认后入库。

2. 器械的安全使用

（1）研学教师要提高器械安全使用的意识，正确指导学生使用活动器械。

（2）选定拓展项目时，有安全隐患的器械不予选择。

（3）活动器械如长杆等尖锐锋利的物体等，尽量缩小甚至消除安全隐患。

（三）场地活动安全管理

（1）课程开始前，一定要对课程活动场地进行安全排查，排除不安全因素，不安全地带要有警示牌或警示语。要了解场地所属地天气情况，对学生进行安全教育。要检查学生身上所带物品，口袋中不允许装手机等贵重物品，避免在跑跳中摔坏。口袋中不允许装钥匙、笔等尖锐物品，避免在跑跳中扎伤。

（2）课程活动期间带队老师要加强巡视，发现学生有不安全行为要及时阻止。要教育学生听从教师的安排与指挥，活动中严格按规定操作，不要开玩笑或冒险做出一些危险动作。严禁使用旗杆等活动道具追逐打闹。

（3）各项目关卡教师要特别提醒学生安全注意事项，特别提醒学生不得从高处往下跳跃，身体不适的学生，不要勉强参加活动。

（4）注重文明形象，爱护培训基地的卫生环境和设施设备，遵守培训基地的有关规定。严格遵守时间，按时集合、列队、不准擅自离队。活动区域出入口由专人负责执守，以免学生走失。

（5）海边活动时，严禁学生在海边游泳。学生一旦被海蜇蜇伤，可用清水洗伤口，然后迅速外敷重碳酸纳、高锰酸钾水（症状：被蜇伤处潮红、又疼又痒，严重者会出现呼吸困难、恶心呕吐）。

（6）学生晒伤可用自来水反复冲洗伤处或涂抹激素性药膏，如果出现水泡尽量不要弄破，可在水泡周围涂抹酒精（症状：皮肤红肿、胀痛感，严重者出现水泡）。一旦发现有人落水，应迅速向落水者抛出就近的救生圈或救生服及救生灯，并大声呼救。

（7）学生发生一般的小疾病、小损伤，工作人员要马上处理，应视救治情况及时把伤者送到最近的医院及时医治，应将处理情况及时登记并有其他学生签名证明，及时办理保险报案。

（8）学生发生严重损伤，当事教师必须马上拨打110、120电话，请求派车急救，护送伤员到医院救治。同时向校长和研学专业机构安全组长报告，并通知学生家长到医院。采取积极措施，做好伤员及家长的接待、抚慰、保险理赔等工作。

三、食品卫生安全保障措施

为防止食物中毒或者其他食源性疾患事故的发生，保障全体师生身体健康，在与合作餐厅决定合作时，需与合作餐厅签订合作协议，同时需餐厅提供营业执照、税务登记证、卫生许可证、消防安全合格证及营业员个人健康证明。对其餐厅的卫生环境进行实地考察，最后对其各项证件的复印件进行留存，确保全体师生的饮食卫生与安全。

（一）饮食安全宣讲

研学教师要对学生进行健康卫生宣传，提醒学生注意饮食卫生安全。

（1）经过长时间大量运动，学生身体一般比较疲劳，抵抗力下降，因此要特别注意饮食卫生。

（2）剧烈运动后不应马上喝水、吃饭，需适当休息之后方可饮食。运动量大，出汗多，要控制好水的摄入量，防止饮用矿泉水过多而引发卫生疾病。

（3）不要购买摊点的饮料、食品，以防不符合卫生标准而引发卫生疾病。

（4）集体按时就餐，不拥挤，不争抢，相互礼让，文明就餐。饮食前要清洗双手，检查餐具，确定无破损，以防用餐时被划伤。用餐时，注意安全，避免烫伤。

（5）必须使用规定饮用水，不得擅自使用野外水源。

（二）健康安全知识教育

（1）研学教师应具备一定的健康知识，熟知食物中毒症状（上吐下泻、腹痛、恶心、胃寒、发热、起病急、发病快、潜伏期短、吐泻，严重时会出现脱水、休克等）。

（2）一旦发生食物中毒，研学教师立刻向领导报告，同时把中毒学生尽快送往医院治疗。

（3）购买具有健康安全保证的饮用水（大品牌，具有食品药品监督管理局颁发的《生产食品许可证》及卫生行政部门颁发的《卫生许可证》和从业人员身体健康合格证的桶装水），确保师生的饮水安全。

四、课程实施安全保障措施

区域研学课程实施过程中，研学教师要严格按照区域研学课程实施方案进行，全面考虑课程实施过程中的安全因素，严格把控课程实施的各个环节，采取有效措施，全力消除安全隐患，保证课程实施过程中的绝对安全。

（一）制定课程活动安全流程图

课程实施教师要制定课程实施安全细则，梳理课程实施各个环节的安全因素，制定课程活动安全流程图，使课程实施的每个环节都安全有效。

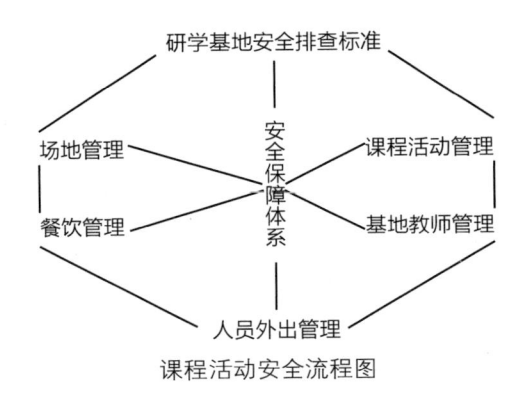

课程活动安全流程图

（二）填写课程实施安全检查记录表

研学教师要严格进行课程实施过程中的安全管理，严格按照各个环节的安全标准执行，做好安全检查，并填写课程实施安全检查记录表。

课程实施安全检查记录表

基地名称		检查时间			检查人		
项目	检查内容	检查结果					存在问题，解决方法
		已完成	未完成	无隐患	有隐患	是	否	
主席台	主席台及背景布置是否安装完成，有无安全问题							
音响设备	音响设备是否完好							
活动教具	各任务点教具是否齐全、到位							
	活动教具是否存在安全隐患							
场地	活动开始前是否对活动场地进行安全检查，不安全地带是否有警示牌或警示语							
工作人员	教师、安全员是否全部到位							
	教师、安全员是否分工明确							
	教师、安全员是否有不文明行为（辱骂、体罚学生）							

续表

基地名称			检查时间			检查人		存在问题，解决方法
项目	检查内容	检查结果						
		已完成	未完成	无隐患	有隐患	是	否	
学生	是否有小队教师带队活动							
	午餐时间是否有教师、工作人员看管							
	学生去厕所是否有工作人员陪伴							
	是否有身体不适的学生参加活动							
	活动开始前是否询问学生所带物品有无安全隐患							
	活动期间安全员是否巡视场地，发现学生有不安全问题是否教育阻止							
	各项目教师是否提醒学生项目安全注意事项							

（三）填写基地研学教师安全工作监督表

基地研学教师要做好与学校、司机、基地负责人、午餐餐点负责人的对接与协调，做好各个环节的安全工作，并填写基地研学教师安全工作监督表。

基地研学教师安全工作监督表

校名		年级		时间	
到达时间			返程时间		
时间	工作内容		负责人	完成情况	
	与基地协调教师对接活动人数、班级数		基地研学教师		
	安排带队教师，确定班级主带教师		基地研学教师		
	协助后勤人员，布置场地（提前1小时到达）		机构后勤人员		
	报告场地布置情况，对接器械		基地研学教师		
	检查各场地布置情况		基地研学教师		
	与协调教师确认班级数、活动人数、到达时间		基地研学教师		
	与协调人员沟通，安排带队研学教师接车		基地研学教师		
	停车场接车，带入场地		基地研学教师		
	开场，介绍课程，宣讲安全教育		基地研学教师		

续表

校名			年级		时间	
到达时间			返程时间			
时间	工作内容		负责人		完成情况	
	小队离场，开始活动		基地研学教师			
	按时间流程，严格控制项目时间		基地研学教师			
	与协调教师确认教师数量，告知午餐时间		基地研学教师			
	安排学生午餐，检查场地安全		基地研学教师			
	按时间流程，组织下午活动		基地研学教师			
	安排学生填写学生调查表		基地研学教师			
	将学生带入闭营场地		基地研学教师			
	闭营总结、颁奖		基地研学教师			
	配合送车教师，组织学生等车上车		基地研学教师			
	回收、清点器械		机构后勤人员			
	总结校方情况，填写研学总结表格		基地研学教师			

（四）填写基地研学教师协调工作监督表

基地研学教师在与学校、司机、基地负责人、午餐餐点负责人对接过程中，做好协调工作，全面考虑安全因素，填写基地研学教师协调工作监督表。

基地研学教师协调工作监督表

校名		年级	
出发时间		返程时间	
对接时间	工作内容	负责人	完成情况
	活动人数对接	协调教师	
	与汽车司机对接	协调教师	
	研学活动人数数据确认	协调教师	
	汽车到达时间确认	协调教师	
	通知场地主带教师班级数量、人数	协调教师	
	与接车教师对接	协调教师	
	提前半小时确认大车位置、到达时间	协调教师	
	确认大车位置，安放车号	接车教师	
	整队集合，宣讲安全须知	接车教师	
	领队上车，清点人数（学生、教师）	接车教师	
	车上宣讲安全注意事项，简单介绍活动地点、课程内容	接车教师	

续表

校名			年级	
出发时间			返程时间	
对接时间	工作内容		负责人	完成情况
	通知基地教师，活动人数、到达时间		接车教师	
	到达基地前 10 分钟通知主带教师准备接车		接车教师	
	研学教师接车，将学生带入活动场地		基地研学教师	
	确定午餐时间、订餐人数		协调教师	
	确定返程时间，通知校方负责人		协调教师	
	填写校方意见调查表		协调教师	
	回收学生调查表		协调教师	
	安排学生上车，宣读车上注意事项		接车教师	
	安全到达，通知总指挥		协调教师	

（五）填写基地研学教师安全工作考核表

基地研学教师严格按照基地安全标准进行课程实施，安全工作列入课程实施安全工作考核，研学教师要填写基地研学教师安全工作考核表，课程实施安全工作作为年度考核基地研学教师的重要指标。

基地研学教师安全工作考核表

校名		年级		时间	
到达时间			返程时间		
时间	工作内容		负责人	考核情况	
	与基地协调教师对接活动人数、班级数		基地研学教师		
	安排带队教师，确定班级主带教师		基地研学教师		
	协助后勤人员，布置场地（提前 1 小时到达）		协助机构后勤		
	报告场地布置情况，对接器械		基地研学教师		
	检查各场地布置情况		基地研学教师		
	与协调教师确认班级数、活动人数、到达时间		基地研学教师		
	与协调人员沟通，安排研学教师接车		基地研学教师		
	停车场接车，带入场地		基地研学教师		
	开场，介绍课程，宣讲安全教育		基地研学教师		
	小队离场，开始活动		基地研学教师		
	按时间流程，严格控制项目时间		基地研学教师		

续表

校名			年级		时间	
到达时间			返程时间			
时间	工作内容		负责人		考核情况	
	与协调教师确认教师数量，告知午餐时间		基地研学教师			
	安排学生午餐，检查场地安全		基地研学教师			
	按时间流程，组织下午活动		基地研学教师			
	安排学生填写学生调查表		基地研学教师			
	将学生带入闭营场地		基地研学教师			
	闭营总结，颁奖		基地研学教师			
	配合送车教师，组织学生等车上车		基地研学教师			
	回收、清点器械		协助机构后勤			
	总结校方情况，填写研学总结表格		基地研学教师			

五、自然灾害安全防护措施

自然灾害是自然界中发生的无法控制的异常的自然现象，自然灾害给人类所造成的危害是不可预测的。自然灾害中有地震、雷电、台风、高温、洪水、暴风雨等，这些灾害具有不可抗力，区域研学随时都可能受到这些自然灾害的影响，因此要对这些常见自然灾害有足够的认识，要对学生进行防灾减灾知识教育，对这些灾害发生的原因、后果、防护措施、应急避险方法等进行讲解或演练，以确保灾害来临时人身安全不受到威胁。

（一）地震的安全防护

地震就是由地下岩石破裂或断层错动所引起的地面震动。大地震往往会造成房屋倒塌、地面破坏，并引发火灾、水灾、有害气体泄漏等次生灾害。

地震时要做好应急避险。

1. 室内应急要点

（1）选择厨房、卫生间等开间小的地方躲避。也可以躲在墙根、内墙角、暖气包、坚固的家具旁边等易于形成三角空间的地方。远离外墙、门窗，不要使用电梯，不能跳楼。

（2）躲避时身体应采取的姿势是蹲下或坐下，尽量蜷曲身体，降低身体重心，额头枕在大腿上，双手保护头部。如果有条件，还应该拿软性物品护住头部，用湿毛巾捂住口鼻。

（3）避开吊灯、电扇等悬挂物。正在教室上课、工作场所工作、公共场所活动时，应迅速抱头、闭眼，在讲台、课桌、工作台和办公家具下等地方躲避。在地震第一时间关闭火源、电源、气源，处理好危险物品后，再行避险。已经脱险的人员，震后不要急于回屋，以防余震。

专家提醒：地震时要沉着冷静，及时反应。

2. 户外应急要点

（1）就地选择开阔地带避险，蹲下或趴下，以免摔倒。

（2）驾车行驶时，尽快降低车速，选择空旷处停车。

（3）避开高架桥、高烟囱、水塔等建筑物。

（4）避开玻璃幕墙、高门脸、广告牌、变压器等危险物。

（5）在野外，避开河岸、陡崖、山脚，以防坍塌、崩塌、滑坡和泥石流。

专家提醒：户外情况复杂，地震时注意观察，选择恰当的方法避险，避免意外伤亡。

3. 震后自救应急要点

（1）被压埋后，如果能行动，应逐步清除压物，尽量挣脱出来。

（2）要尽力保证一定的呼吸空间，如有可能，用湿毛巾等捂住口鼻，避免因灰尘呛闷发生窒息。

（3）注意外边动静，伺机呼救。尽量节省力气，不要长时间呼喊，可用敲击的方法呼救。

（4）尽量寻找水和食物，创造生存条件，耐心等待救援。

专家提醒：被压埋后，要坚定自救的勇气和信心，精神不能崩溃。

4. 震后互救应急要点

（1）根据房屋居住情况及家庭、邻里人员提供的信息判断，采取看、喊、听等方法寻找被埋压者。

（2）采用锹、镐、撬杠等工具，结合手扒方法挖掘被埋压者。

（3）在挖掘过程中，应首先找到被埋压者的头部，清理口腔、呼吸道异物，并依次按胸、腹、腰、腿的顺序将被埋压者挖出来。

（4）如被埋压者伤势严重，施救者不得强拉硬拖，应设法使被埋压者全身暴露出来，查明伤情，采取包扎固定或其他急救措施。

（5）对暂时无力救出的伤员，要使废墟下面的空间保持通风，递送食品，等待时机再进行营救。

（6）对挖掘出的伤员进行人工呼吸、包扎、止血、镇痛等急救措施后，迅速送往医院。

专家提醒：不要轻易站在倒塌物上。挖掘时要分清哪些是支撑物，哪些是埋压阻挡物,保护支撑物,清除埋压阻挡物,才能保护被埋压者赖以生存的空间不遭覆压。根据伤员的伤情采取正确的搬运方法。怀疑伤员有脊柱骨折的,要用硬板担架搬运,严禁人架方式,以免造成更大伤害。

(二)高温天气的安全防护

日最高气温达到35℃以上就是高温天气,达到37℃时称酷暑或"热浪"。连续高温热浪,会使人们生理、心理不适应,甚至引发疾病或死亡。

应急要点:

(1)保证睡眠,多喝白开水、盐开水、绿豆汤等防暑饮品,饮食以清淡为宜。

(2)白天尽量减少户外活动时间,外出要做好防晒措施,避免被阳光灼伤皮肤。

(3)如有人中暑,应将病人移至阴凉通风处,给病人服用防暑药品,如果病情严重,应立即送医院进行诊治。

专家提醒:夏天要常备仁丹、十滴水、清凉油等防暑药品。大汗淋漓时,切忌猛饮冰水、冰冻饮料及用冷水冲澡。空调温度不宜过低,避免长时间处在空调环境中,要适当开窗通风或到户外活动。

(三)大风的安全防护

瞬时风速大于等于17.2米/秒(风力8级)时,称为大风。大风会刮坏广告牌、大树和房屋,影响高空作业,易引发火灾等次生灾害。

应急要点:

(1)立即停止露天集体活动,疏散人群。

(2)所有活动参与人员及车辆不要在高大的建筑物、广告牌下方停留。

(3)及时加固门窗、围挡、棚架等易被风吹动的搭建物,切断危险的室外电源。

(4)车辆减速行驶,注意交通安全。

专家提醒:关注天气预报,做好防风准备。

(四)暴雨的安全防护

24小时降水量达50毫米以上的雨,称为暴雨。暴雨往往会在短时间造成内涝,影响交通、群众生产和生活。

应急要点:

(1)低洼地区房屋门口应放置挡水板或堆砌土坎。室内发生积水时,要及时切断电源。

（2）积水中行走时，要注意观察，贴近建筑物行走，防止跌入窨井、坑洞。

（3）驾驶员遇到路面或立交桥下积水过深时，应尽量绕行，避免强行通过。

专家提醒：注意防范山洪、滑坡和泥石流。不要将垃圾、杂物丢入马路下水道，影响排水畅通。

（五）雷击的安全防护

雷雨天气常常会产生强烈的放电现象，如果放电击中人员、建筑物或各种设备，常会造成人员伤亡和经济损失。

应急要点：

（1）注意关闭门窗，室内人员应远离门窗、水管、煤气管等金属物体，不要接打固定电话。关闭电器，拔掉电源插头，防止雷电从电源线入侵。

（2）在室外时，要及时躲避，不在要空旷的野外停留。在空旷的野外无处躲避时，应尽量寻找低洼之处（如土坑）藏身，或者立即下蹲，降低身体的高度。要避免开摩托车、骑自行车，更不能开摩托车、骑自行车在雷雨中狂奔；人在汽车里要关好车门车窗。远离孤立的大树、高塔、电线杆、广告牌。如多人共处室外，相互之间不要挤靠，以防被雷击中后电流互相传导。

专家提示：高大建筑物上必须安装避雷装置，防御雷击灾害。在户外不要用手机。雷雨天尽量少洗澡，太阳能热水器用户切忌洗澡。受雷击而烧伤或严重休克的人，他的身体是不带电的，抢救时不要有顾虑。若伤者失去知觉，但有呼吸和心跳，则有可能自行恢复。应该伤者他舒展平卧，安静休息后再送医院治疗。若伤者已经停止呼吸和心跳，应迅速果断地交替进行口对口呼吸和心脏按压，并及时送入医院抢救。

（六）火灾的安全防护

建立防火安全预案。

（1）活动过程中要加强防火安全教育，提高全体师生的防火安全意识，做到人人知防火，人人重安全。

（2）严禁学生将火柴、打火机等火种带在身上。

（3）一旦发生火情，应积极采取自救措施，并开通安全通道紧急疏散，及时将学生转移至安全地段。

（4）不准学生救火，教师可利用一切设备灭火，及时报119、120等相关部门请求援助。

（5）火灾发生后的处理，参照《消防安全管理及火灾处置预案》。

第四节　区域研学安全事故认定

区域研学过程中，虽然各个部门各个环节都对安全问题做了全面的防范，但在实际实施过程中，也可能会因各种原因不可避免地出现或大或小的安全事故，这就要及时对事故进行处理、认定，并做好善后工作。

一、安全事故处理流程

（1）在研学活动过程中发生事故时，带队教师应先安抚学生情绪，确认伤情状况，汇报基地主带教师。

（2）在确认伤情无大碍后，经主带教师允许方可归队参加活动。

（3）出现轻度以上皮外伤，如崴脚严重等情况需要送医院就医的，由安全员及学校教师陪同学生迅速前往就近二级甲等医院就医。

（4）伤情比较严重，现场应急车辆必须第一时间配合安全员将学生送往指定医院。

（5）在确定学生需要去往医院就医时，安全员需从学生处获取其本人信息，告知后勤保障部，通知其报保险。

（6）在医院处理伤情时，安全员要和学校教师沟通，需要通知家长的由学校或教师通知家长。

（7）如需后续治疗的，安全员需告知家长要去二级甲等以上医院就医，并保留其就诊单据，并登记学生的准确姓名，以便办理理赔手续。

（8）安全员需告知家长，学生后期事故处理由研学专业机构后勤保障部负责，直到学生彻底康复，并协助家长办理理赔事宜。

（9）发生较大安全事故时，基地主带教师要第一时间报告研学专业机构领导和学校领导。

二、安全事故认定

（一）交通安全事故

（1）接送车期间，因管理不善造成学生在车上出现安全事故的，追究其接车教师责任。

（2）预订接送学生的车辆时，未严格核实车辆是否有正规营运手续而导致出现安全事故的，追究其后勤保障部责任。

（3）负责接送学生的车辆，因操作不当或未按指定路线行驶造成学生伤害事故的，追究其司机责任。

（二）场地内安全事故

（1）因防护设施不完善等原因造成学生伤害事故的，第一责任人为研学基地。如主带教师及带队教师未进行安全提示，造成学生安全事故的，依法追究主带教师及带队教师责任。

（2）基地隐患排查，由于基地客观条件不能进行隐患消除的，主带教师及带队教师未进行安全提示，导致学生出现安全事故的，追究其责任。

（3）在课程实施期间，由于教师监管不力，导致器械给学生造成伤害的，追究带队教师责任，主带教师负连带责任。

（4）在课程实施期间，由于教师监管不力，学生相互打闹，造成人身伤害的，追究带队教师责任，主带教师负连带责任。

（5）安全员在安全巡查过程中，发现安全隐患未能及时解决及上报，造成学生伤害的，追究基地责任。

（6）在外出进行景区研学过程中，由于景区设备设施管理人监管不到位，造成学生伤害事故的，追究景区责任。

（三）研学活动事故

（1）教师体罚、变相体罚学生，造成学生身心伤害的，追究其责任，主带教师负连带责任。

（2）课程实施期间教师抽烟、接打电话影响正常教育教学工作，造成学生伤害的，追究其责任，主带教师负连带责任。

（3）教师品行不良，行为不端，猥亵侮辱学生，造成学生伤害的，追究其责任，主带教师负连带责任。

（4）课程实施期间因教师酗酒影响正常教育教学工作，造成学生伤害的，追究其责任，主带教师负连带责任。

（5）课程实施期间因教师保护不当或不力造成学生严重伤害的，或因教师在课程实施期间不在岗，学生无人监管造成学生伤害的，追究其责任，主带教师负连带责任。

（四）消防安全事故

（1）因防火、用电、用油、使用煤气及房屋防雷等方面消防安全器材设备设施保管、修缮、维护不及时造成学生伤害的，追究基地责任。

（2）发生火灾后组织疏散不及时，造成学生踩踏或学生伤害的，追究带队教师责任，主带教师负连带责任。

（五）食品卫生安全事故

（1）后勤保障部在选择食堂时，未检查食堂从业人员是否取得健康证明或存在病症未调离食品工作岗位，造成学生发生食品安全事故的，追究食堂第一责任人责任及研学专业机构后勤保障部责任。

（2）由于食堂门未锁、窗未关或安全保卫措施不完善等而导致投毒事件发生的，追究基地责任。

（3）发生食物中毒瞒报、迟报或没有采取有效控制措施和组织抢救工作，致使食物中毒事态扩大的，追究主带教师责任。

（4）未配合食品药监部门进行食物中毒调查或未保留现场的，追究食堂第一责任人责任及研学专业机构后勤保障部与主带教师责任。

（六）住宿安全事故

（1）后勤保障部在确定宿舍时，未按规定组织校舍检查，造成学生住宿时发生安全事故的，追究基地第一责任人责任及研学专业机构后勤保障部责任。

（2）晚间教师值班不到位或到位不尽职，导致学生发生安全事故的，追究值班人员责任。

（3）因楼梯扶手松动、照明设施不完善、校舍楼房悬浮物有危险等原因造成学生伤亡事故的，追究基地责任。

（七）保险安全事故

（1）在未能及时给学生上保险的情况下，出现安全事故的，追究后勤保障部责任。

（2）在上保险时出现名字错别字及身份证号码错误的，如学生资料由校方提供出现错误，由研学专业机构与校方一同承担；如学生资料由研学专业机构工作人员输入出现错误，追究其机构工作人员责任。

三、学校安全事故等级划分

根据《教育部教育系统突发公共事件应急预案》《公安部关于修订道路交通事故等级划分标准的通知》《火灾管理统计与规定》《学校食物中毒事故行政责任追究暂行规定》等文件内容，按事故的严重程度，从低到高分为Ⅳ级到Ⅰ级四个等级。

Ⅳ级：一般安全事故。

对师生个体造成损害，对学校教育教学秩序产生影响，对学校财产造成一定损失的事故。

Ⅲ级：较大安全事故。

一次食物中毒99人及以下，未出现死亡病例；交通一次造成重伤1~2人，或者轻伤3人以上，或者财产损失不足3万元；火灾死亡1~2人，或重伤10人以下，或经济损失30万元以下。

Ⅱ级：重大安全事故。

一次食物中毒100人及以上，或出现死亡病例；交通一次死亡1~2人，或者重伤3~10人，或者财产损失3万~6万元；火灾一次死亡3~9人，或重伤10~19人，或死亡、重伤10~19人，或直接财产损失30万~100万元。

Ⅰ级：特大安全事故。

一次食物中毒100人以上并出现死亡病例，或出现10例及以上死亡病例；交通一次死亡3人及以上，或者重伤11人及以上，或者死亡2人，同时重伤5人以上，或者财产损失6万元以上；火灾一次死亡10人及以上，或重伤20人及以上，或死亡、重伤20人及以上，或直接财产损失100万元及以上。

学校发生教育教学活动等事故参照以上标准划分等级。

四、学生的安全保险

参加区域研学专业机构需要为学生上意外伤害保险。第一，学校要提供清晰的学生的姓名、身份证号、出生日期给保险公司，标明出行日期、线路、投保单位全称、联系方式。第二，如学生意外受伤，需送到二级甲等以上的医院就诊。第三，记录好出险人员的姓名、身份证号、保单号，并及时报案。

第十章　区域研学服务保障

第一节　区域研学服务理念

一、区域研学服务概念和宗旨

（一）区域研学服务概念

服务是一个汉语词汇，意思是指履行职务，为他人做事，并使他人从中受益的一种有偿或无偿的活动，不以实物形式而以提供劳动的形式满足他人某种特殊需要，也指任职。

基本解释就是履行职务，为大家做事，引申解释有几种情况。

服务是为社会或他人利益办事，是个人或社会组织为消费者直接或凭借某种工具、设备、设施和媒体等所做的工作或进行的一种经济活动，是向消费者个人或企业提供的，旨在满足对方某种特定需求的一种活动和好处，其生产可能与物质产品有关，也可能无关，是对其他经济单位的个人、商品或服务增加价值，并主要以活动形式表现的使用价值或效用。是指生产社会效益和使用价值的活动形式，是为满足他人特殊需求所从事的非物质性产品生产及从事可用于直接消费的物质性产品生产的社会化有偿性劳动，是为解除他人日常生活中劳动压力的代劳行为和使人得到享受的活动。是为客户提供价值的一种手段，使客户不用承担额外的成本和风险就可获得所期望的结果。

这里所说的服务是指区域研学在实施过程中，研学教师对参加研学的学校、教师、学生和家长等在整个活动过程中为满足他们实现研学目标所进行的一切努力和无偿帮助。

区域研学专业机构组织学生到大自然中去,到社会中去,到广阔的天地中去体验、去实践,使学生开阔眼界,增长见识,各种能力得到培养,综合素质得到提高。这样的区域研学,学生是主体,是实践者,是成长者,组织者校内外的研学教师是指导者、服务者,研学教师要本着一切都要以学生为中心,一切为了学生成长的理念,全心全意为学生服务,具体表现为以下几点。

(1) 以人为本,以生为先,尊重学生,学生至上。

(2) 诚实为本,守信为天,尽职为事,尽责为人。

(3) 爱心对人,热心对事,全心服务,全意为生。

(4) 用心想事,尽心做事,诚心共事,竭尽全力。

(5) 一切以学生为核心,提高学生素养,促进学生快乐成长。

(二) 区域研学服务宗旨

尊重学生,理解家长,为学生成长尽力,这是区域研学的服务宗旨。全心全意、尽职尽责为学生和家长排忧解难,这是区域研学的服务目标。为实现区域研学的服务宗旨和目标,应注意以下几点。

(1) 关心和爱心。站在家长和教师的角度,把握学生的心理和需求,用爱心为学生所想。

(2) 真心和细心。站在学生自身的角度,考虑所有事情,用真心为学生做好每件事。

(3) 诚心和恒心。站在组织者和服务者的角度,用积极的心态、乐观的情怀对待每一个学生。

(4) 尽心和全心。站在学生成长和事业发展的角度,以主人翁的姿态,胸怀区域研学全局,一切以大局为重,以学生成长为目标,考虑每一件事情,做好每一件事情。

二、区域研学服务标准

(一) 区域研学服务标准特征

区域研学的组织者和研学教师在研学过程中对学生、家长及学校等的服务需要有一个标准,因为只有有了服务标准,研学组织者、教师才知道什么样的服务是最好的,就会向着这个方向去努力。服务标准不仅为工作方法提供了指导,同时指明了工作方向。清晰、简洁、直观、有效的服务标准,使每位研学教师清楚地了解研学机构对于服务的要求和期望。服务标准也是研学教师创造价值的衡量工具,是一个有效的研学教师业绩评价系统的基础，也提供给人力资源部门和管理人员衡量员工的绩效参照。

具体地讲，服务标准的特征有以下几点。一是明确性。服务标准必须明确、可量化，如规定微笑面对顾客，接听电话要问候您好。二是可衡量性。指服务标准要用定量表示，如接听电话都要在铃响第二声接听。三是可行性。建立标准不代表确立目标，它意味着设计一个可能实现的工作过程，并且使之不断地执行下去。四是及时性。服务标准应该有明确的时间限制，才有价值。五是吻合性。服务标准要与学生、家长和学校的需求吻合。

（二）区域研学服务质量

服务讲究质量，没有质量的服务就是无效服务。一般情况下，评价服务质量的标准主要有以下五个方面。

一是能感知。指提供服务的有形部分，如各种设施、设备、服务人员的仪表等，学生、家长等正是借助这些有形的、可见的部分来把握服务的实质。有形部分提供了有关服务质量的线索，同时也直接影响到学生、学校和家长对服务质量的感知。

二是要准确。指服务供应者准确无误地完成所承诺的服务，要避免服务过程中的失误，学生、学校和家长认可的准确是最重要的质量指标，他们通过强化可靠性来建立声誉。

三是重实效。主要指反应能力，即随时准备为学生、学校和家长提供快捷、有效的服务，对他们的各项合理要求，都应该给予满足，并保证效果。服务质量和实际效果是服务的重要标准。

四是可信任。主要指研学教师的友好态度与胜任能力。研学教师较高的知识技能和良好的服务态度，能增强学生、学校和家长对服务质量的可信度和安全感。研学教师丰富的知识、高超的技能及组织管理能力加上友好和善的服务态度，让所有人都会产生信任感。

五是有感情。指研学教师能设身处地为学生着想，努力满足学生、学校和家长的要求。这就要求研学教师有一种投入的精神，想学生之所想，急学生之所需，了解学生的实际需求，以至特殊需求，千方百计地予以满足，要关心和爱护学生，使服务过程充满感情。

（三）区域研学规范用语

1. 来电咨询

（1）接待人员接听来电时须用普通话应答，认真聆听对方的问题，并按要求做好来电登记。

（2）根据咨询项目，做出合理的介绍。介绍内容包括活动所达到的目的、亮点项目、能够带给孩子什么、安全保障、饮食、住宿等标准。

（3）解答提出的问题，根据项目环节设置、亮点项目、住宿、饮食、费用等耐心解答，其中注意了解咨询人员的年龄、性别、爱好、特长等个人信息，尽量为其提供所需的帮助。

（4）接听电话过程中要争取留下联系方式、所了解项目的问题情况等。

（5）通话结束后，应礼貌地向对方道谢："再见，感谢您的来电！"在对方挂机后再行挂机。

（6）在接到电话的3天内应及时给来电者回访，去电咨询考虑的情况，了解来电者对课程的意见，应做好相应回访记录。

（7）接电话时，用充满活力的声音及适中的音量问候："您好，很高兴为您服务，请问有什么可以帮助您！"

（8）莫名来电时，应礼貌回应："您好，请问有什么可以帮助您？"

（9）当已经了解了来电者姓名的时候，应在姓氏后加上"先生或女士"等，并礼貌地回应："某先生，请问有什么可以帮助您？"

（10）遇到无声电话时，应问候："您好！请问有什么可以帮助您？"稍停5秒还是无声，再次问候"您好，请问有什么可以帮助您？"稍停5秒，对方无反应，则说："对不起，您的电话没有声音，请您换一部电话再次打来，好吗？再见！"再稍停5秒，挂机。

（11）因对方使用免提而无法听清楚时，应回应："对不起，您的声音太小，请您拿起话筒说话，好吗？"

（12）遇到对方声音小听不清楚时，要保持自己的音量不变的情况下："对不起！请您大声一点，好吗？"若仍听不清楚，则可回应："对不起！您的电话声音太小，请您换一部电话打来，好吗？"然后过5秒挂机。

（13）遇到电话杂音太大听不清楚时，可说："对不起，您的电话杂音太大，听不清，请您换一部电话再次打来，好吗？"稍停5秒，挂机。不可以直接挂机。如果对方需要你查询内容，要先对对方说："请您稍等。"

（14）遇到对方讲方言而听不懂时，可说："对不起，请您讲普通话，好吗？谢谢！"当对方继续讲方言，不讲普通话时，可说："对不起，请您找一个可以讲普通话的人来，好吗？谢谢！"

（15）遇到对方抱怨声音小或听不清楚时，应回应："对不起（稍微提高音量），请问有什么可以帮助您？"

2. 来访咨询

（1）来访者进门，站立微笑："您好，欢迎光临！有什么能帮助您的？"

（2）引导客户入座，递茶。

（3）根据咨询项目，递送相应资料，做出相应的介绍。介绍包括课程内容、人员配备、安全保障、服务、饮食、住宿等。

（4）解答提出问题，根据项目环节设置、亮点项目、住宿、饮食、费用等耐心解答，调查参加学员年龄、性别、特别爱好、特长等个人信息，尽量为其提供所需的帮助。

（5）家长填写报名表并交费，认真指导家长仔细阅读课程告知内容，并耐心详细解答。

（6）来访人员离开，要送出门口并按下电梯，直到来访人员坐上电梯，电梯门关闭后才能进入单位。

三、区域研学服务人员素质

在学生面前，教师都是服务者，一切以学生为主体，以学生成长为核心，研学教师在整个研学过程中起引导和辅助的作用，每一位研学教师都要全心全意地为学生服务。因此，每一位研学教师都要做一名合格的服务人员，都应该有严谨的工作作风、热情的服务态度、熟练的业务知识、积极的学习态度，有问题耐心地向学生、家长解释，虚心地听取他们的意见等。

（一）服务人员基本素质要求

（1）态度真诚热情。只有热爱这一门事业，才能全身心地投入工作，所以这是一个合格的研学教师的一个先决条件。

（2）熟练业务知识。一名合格的研学教师，应拥有熟练的业务知识，并不断努力学习。只有熟练掌握了各方面的业务知识，才能准确无误地为学生和家长提供有关研学方面的服务。

（3）主动耐心引导。一名合格的研学教师，对学生的态度很关键，研学过程中，应用一颗爱心指导学生、帮助学生，要语气缓和，不骄不躁，在做好指导的同时，建立和谐友好的师生关系。

（4）合理沟通协调。有效的沟通能力是作为研学教师和工作人员应该具备的基本素质。只有了解了学生、家长需要什么服务和帮助，了解了他们的问题和要求，才能找出存在的问题，对症下药，解决问题。

（二）服务人员基本能力要求

（1）健康快乐，心胸宽广。具有良好的心理素质及自控能力。

（2）知识丰富，善于管理。具有组织与指导学生活动的能力。

（3）善于交流，有效沟通。正确地与学校、家长和学生交流，具有良好的倾听与沟通能力。

（4）胸怀大局，整体观念。要具有大局观念，正确处理研学机构和学生、学校及家长间的关系，要有一定的协调能力。

（5）掌控课程，注意生成。要有掌控调节课程实施的能力，注意课程生成，辅助学生学习。

（6）做事严谨，处事灵活。要思维缜密，考虑周全，具有突发事件的判断与处理能力。

（7）勤奋学习，不断进取。学习新的业务知识，具有一定的学习能力。

（8）善于总结，勤于反思。能有效地总结工作，反思成绩和不足，具有分析问题并及时解决问题的能力。

（9）表达清晰，语言流畅。说话前后富有逻辑性，具有熟练驾驭语言的能力。

（10）说话和气，语调亲切。语调抑扬顿挫，令人愉悦，具有较强的语言表达能力。

（三）服务人员心理素质要求

（1）要有一定的应变能力。

（2）要有足够的承受能力。

（3）要有情绪的自我掌控及调节能力。

（4）要有满负荷情感付出的支持能力。

（5）要有积极进取、永不言败的良好心态。

（6）要有谦虚谨慎的工作态度。

（7）要有强烈的集体荣誉感。

（8）要有对他人心理活动的洞察力。

第二节　区域研学过程服务

区域研学专业机构是区域研学的组织机构，为更好地开展区域研学，就要做好研学中各环节的具体工作，细致入微，服务到位。

一、区域研学各个环节服务

区域研学是一项系统工程，要使区域研学顺利实施，有效地完成研学项目活动，就要在区域研学的各个环节做好服务工作。

（一）区域研学前期服务

（1）组织开发研学资源，在政府的支持下，联合相关各行政事业单位、研学资源单位创建区域研学基地，根据学生年龄、心理特点及认知水平等因素创编区域研学教材，研发区域研学课程。制定区域研学安全制度及保障安全具体措施，制定各种研学服务措施，做好区域研学实施前的一切准备工作。

（2）选择区域研学资源，进行研学基地考察，确定研学主题，选定研学内容，制定研学计划，确定交通路线，选定交通工具，制定各环节安全预案。

（3）确定研学课程实施中各环节教师岗位，明确岗位职责，责任到人，确保跟岗负责，高质量，无差错。

（4）为参加研学师生购买区域研学保险。

（二）区域研学中期服务

（1）根据研学基地和学生实际情况，区域研学专业机构编写研学课程方案和研学手册，编制交通和活动安全提示，编写告家长、学生明白书。并将这些资料在研学前提供给学校，下发到学生手中，以便研学使用。引导学生阅读相关书籍、查阅相关资料、制定学习计划等，为研学课程实施打下基础。提供研学网络信息平台服务，使区域研学的实施更加方便快捷。

（2）按时接送学生安全到达指定地点，组织学生有序进行区域研学，做好研学交通和活动中的安全保障，为师生提供饮食住宿，保障饮食住宿安全。

（3）组织管理学生进行研学课程的学习，研学教师全程参与、组织、管理学生的实践活动，并指导学生体验、实践、探究等，提示、帮助学生做好活动过程记录，完成研学手册。指导学生进行活动反思，为研学成果总结做准备。

（4）建立区域研学评价机制，确定区域研学课程评价标准，配合学校教师运用灵活多样的评价方式对研学过程进行评价，辅助学校建立学生研学成长档案。

（三）区域研学后期服务

（1）配合学校做好研学成果总结，辅助学校教师指导学生撰写研学心得、体会及研学日记、小论文、研学报告等。

（2）配合学校进行研学成果交流，通过各种形式进行研学成果展示，搭建平台开展研学成果评比等。

二、区域研学后勤服务

区域研学的后勤服务非常重要，后勤服务跟不上就无法实施研学活动，后勤服务是区域研学的有效保证和坚强后盾。

（一）区域研学交通服务

做好交通管理和服务，按要求选择交通方式，确定交通路线，加强安全防范，保证学生出行安全。

（1）单次路程在400公里以上的，不宜选择汽车，应优先选择铁路、航空等交通方式。

（2）选择水运交通方式的，水运交通工具应符合GB/T 16890的要求，不宜选择木船、划艇、快艇。

（3）选择汽车客运交通方式的，行驶道路不宜低于省级公路等级，驾驶人连续驾车不得超过2小时，停车休息时间不得少于20分钟。

（4）提前告知学生及家长相关交通信息，以便其掌握乘坐交通工具的类型、时间、地点及需准备的有关证件。

（5）提前与相应交通部门取得联系，组织绿色通道或开辟专门的候乘区域。

（6）加强交通服务的安全防范，向学生宣讲交通安全知识和紧急疏散要求，组织学生安全有序乘坐交通工具。

（7）在承运全程随机开展安全巡查工作，并在学生上、下交通工具时清点人数，防范出现滞留或走失。

（8）遭遇恶劣天气时，认真预判安全风险，及时调整区域研学行程和交通方式。

（二）区域研学住宿服务

（1）住宿应以安全、卫生和舒适为基本要求，提前对住宿营地进行实地考察，基本要求是便于集中管理，方便承运汽车安全进出、停靠，有健全的公共信息导向标识，并符合 GB/T 10001 的要求，有安全逃生通道。

（2）提前将住宿营地相关信息告知学生和家长，以便做好相关准备工作。

（3）详细告知学生入住注意事项，宣讲住宿安全知识，带领学生熟悉逃生通道。

（4）在学生入住后及时进行首次查房，帮助学生熟悉房间设施，解决相关问题。

（5）安排男、女学生分片区住宿，女生片区管理员应为女性教师。

（6）制定住宿安全管理制度，开展巡查和夜查工作。

（7）选择在露营地住宿时还应达到以下要求：露营地应符合 GB/T 31710 的要求；在实地考察的基础上，对露营地进行安全评估，并充分评价露营接待条件、周边环境和可能发生的自然灾害对学生造成的影响，制定露营安全防控专项措施，加强值班、巡查和夜查工作。

（三）区域研学餐饮服务

（1）应以食品卫生安全为前提，选择餐饮服务提供方。

（2）应提前制定就餐座次表，组织学生有序进餐。

（3）应督促餐饮服务提供方按照有关规定，做好食品留样工作。

（4）应在学生用餐时做好巡查工作，确保餐饮服务质量。

（四）区域研学医疗服务

（1）应提前调研和掌握研学营地周边的医疗及救助资源状况。

（2）学生生病或受伤，应及时送往医院或急救中心治疗，妥善保管就诊医疗记录。返程后，应将就诊医疗记录复印并转交家长或带队教师。

（3）聘请具有职业资格的医护人员随团提供医疗及救助服务。

（五）区域研学安全服务

（1）建立健全安全管理制度。构建完善有效的安全防控机制，在区域研学过程中安排安全管理人员随团开展安全管理工作，根据各项安全管理制度的要求，明确安全管理责任人员及其工作职责。

（2）积极开展工作人员安全教育。制订安全教育和安全培训专项工作计划，定期对参与区域研学的工作人员及研学教师进行培训。培训内容包括安全管理工作制度、工作职责与要求、应急处置规范与流程等。

（3）持续做好学生安全教育。对参加区域研学的学生进行多种形式的安全教育，提供安全、防控教育知识读本，召开行前说明会，对学生进行行前安全教育，在研学过程中对学生进行安全知识教育，根据行程安排及具体情况及时进行安全提示与警示，强化学生安全防范意识。

（4）制定和完善应急预案。包括地震、火灾、食品卫生、治安事件、设施设备突发故障等在内的各项突发事件应急预案，并定期组织演练。

第三节　区域研学配套服务

一、编制博大乐航教育简介

编制北京博大未名乐航教育科技有限公司（简称"博大乐航"）教育简介，以便增加学生、家长及社会对博大乐航教育的了解。

博大乐航依托北京大学优质雄厚的教育资源，秉承"游必有方，学必实践"的教育理念，以让中国孩子的生活更丰富为愿景，为学生提供优质的体验式素质教育，使学生快乐、健康、茁壮地成长。目前已拥有区域研学、校外综合实践课程、周末亲子营、夏冬令营等多个实践课程体系。

自2012年发展至今，已成功为全国60多万名中小学生提供了优质的区域研学及冬夏令营服务，受到学校、教师、学生和家长的好评。博大乐航本着以学生为主体，以促进学生健康、快乐、茁壮成长为目标，最终提高学生创新、实践能力，提高学生综合素质，积极开展体验式素质教育，在实施过程中围绕三个核心：课程有价值、学习有收获、安全有保障。建设五个关键部门：素质教育研究院、安全管理委员会、课程专家委员会、教学指导委员会和课程学术委员会。这五个部门会从学术价值、教育价值、课程研发、课程教学和教学安全几个方面为体验式素质教育保驾护航。成立研学专家库，专家库成员分别来自北京大学、中国科学院、国家体验教育研究中心、北京师范大学等，教育专家为区域研学的开展起到了关键作用。

博大乐航目前已经设立了秦皇岛、承德、长春和广州分校,其中秦皇岛分校是博大乐航最初创立的学校。未来,博大乐航将在全国开设10所控股分校和1000所加盟分校,通过整合全国各地优质资源,形成一个内部教育资源共享互通,外部服务能力辐射全国的现代化教育集团。

目前,公司已构建初具规模的产品研发体系、师资培训体系、区域研学安全保障体系。未来,博大乐航将与中国的孩子们在素质教育的发展中共同成长!

二、区域研学须知

区域研学专业机构要制定区域研学须知及安全告知,研学实施前下发学校、家长和学生。

(一)学生行为规范

为保证区域研学顺利进行,特对参加区域研学的学生制定行为规范。

(1)听从指挥。严格遵守研学纪律,听从指挥,按时参加研学活动。

(2)讲究卫生。保持个人和环境卫生,不购买路边食品,保证身体健康。

(3)文明出行。自觉维护出行秩序,保持队伍整齐,遵守交通法规。

(4)文明用餐。按规定座位和时间就餐,不挑食,不剩饭,安静守时。

(5)文明住宿。服从安排,按时就寝,不串寝室,不私自外出。

(6)爱护环境。爱护公共设施,保护文物古迹,不乱刻画,垃圾入袋。

(7)谨防意外。不擅自离队,不登高爬树,不玩火,发现问题及时报告。

(8)礼貌待人。仪表整洁,尊敬师长,待人礼貌,庄重场所要严肃。

(9)主动学习。仔细聆听要求,积极思考,完成研学任务,有困难要请教。

(10)学会合作。小组合作好,相互沟通好,服从管理好,任务完成好。

(二)活动前校方须知

区域研学专业机构要编制活动前校方须知,考虑学生的各个方面,以及家长和学校,对区域研学的各环节工作提出了具体要求,促进区域研学的顺利开展。

1. 学生活动动员

根据区域研学计划及宣传资料对学校全校师生进行活动动员。讲清区域研学在学期综合实践活动中的意义,激发学生参加研学的积极性,增强学生参加集体活动的荣誉感。

各班由班主任完成团队分组,进行团队精神动员及相关准备工作。

发放《致家长一封信》，区域研学活动属于自愿参加，对不适合参加研学的学生做好工作，并与家长沟通。

2. 学生报名须知

为学校提供报名须知，包括参加研学学生的信息，含学生年级、班级、性别、身份证号、家长联系方式，以便对学生投保意外伤害保险，方便活动中核实人员，遇突发情况及时联系学生家长。信息电子表发给研学机构，同时班主任要保留纸质文档一份备用。

编制学校参加研学领导及教师联系表，便于联系和投保意外伤害保险。内容包括学校及年级主管领导信息，各班班主任信息，含姓名、职务、身份证号、电话。联系表电子稿发送研学机构，同时班主任要保留纸质文档一份备用。

3. 学生安全教育

区域研学专业机构要制定区域研学安全预案，并下发学校。要求校方及班主任对参加活动的学生宣讲安全预案，对学生进行安全、文明、纪律教育，做到预防在先，教育在先，以确保研学安全。

检查学生身上所带物品，口袋中不允许装手机等贵重物品，避免在跑跳中摔坏。口袋中不装坚硬、尖锐物品，避免在跑跳中扎伤。

学生到达基地后，由班主任组织学生进行活动前准备，活动开手腕、脚腕，防止活动中肢体受伤。

4. 对学生具体要求

区域研学专业机构要制定学生区域研学活动标准，对学生在研学中的表现提出具体要求。学校在研学前下发给学生，并组织学生学习。

（1）学生必须遵守团队纪律，一切听从教师的安排，严格按照教师规定时间行动，禁止擅自行动。必要时教师提示团队统一行动。

（2）活动期间严禁携带此活动规定外的一切物品，如现金、玩具、手机、iPad 等。

（3）遇到特殊事件不得隐瞒，要第一时间报告辅导员，以便及时处理。

（4）要爱护公共设施，不攀登踩踏，节水节电，勿浪费食物。

（5）不允许单独行动、擅自离队，如确实有要事，必须向教师说明，由教师安排陪同。

（6）所有学生要友爱互助，团结一心，爱护班级小队集体荣誉，严格遵守营地纪律，遵守活动时间。

（7）参加活动时，学生必须服从带队教师的管理，严格遵守教师根据实际情况安排的一切事宜。

（8）活动全程穿统一校服，穿适合运动的鞋子，背大小适中的双肩背包。

（9）自带物品不宜过多，以免影响活动，用餐时间统一，其他时间不得吃食物。全程不得饮用含有酒精类饮料。饮用水不提倡带饮料，最好是普通水。

（10）树立良好的环境保护意识，废弃物及垃圾要自备垃圾袋统一收集带到指定地点处理。

5. 学生家长须知

区域研学专业机构要制定区域研学家长须知，对参加研学的学生家长提出具体要求。学校在研学前下发给家长，并组织家长学习。

（1）学生如患有心脏病、高血压、哮喘、心理疾病及受伤等病症的不适合参加活动。

（2）配合学校填写学生的基本信息及调查表交班主任，并按时缴费。

（3）在活动当天要求孩子穿校服、运动鞋、备足午餐及饮用水，不得饮用含有酒精类饮料。背双肩背包，物品不必多带，以免因物品过重影响活动。

（4）戴眼镜的学生应准备小绳加固眼镜。

（5）活动期间严禁携带此活动规定外的一切物品，如现金、玩具、手机、iPad等。

（6）提醒孩子如有划伤、摔倒、扭脚等一切有关身体不适的情况一定及时报告班主任或带队教师。

6. 校方教师要求

区域研学专业机构要制定区域研学校方教师须知，对参加研学的学校教师提出具体要求。学校在研学前组织教师学习。

（1）学校教师在校集中上车前及到达研学基地后，组织学生进行研学准备，活动开手腕、脚腕，防止活动中肢体受伤。

（2）活动开始协助基地教师组织学员上车、下车及清点人数。在基地教师需要的情况下辅助维持学生纪律。

（3）研学过程中，学校教师随学生活动，出现紧急突发情况及时配合基地教师在最短时间内进行处理。

（4）研学过程中，学校教师发现问题应及时与研学机构教师或基地工作人员沟通。

（5）午餐时，学校教师与各跟队研学老师共同到指定地点领取午餐。

（6）学生中午集中用餐，活动期间不得吃自带食物。

（7）学校教师监督研学教师在活动中对学员的讲解内容是否清楚，是否公平公正对待每个学生，并欢迎提出宝贵意见。

（8）返程前请班主任提醒学生检查所带物品是否有遗失，询问学生是否有损伤，如有损伤请通知研学教师或基地负责人，以便及时送医院就医。

（三）行车安全告知

区域研学专业机构要制定学生乘车注意事项，学校教师在出行前组织学生学习。

（1）按顺序上、下车，不拥挤、不争抢座位，服从教师及辅导员的指挥，不擅自行动。

（2）吃好早饭，不准在车上吃东西，妥善放置好随身携带物品，不得随意在车内走动，不打逗，不准大声喧哗，更不得将身体任何部位露出车窗外，不准向车内外扔废弃物，保持车内整洁卫生。下车不忘带物品，不忘携带垃圾。

（3）不准携带危险品及易燃易爆物品。

（4）晕车的同学提前吃好药，坐在前面。告知学生出发时间及车程。

（四）基地安全告知

区域研学专业机构要制定基地安全须知，并在出行前组织学生学习。

（1）严格遵守基地各项规定及安全提示，上下台阶时注意安全，禁止拥挤、奔跑、打闹等不良行为。

（2）严禁靠近有危险的地方，在沙滩活动中，禁止踢、扔沙子。

（3）实践活动过程中，注意场地低洼不平或陡坡等特殊地势。

（4）临时有病、身体不适或不适合参加活动的必须及时告知教师。

三、区域研学学生调查表

区域研学专业机构要编制学生意见调查表，了解学生研学过程中的问题，以便更好地开展工作。

（一）学生意见调查表

学生意见调查表在课程结束后对学员进行回访时填写的，是对课程满意度的调查。

学生意见调查表

博大乐航素质教育				共建没有围墙的大课堂	
"快乐英雄"研学旅行课程学生意见调查表					
序号	内容	评价			
1	你是否喜欢走出校园，走进大自然，学习书本以外的知识	是	否	一般	
2	你是否喜欢这种上课方式	非常喜欢	喜欢	不喜欢	
3	你认为本次课程是否有趣	有趣	一般	没有	
4	你认为通过本次课程，是否发掘了自身潜能，增强了自信心	是	否	没有变化	
5	你认为在本次课程是否增强了团队精神	是	否	没有变化	
6	在本次体验课中，大家是否体现了互相关心、互助互乐的精神	是	否	没有变化	
7	你认为本次课程是否让你改善和增强了同学关系	是	否	没有变化	
8	你认为通过本次课程，是否更加信任周围的同学	是	否	没有变化	
9	你是否喜欢本次课程	喜欢	不喜欢	一般	
10	你是否喜欢本次课程的教师	喜欢	不喜欢	一般	
11	你有什么话要对我们说				
学校_____年级/班级_____教师姓名_____联系电话_____					

1~3项是从课程方面进行调查，有利于课程的改进。

4~8项是从学生自身收获方面进行调查，有利于教师引导学生自身提升。

9~10项是从课程满意度来进行调查，有利于教师为下次开展课程积攒客户。

11项主要是学生提出意见，供改进工作时参考，以求做到更好。

（二）学校回访意见调查表

学校回访意见调查表是在课程结束后对学校进行回访时填写的，是对课程满意度的调查。

学校回访意见调查表

博大乐航素质教育				共建没有围墙的大课堂
"快乐英雄"研学旅行学校调查意见表				
序号	内容	评价		
1	您认为是否应该让学生走出校园，走进大自然，丰富学生的课余生活	是	否	一般
2	您认为本次课程的组织情况	非常好	好	一般
3	您认为学生是否需要定期参加综合实践活动	是	否	一般
4	您认为本次课程是否有趣	是	否	一般
5	您认为在本次课程中，是否增进了学生间的友谊	是	否	一点点
6	您认为通过本次课程，增强了学生的团队精神	是	否	一点点
7	您认为通过本次课程，是否发掘了学生的潜力	是	否	一点点
8	您是否喜欢本次课程	喜欢	不喜欢	一般，没有特别感受
9	您有什么话要对我们说			
学校_____ 年级/班级_____ 教师姓名_____ 联系电话_____				

1~4项是从课程方面进行调查，有利于课程的改进。

5~7项是从学生自身收获进行调查，有利于教师引导学生自身提升。

8项主要是从满意度来进行调查，有利于教师为下次开展课程积攒客户。

9项主要是客户提出意见，我们作为参考，以求做到更好。

第四节　区域研学平台建设

一、教育信息化发展概况

（一）信息化助力实现教育现代化

21世纪以来，国家高度重视信息化工作，特别是党的十八大提出"四化"同步发展，把信息化上升为国家战略。"以教育信息化带动教育现代化"是推进我国教育事业改革与发展的战略选择，是深化教育领域综合改革的重要组成部分。2010年，国家印布了《国家中长期教育改革和发展规划纲要（2010—2020年）》，提出了"信息技术对教育发展具有革命性影响"的工作定位，明确把教育信息化纳入国家信息化发展的整体战略。

我国教育信息化起步于20世纪90年代末，在国家实施的一系列重大规划和重大工程支持下，教育信息化已步入发展的快车道。尤其是随着现代信息技术的快速发展，利用信息技术来改变传统的教育教学方式正成为教育信息化的发展方向，其基本特征为开放、共享、交互、协作。

教育信息化突破了"时空限制"，是缩小区域间教育差距的有效途径。信息技术的应用，能以较低成本实现优质教育资源对农村和边远地区的全覆盖，大大缩小了数字鸿沟，实现教育均衡发展。

教育信息化推动了教与学的"双重革命"，是提高教育质量的重要手段。通过信息技术扩展学习手段与范围，构建师生积极互动的教育新模式，从"以教为中心"向"以学为中心"转变，从课堂学习为主向多种学习方式转变，从知识传授为主向能力培养为主转变。

教育信息化打造了"没有围墙的校园"，通过网络自组织学习、慕课等社会化学习模式，以更大范围的开放和协作为基础，实现"时时可学、处处能学、人人皆学"，构建全民学习、终身学习的学习型社会。

教育信息化汇聚了"海量知识资源"，教育云平台中的大量优质教学和学习资料，在线学习系统内留存的学生学习记录和成绩状况等发展轨迹，教学空间、管理空间中的过程管理数据，是日益重要的教育要素，在已经到来的大数据时代将发挥更大的价值。

（二）时代的教育信息化发展趋势

当前社会已进入一个快速发展的信息时代，未来的发展趋势可以用"M-ICT"来表征，其内涵是IT和CT相互借鉴，进而实现跨界融合；"M"的含义包括Man-Man，Man-Machine，Machine-Machine万物互联和Mobile移动化，因此"M-ICT"也称为"万物移动互联时代"，即面向移动、万物互联、全面跨界融合的信息时代。

M-ICT时代具有如下的典型特征。

1. 连接和交换随时随地

至今，已有超过500亿移动连接，"人与人、人与物、人与信息、人与服务、物联世界与数字世界"构成了无处不在的连接。连接与智能又催生数据流量的激增，为此，大数据、大流量及超宽带的需求也就应运而生。

2. 服务无所不在，生活与工作难分彼此

无论是工作还是生活，人们希望得到一致的服务体验，移动智能终端覆盖消费与商务市场的通用性逐步显现。互联网和云计算的底层支撑使得软硬件使用权与所有权分离，未来的商业模式将越来越倾向于服务而不是产品售卖。

3. 虚拟与现实合二为一

实体经济与虚拟经济日益融合，而终端消费者开启了O2O的大门。通过线上线下的融合，互联网及ICT技术和市场边界被大大扩展，进入并促使传统行业的发展更加"绿色、健康、开放、高效"。

4. 安全与隐私引起重视

对于信息和网络安全的关注已上升到一个新的高度，上到国家和政府信息机密，下到每一个人的位置信息，都成为关注的焦点。

万物移动互联的M-ICT时代，对教育信息化的发展也有着深刻的影响，呈现出如下几个方面的发展趋势。

系统工程：随着国家信息化顶层设计的完善，我国省市区县各层级的教育信息化建设，已开始从传统的分散建设模式向着"顶层设计、整体规划、统筹推进"的模式转型。

（1）融合：单纯进行基础设施建设、信息设备在教学中的简单应用，不是教育信息化；只有将信息技术与教育教学过程全面融合，并应用现代信息技术来促进教育改革与发展的过程，才是真正的教育信息化。

（2）"互联网+"：互联网成为信息传播和知识扩散的新载体，催生出在线教育、慕课、社区化协作学习等全新的教育组织模式，并加剧了各种思想文化的激荡。

（3）资源：数字化的学习资源方便了共享与传播，并成为日益重要的教育要素、无形资产和社会财富。

（4）开放：教学过程突破了"三尺讲台"的束缚，从封闭走向开放；"人人通"空间的建设，将教师、学生、管理者和家长连接为密切沟通的整体；终身学习的理念被广泛认可，人人可学的学习型社会将成为现实。

（5）安全：教育信息化系统实现了应用与数据的大集中，在带来巨大便利性的同时也面临着病毒、木马、信息窃取等安全威胁；构建立体化、全覆盖的信息安全防护体系，将成为未来信息化建设的一项重要工作。

二、信息平台是区域研学的需要

（一）业务发展需求

1. 建立完善的人才信息库

搭建统一的人力资源管理系统平台，形成一个安全、集中、统一、全面、权威、准确、共享的人力资源信息基础平台。通过系统进行日常人员信息的维护、工资发放等日常业务，可以随时掌握人员信息、工资信息等。减少管理漏洞，降低人工成本，规避用工法律风险。

2. 规范人力资源管理流程，提高人力资源管理效率

可以借助人力资源管理系统，对人力资源各项业务流程进行梳理，通过系统固化下来，促进人力资源管理流程的规范。通过系统进行人员信息的查询统计分析、工资自动计算、合同到期预警、与考勤机对接考勤数据自动处理、与招聘网站对接自动下载简历、在线绩效考核、在线学习、自动生成各种统计分析报表，减少重复劳动，提高工作处理的及时性与信息分析的准确性。

满足业务发展需求，通过核心业务系统与客户关系管理系统无缝集成，实现信息畅通，为将来的业务发展、客户经营提供有效的系统及数据保障。

（二）安全管理需求

区域研学对于学生群体开阔视野、增强认知、提升素质等具有重要的助推作用。区域研学的发展已经成为学校教育和校外教育衔接的创新方式。当前，做好安全保障工作是区域研学健康发展的重要任务。

区域研学市场的消费主体是学生群体，其中，中小学生群体通常年龄较低、行为观念不太成熟、群体活动可控性较弱。同时，区域研学一般是集体出行，人员规模较大，这会给区域研学的组织管理带来较大的安全挑战。因此，切实做好区域研学的安全管理工作是保障研学旅行顺利进行的基本条件。

1. 建立健全研学旅行安全保障制度

科学、系统的安全管理机制是保障区域研学安全发展和健康发展的基础。因此，制定区域研学突发事件预案制度，厘清区域研学中有关安全责任落实、安全事故处理、安全责任界定及安全纠纷处理的主体与机制，保证区域研学具有健全的预案机制基础，保证区域研学安全管理"有法可依，有据可行"。

2. 加强安全教育，提高师生安全意识

区域研学的主要对象是小学、初中、高中阶段未成年学生，这一群体的安全意识与安全素质较为欠缺，安全教育是增强学生安全意识、提高安全能力的主要途径，以防患于未然的姿态加强安全教育的力度与强度，提升风险应对能力。

3. 强化各环节、各单位的协调合作

区域研学不是一种单纯的旅游活动，它更是一种教学教育方式，过程涉及交通、公安、财政、文化、食品药品监管及保监会等不同部门，加强与各部门的协调与合作，共同构建一个安全的环境是保障区域研学健康发展的重要支撑力量。

4. 全面规范安全组织与操作

区域研学的组织者、操作执行者，是区域研学安全最基本的保障主体。坚持安全优先的原则，做好区域研学产品的安全风险评估，强化日常风险预防，建立应急管理体系，做好应急处置工作，提升服务操作人员的安全意识和安全应急能力，做到区域研学产品质量与安全并重，区域研学教师安全意识与能力共有，全面保障区域研学组织过程中的研学要素安全和活动组织安全。

由于安全贯穿整个区域研学的每一个环节，教育地点分散，出行范围较广，在建设的系统中充分考虑安全因素。构建一套快速安全保障、应急机制的信息化系统，能够让管理者、家长、教师、校医随时随地掌握孩子安全信息，也能对突发事件快速进行应急处理，同时对每一个学生每一次出行都进行安全备案，以供追溯和管理。

（三）教学资源积累需求

区域研学中会产生大量的教学资源数据，涉及课程信息、课件、师资，也会有不同的格式，如文字、图片、视频。这些海量的资源数据是最重要的资产，需要集中管理，以备进行课程开发、课程优化及成为开拓在线教育的主要内容。

三、平台总体规划与建设思路

信息化系统以战略驱动、管理先行、价值导向、技术支撑为指导思想，打造一个信息透明、管理高效、风险受控、决策支持、专业服务的信息化管理平台。

（一）具体建设目标

（1）信息透明。打破组织、层级的壁垒，实现从上至下的信息透明与实时监控，夯实管理基础，满足管控模式。

（2）集中管理。统一的信息化平台，对财务、资金、预算、人事、经营数据、业务流程等进行集中统一管理，实现集团集中管控。

（3）建立标准。建立统一的标准化管理体系，规范业务流程，满足未来组织架构兼并扩充、调整变化和管理模式变革的需要，适应未来企业快速扩张。

（4）高效集成。统一的信息化平台与其他各个异构系统的一体化集成，实现企业内部的资源共享与业务协同。

（5）决策支持。通过信息化系统收集内部管理与外部环境的各项数据，根据数据分析模型建模后为企业高管提供决策支持。

（二）总体设计原则

1. 统筹规划，整合资源

集中与分布相结合，统筹推进管理平台与资源平台一体化建设。

总体框架设计上，从垂直业务和单一应用向扁平化区域信息平台与综合业务系统建设转变，既满足当前需求，又为将来发展留有空间。

基础设施建设上，注重整合现有硬件设备、网络资源，实现数据向上集中、专网向下延伸、服务管理下沉。

业务系统开发上，整合现有分散的信息系统，建立综合业务应用，注重基础资源信息数据的采集、上下左右互联互通、信息共享，避免重复建设、重复采集，做到一数一源、同数同源。

2. 立足教育，开放共享

坚持以体验教育为核心，提供全生命周期精细化体验式教育管理服务。坚持理念创新，强化大教育、大平台、大数据意识，拓展应用领域，提升服务水平。大力推动公司管理信息系统和教育资源数据互联融合，延伸和丰富集团整体教育服务内容。

3. 需求先导，技术支撑

坚持以需求为导向，以信息化技术为支撑，推动服务理念、服务模式、管理方式不断创新，促进管理与服务、业务与技术良性互动，更好地服务学生、家长、教师、各级管理人员、各级工作人员、各分支机构和加盟机构，进一步优化服务流程，提高工作效率。

4. 分层管理，上下联动

合理布局不同层级分支机构，并分类制定配置标准。着力提升区域基层分公司或学校的服务能力和质量，推动体验式教育发展方向转变，促进国际—国内—地域联动的分级体验教育模式形成。

5. 安全保密，强化应用

平台涉及大量的学生、家长基础数据，对安全及保密的要求级别高，在设计过程中，考虑信息安全及保密措施，确保系统中的信息资源不被非法窃取和篡改。

充分利用教育管理大数据、教育资源大数据、教与学行为大数据、教育教学评估大数据，进一步强化平台中的教育服务业务应用，让学生随时随地地享受"预约上课""优秀教育资源学习""教材网上配送""保险安全""课时积分"等便捷服务。

（三）平台建设设计

为了避免信息化建设过程中产生信息孤岛和便于教育大数据应用，整个系统设计围绕"一体化设计"开展，即建立一个统一的体验式教育云平台，实现统一管理、统一决策的目的。基于整体规划的核心思路，可以总结为"一个平台、两层协同、三层架构、五大体系、六化管理、全程监管"。

1. 一个平台

在统一基础支持和技术支撑平台的基础上规划并构建信息化系统，通过一个平台实现"资源共享，业务协同"。在此平台上，逐步集成企业各个组织、各项业务、各类流程、各种活动的现有和未来应用，能够实现资金流、信息流、工作流的完整统一，达到"数据集成、业务协同、管理集中"的管理要求，以及为高层领导决策提供高效、准确、实时、完整的信息。

2. 两层协同

基于统一的系统平台，通过纵向业务协同，实现对所有分支机构和所有用户的人、财、物的集中控制，降低风险，形成企业管控闭环；同时在业务经营层面对各大板块业务过程进行管理体系制定和过程监控，形成横向产业链管控闭环。

3. 三层架构

基于统一的系统平台，满足自上而下和由内到外的三层架构管理要求，搭建出"战略—集团管控—业务经营"的三层架构，支撑企业的战略落地与企业管控，保障业务经营。

4. 四大应用

通过大数据平台的建设，对平台收集的海量教学大数据进行深度挖掘和支持，以满足精准管理、教学规律发现、适应性教学支持、预警研判应急作战支持四个方面的应用。

5. 五大体系

基于统一的系统平台，逐步建立企业管理特色要求的信息化系统五大应用体系，包括以"财"为核心的财务管控体系、以"人"为核心的人力资源管理与企业办公协同体系、以"务"为核心的多元化业务过程管理体系、以"客户"为核心的营销管理体系、以"资源内容"为核心的教学资源体系。

6. 六化管理

通过信息化建设，助力逐步提升管理水平与工作效率，最终达到数据集中化、流程一体化、应用平台化、决策智能化、集团管控化、资源共享化的六化管理。

7. 全程监控

安全管理将融入业务与管理的每一个环节，通过完善安全保障体系和系统应用，实现对安全管理的全程监控。

四、数据共享平台建设

构建底层数据共享平台是区域研学云平台建设的基础。需要建设一个统一的门户及底层平台，以满足当前和今后一段时间的应用开展建设。

（一）规范上报与共享

需要收集不同应用程序所传入的标准化数据，实现不同应用程序联通与数据共享，实现各个机构的数据互联互通和业务协同。建立统一数据的流程和规范避免孤岛数据，实现了数据规范上报与共享，建立遵循统一性、全面性、标准性原则，从而达到平台规范化管理。

（二）平台主索引

区域研学云平台以"居民身份证号码"作为平台基础服务的主索引。该主索引能够实现为学生维护唯一的标识（居民身份证号），从而实现平台范围内不同系统间的同一居民信息的共享。

1. 个人注册主索引

平台利用个人主索引（居民身份证号）把来自不同的、独立的系统和机构的学生标识和统计信息实现统一的维护管理，并把这些信息映射成统一的标识，注册、创建并管理学生唯一识别号（居民身份证号），管理学生在不同学习基地的 ID 与主 ID 的映射关系，支持可扩展的跨区域学生主 ID 映射框架。该注册服务主要由分支机构来使用，完成学生的注册功能。

2. 数据自动匹配关联

平台主索引支持基于人口统计学的模糊匹配和重复信息合并，支持确保当事方不会成为重复记录，维护居民数据的单一版本。

3. 个人主索引管理

平台提供区域性唯一标识（ID）管理（分配、删除、合并等）、ID 映射管理、个人信息管理、主索引查询、主索引数据维护、重复信息匹配、个人关系管理等功能。

4. 主索引维护

平台对数据库进行统计信息的收集，包括索引收集对业务运行的影响，收集的时间长度估算等。收集后，分析高水位的指标的索引进行重新创建，以便于对主索引进行维护。

（四）数据采集与交换

综合考虑企业业务的发展要求，建立区域研学行业的数据交换标准、规范，对外提供标准化数据接口，实现数据收集、数据共享及对交换情况的监控。

1. 数据采集

数据采集按照历史数据和实时数据的不同，采用不同的采集方式。历史数据由对应的各个业务部门按照标准统一提交，实时数据通过 Web Service 接口实时或定期进行上报。

2. 数据 ETL 处理

平台对采集的数据进行 ETL 处理，即平台从基础信息、教学资源信息、行为信息、管理信息、教学评估信息、安全信息等数据源抽取出所需的数据，经过数据清洗、转换，最终按照预先定义好的数据仓库模型，将数据加载到数据仓库中。

3. 数据交换共享

数据交换实现数据的加工、处理、转换、过滤、装载等功能和服务。通过丰富的可用适配器组件，能够直接解析和兼容现有的所有系统环境、数据结构和信息载体，并能够支持不同的数据交换模式，包括主动、被动模式，实时、即时、定时触发与手动模式，集中共享与分布交换模式，同步、异步模式等。

数据交换的主要内容如下。

（1）各系统的数据交换：从各系统中采集的数据，经清洗、比对后形成体验式教育云平台信息库，再按照各系统的业务需求，将相关的信息数据传输给对应系统。

（2）与其他外部系统的数据交换。

4. 监控管理

监控管理系统是辅助各业务系统开展信息资源交换与共享的基础设施。应用系统可以利用监控管理中心配置的管理服务、数据交换服务、基础构件、安全服务等基础支撑服务。监控管理中心直接对部署于数据交换中心或交换代理的数据交换配置、流程、接入节点和主机、数据源等诸多实体进行管理和部署，对访问该系统的身份在安全子系统的认证基础上进行授权和访问控制，实现对数据资源访问的受控管理。

（五）信息资源管理

平台提供基础信息、教学资源信息、行为信息、管理信息、教学评估信息、安全信息六大基础数据库、核心数据、标准规范数据等的规范化管理。

（六）信息资源存储

平台提供基础信息、教学资源信息、行为信息、管理信息、教学评估信息、安全信息六大基础数据库、核心数据、标准规范数据等的存储，提供跨地域的数据存储或数据访问服务。

（七）平台管理

1. 组织机构设置管理

提供用户组织机构的设置管理功能。本功能支持人力资源管理系统的组织机构管理模块。

2. 岗位设置管理

提供用户工作岗位的设置管理功能。

3. 用户员工花名册管理

提供用户员工花名册的维护管理功能。本功能支持人力资源管理系统的用户员工信息管理模块。管理员可以还原用户密码。

4. 系统用户管理

提供能够访问模块综合信息管理系统用户的维护管理功能，系统用户与用户员工花名册数据可相互关联。系统用户还可设置绑定角色。

5. 权限角色管理

用户角色主要是能够动态定制绑定各应用系统的功能资源（如主菜单选项、应用操作界面等），不同的权限角色只能够访问应用系统中本权限角色绑定的应用主要功能说明资源，当系统用户绑定权限角色之后，继承权限角色的应用主要功能说明访问权限。

6. 组织机构用户权限服务接口

提供组织机构、系统用户、权限角色的开放服务接口，可利用上述服务接口，实现不同用户进入综合信息管理系统只能够访问授权的操作功能界面与授权访问的数据。

(八) 大数据应用支撑

1. 元数据管理

可以连接各种数据源(包括关系型数据库、多维数据库、文本、OLAP等),对数据结构进行描述,为多维分析、即席查询、报表等各种应用提供统一、一致的数据视图,降低对数据访问的复杂性,同时提供对各种应用使用的结构的统一的管理。通过元数据模型,系统为用户的各种应用访问屏蔽了使用中对数据结构的理解障碍,同时当后台数据结构发生变化的时候,只需要对元数据模型进行简单的修改就可以了,基于元数据模型的应用不需要修改,保证了应用的相对稳定性,最大限度地提高了系统适应复杂应用环境的能力。同时能够和各种ETL工具、数据库、数据仓库、模型设计工具进行元数据的交换,可以为其他元数据管理软件提供符合标准的元数据。方便进行元数据的统一管理和维护。同时可进行版本控制,还能和多种版本控制软件进行连接和集成。

2. OLAP

OLAP专门设计用于支持复杂的分析操作,侧重对决策人员和高层管理人员的决策支持,可以根据分析人员的要求快速、灵活地进行大数据量的复杂查询处理,并且以一种直观易懂的形式将查询结果提供给决策人员,以便他们准确掌握组织的整体状况,了解对象的需求,制定正确的方案。

(九) 数据展现

通过数据展现可以更好地展现数据的趋势、状态、分析结果或报告,更好地帮助管理者进行辅助决策。

五、服务共享平台

(一) 外部系统门户(网站)

未来,企业会面向公众开放教学资源,那么网站门户就成了用户(学生、家长、其他人员)向企业在线申报课程、在线学习、在线支付、在线咨询等服务的入口。随着移动互联网的快速发展,要求网站门户适应多屏(电脑、手机、PAD)应用。同时,网站也是企业品牌塑造和未来核心资产的一部分。

（二）内部系统门户（空间）

内部系统门户又可以称为"工作台"，不同于网站门户，主要用于展示企业新闻公告及日常工作所需的企业信息。分为企业门户、部门门户、个人工作台、应用门户四种。所有的门户界面布局和风格一致，只是展示的内容有区别，可以对门户进行配置管理。总之，门户（空间）为员工提供统一的信息管理资源入口，如工作统计、待办任务、任务跟踪、快捷菜单。用户无须关心系统的结构是怎样的，登录系统门户就能方便地进行自己日常办公及处理各种事物，如查看自己的工作和行为，进行待办任务处理等。

1. 企业门户（空间）

为企业提供一个统一的信息资源的入口，在集团门户中，可以看到企业发布的各种信息（新闻、公告、通知、知识、文档、制度、企业文化等）及员工登录个人工作台的统一登录窗口。统一登录窗口提供用户唯一身份，避免用户登录企业不同的应用系统时需要重复多次输入登录信息。通过企业门户，可以进行在线调查、发布活动简报、内部论坛和进行优秀员工表彰等内容。

企业门户内容呈现包括单位公共信息、单位知识文档、单位学习区、关联系统、文档栏目。其中单位公共信息由单位公共信息管理员管理，单位知识文档与单位学习区由单位的单位文档库管理员各自管理。

企业门户的内容与链接是可以由门户后台管理模块配置。

2. 部门门户（空间）

用于展现用户所在部门的部门公告、部门讨论、部门计划、部门事件，以及部门学习区和文档，并提供了部门留言板功能，方便部门成员之间的信息沟通与管理。部门门户的内容与链接可以由门户后台管理配置。

3. 个人门户（空间）

为员工提供统一的信息管理资源入口，集中进行日常办公及处理各种事务。在系统中，个人工作台都以"我的工作台"统一命名，用户可以定义自己的桌面工作环境，例如，考勤、待办事宜、日程安排、流程发起及将多个应用系统工作窗口集成在一个多窗口界面框架内，方便多表快捷切换工作。"我的工作台"还可提供手机版，实现桌面工作与移动工作的无缝对接。另外，针对不同的用户级别（决策层、管理层、员工层），设置对应的权限和应用窗口。

部门门户的内容与链接是可以由门户后台管理与个人门户功能选项窗口配置。

4. 应用门户（空间）

应用门户是作为单一主题展示或企业处理模块事务的门户，如客户、商机、订单、合同、商机金额统计，以及今日商机任务、今日需联系客户和今日客户日程展示。应用门户的下级功能链接可以由系统资源配置管理配置。

（三）支撑系统

服务共享平台对外对接网站门户，对内对接数据共享平台、业务协同平台、教学资源平台、业务监管平台，也可以说这几个系统是共享服务平台的支撑系统。

六、办公自动化系统（OA）

根据博大乐航业务规划，未来要开设10所分校、1000所加盟校，如此庞大的组织，势必要求有一个协同办公系统，将集团与处在不同地理位置上的分校、分校与加盟校紧密联系在一起，强化机构内部员工之间、部门之间的信息交流与协同工作，提高信息共享，工作协同，过程可追溯，提高工作效率与工作的管控性。

建设办公自动化系统将给博大乐航带来如下收益。

（一）建立内部通信平台

通过即时通、企业内邮件系统，使单位内部沟通与信息交流快捷、通畅。

（二）建立信息集成平台基础

OA作为企业最基础的信息系统，通过数据共享平台，将其他应用系统整合到一起，共同构成业务协同平台，使企业员工能有效获取处理信息，提高企业整体反应速度。

（三）建立信息发布平台

建立一个有效的信息发布和交流的场所，例如，论坛、门户信息发布使内部的规章制度、新闻简报、技术交流、公告事项等能够在企业内部员工之间得到广泛的传播，使员工能够了解企业的发展动态。

（四）实现工作流程自动化

变革了传统纸质公文办公模式，企业内外部的收发文、呈批件、文件管理、档案管理、报表传递、会议通知等均采用电子起草、传阅、审批、会签、签发、归档等电子化流转方式，提高办公效率，实现无纸化办公。不用拿着各种文件、申请、单据在各部门跑来跑去，等候审批、签字、盖章，而是利用快速而廉价的网络传递手段，发挥信息共享功能来协调单位内各部门的工作，减少工作中的复杂环节。

（五）实现文档管理自动化

使各类文档（包括各种文件、知识、信息）能够按权限进行保存、共享和使用，并有一个方便的查找手段。文档管理自动化使各种文档实现电子化，通过电子文件柜的形式实现文档的保管，按权限进行使用和共享。实现文档管理自动化以后，如企业来了一个新员工，只要管理员给他注册一个身份文件，给他一个口令，他自己进入系统就可以看到企业的规章制度、各种技术文件等，只要他的身份符合权限可以阅览的范围，他自然而然都能看到，这样就减少了很多培训环节。

（六）实现分布式办公

变革了传统的集中办公室的办公方式，扩大了办公区域，可在家中、城市各地甚至世界各个角落通过网络连接随时办公，尤其是桌面系统与手机的无缝结合，大大方便了员工出差在外时的办公与信息交流。

（七）增强领导监控能力

强化领导的监控管理，增强管理层对组织的控制力，及时、有效监控各部门、各个人员的工作进度情况；实时、全面掌控各部门的工作办理状态，及时发现问题及时解决，从而减少差错、防止低效办公。

（八）提高工作效率

不用员工拿着各种文件、申请到处跑来跑去中，不用拿着文件等着领导审批，因为这些都可以在计算机上、手机上进行，大大减少了办公成本，极大地提高了工作效率。

（九）提高企业竞争力

通过OA平台来办公，大大减少了办公程序和办公时间，同时还节省了纸张、笔等办公用品，所以为企业节省了时间成本和金钱成本。另外，OA办公平台使员工与上级沟通更方便，信息反馈更顺畅，为发挥员工智慧和积极性提供了舞台。所有的这些都可以提高企业的竞争力。

（十）辅助办公

提供会议管理、车辆管理、办公用品管理、图书管理等与企业日常事务性办公工作相结合的各种辅助办公软件，实现了这些辅助办公的自动化。

七、财务管控信息系统

企业财务管控信息系统是基于统一信息化系统平台，包括财务会计和管理会计两部分。以全面预算与战略管理为核心，以资金集中管理为原则，以财务核算共享为基础，以投资、筹资、资产、现金流、成本、费用、利润分配为内容，以强化财务决策、控制、预警、评价机制为管理主线，建立起一套符合企业财务管控要求与战略规划的企业财务管控信息化系统，实现数据集中、信息透明、管理高效，同时强化集团总部对下属公司的财务监管。

通过企业财务管控信息系统帮助企业财务管理实现转型升级，从过去的事后核算记账转变成事前预测筹划，对上提供充实的财务数据辅助决策和管理变革，对下进行精细化核算、管控、分析与报告，起到规范流程、有效监控、提高效率、决策支持的作用，为企业财务管控体系持续高效发展提供强有力的支撑。

八、人力资源系统

人力资源系统主要分为人才开发平台、绩效考核平台、企业管控平台、协同业务平台、战略决策平台五个层次。

人才开发平台主要是应用于企业人才供应链队伍的建设及日常人事业务的处理。通过人员档案管理的功能，建立动态、集中的人员档案管理业务处理中心，实现对关键人才的特殊管理；系统自动将考勤、绩效、薪酬等模块无缝集成，实现员工薪酬的自动核算与处理；为了减少人事管理的法律风险，系统提供自动预警提醒功能，可以采用手机短信、邮件、系统消息的方式，自动对相关人员做事务提醒，督促业务及时办理；通过培训管理，能实现对公司培训业务的一体化管理，满足对培训计划、执行与反馈等信息全面掌握的要求；通过员工自助，可以实现员工及管理层对相关人力资源数据的查询、审批等。

绩效考核平台主要是面向组织和员工，提供员工绩效考核的全过程管理体系，包含绩效指标的制定、考核目标的分析、考核方案的发布、考核评分过程、强制分布、绩效结果反馈与访谈等内容。通过员工自助，使全员参与绩效考核。

企业管控平台主要是面向企业管理、工作人员，在这一平台上，通过组织机构的管理，将全公司所有下级单位的数据统一集中在总部账套下，企业总部可以对各下级单位的人员实时查询，并对岗位、人员、编制等进行集中的管控。

协同业务平台主要是通过系统平台实现与其他信息系统的集成应用，形成人力资源信息流在企业内部的无阻碍流动，全面保障信息的真实性和及时性。

战略决策平台主要是面向企业人力资源管理高层，提供全面详细的人力资源预算管理与人才发展规划，以科学的决策支持模型，辅助领导层进行人力资源战略决策。

九、支付与清结算系统

随着业务的快速发展，账户成为企业多种业务间形成合力的关键，成为很多业务发起的入口，也成为企业识别客户、精准营销的利器。

"综合性平台"需要一套安全、稳定、灵活的支付清结算的账号系统。

（1）（从用户角度）一个账号管理多个业务。

（2）（从业务角度）不同业务分别管理。

（3）会计记账、财务核算、数据统计、收款银行账号、权限等都能有效隔离。

（4）支持不同支持场景和不同结算方式。

该账号不仅要支持各种场景下的支付结算功能，更重要的是，要能确保账务的正确性，确保资金安全，快速响应，支持业务需求的多变性，确保系统稳定性，能应对突发业务量。

十、业务监管平台

企业各级管理人员在日常管理中，需要随时掌握可能存在的各种风险，以便及时做出反应，确保经营管理目标的顺利实现。但如何通过监控海量的信息数据来及时发现日常业务中的异常事件或风险征兆？如何对不合规的异常事件及时应对、快速处理？这些一直都是企业管理的难题。企业业务监管平台的建设分为实时监控、决策分析、考核评价三个方面，主要应用如下。

（一）资金业务监控

资金是企业持续经营的生命线。企业的资金在配置、筹措、使用、管理制度和监督措施等方面存在着很多风险，常常会出现资金账户管理混乱、企业账户挂接率不高、融资金额超出融资计划、银行存款和贷款双高等问题。如何有效控制和降低这些风险，确保资金管理的安全性、时效性与合规性,是管理者关心的重要问题。

（二）资产业务监控

企业资产种类繁多,资产管理包括资产的取得与验收、使用与维护、处置与转移等多个环节,容易发生采购违规、使用与处置资产不当等问题。资产管理流程常涉及多个部门,风险点多、管理难度大,相应的管理控制体系在有效性、时效性方面都面临挑战。

（三）教学过程管理监控

教学过程管理是实施整体战略规划的重要步骤。教学过程管理需要对教学整个环节,包括吃、住、行、学、游、安等各个环节进行控制。管理链条较长,容易形成学生、教师生命财产损失、合同纠纷等经济与法律风险。

1. 实时监控

监控系统采用模块化及分层结合的设计思想和设计方法,结合分布式等先进的处理模式实现对一期、二期所有数据的监测,通过对传输过程中及数据仓库中的数据实时校验,有效定位问题位置,在保证监控数据传输效率的同时保证了数据的质量。

2. 决策分析

从平台中抽取过来的一期、二期系统的数据信息,通过高效的决策分析技术,为管理者提供分析问题、建立模型、模拟决策过程和方案的环境,充分调用各种信息资源和分析工具,帮助管理者提高服务决策水平和质量。

基于 Hadoop、Hbase 等平台,搭建企业的大数据分析平台,构建企业分析业务基础设施,并基于平台开展面向集团用户的智能分析应用建设,分析对象包括学生、教师、课程,分析场景包括用户画像分析及预测和智能知识评价及推荐。

（1）用户画像分析及预测。指对分析对象包括学生、教师的各类信息进行综合,通过分析对象的各类信息和行为特征的综合,对分析对象进行分类评价,为其贴上一组相关标签,并运用知识图谱等工具,对对象的行为趋势进行预测,辅助开展客户关系关联和市场拓展工作。通过基于大数据的用户画像分析工具,支撑以下应用场景实现。

一是了解管理、服务对象。对各类对象的特征进行综合分析,包括对象的年龄、消费水平、关注点、性格等因素,实现服务对象分类管理,通过标签库建设,为对象进行更精准化的标签评价,以便更好地了解管理与服务的对象。

二是实现个性化管控。通过对不同的对象进行分类、标签化处理,明确对象所处的群体特征，针对不同类别的用户进行针对性的管控或服务策略，以便实现更高的客户转化率，挖掘潜在用户。

三是预测对象发展趋势。通过综合对象的各类信息，应用一系列的行为预测算法，包括基于规则的推理、基于统计信息的预测等，针对不同类别用户的趋势特征进行预测，提前掌握对象的发展趋势。

四是实现智能响应处理。针对不同类别对象管理要求进行自动化管控或服务，如对于学生，可以提供更个性化的信息推荐服务，将其关注的各类课程或者同类人关注的课程信息推送给学生。对于老师，可自动推荐系统关于学生行为的预测信息，让老师对学生及相关课程有一个更精益化的掌控。

（2）智能知识评价及推荐。将学生需要掌握的知识进行解构，形成面向学生的知识图谱，覆盖学生需要掌握、学校推荐的知识点、各个知识点之间的联系，将学生关注的知识及相关课程以个性化推荐的方式推荐出来，包括学生需要学习的课程、推荐的课外读物、相关的文献等，并能够基于该知识图谱对学生的知识掌握情况或教学效果进行自动评价。

3. 考核评价

为了提升集团及分支机构考核的电子化、信息化和规范化水平，就需要利用信息技术，借助信息化手段，对分散在各个子系统中一期、二期的所有数据及时汇总，保证其处理的准确性和及时性，使整个考核指标体系越来越精细、考核范围越来越大、评价标准越来越规范，从而进一步减少人力成本，提高考核效率。

通过大数据分析手段，自动对每期课程开展的情况进行统计评价，并能够对课程的受欢迎程度的因素进行分析，分析哪些因素导致课程参与率较低、业界同类课程产品的差异度、老师在课程效果中达到的效果、同类课程的对比等，通过这些智能评价手段，进一步对课程的效果进行定量分析。

（四）预期效益

1. 系统直接收益

统一和规范信息化；提高体验式教育业务的质量和效率；提高学生安全监督管理能力；提高集团整体决策和紧急事件的应急指挥能力；优化区域内体验式教育资源优化配置；实现"网络互联互通，数据集中管理，信息服务共享"。

2. 大数据应用

通过区域研学大数据平台的建设，对平台收集的海量大数据进行深度挖掘和支持，以满足精准管理、教学规律发现、适应性教学支持、预警研判应急响应支持四个方面的应用。

（1）精准管理。在学校和教育机构中，管理者时常面对无法及时掌握教学与管理综合状况的困境，这也导致了教育管理常常是粗放的、由直觉驱动的现状。数据对于学校和教育机构的精准管理和科学决策，可以起到重要的支持、调节作用。基于数据的管理，需要通过汇集各类管理与教学数据，构建多维模型。

（2）教学规律发现。教育研究是一项复杂的系统性研究，长期以来，小样本量、个案研究对教育规律探索起到了重要作用，而教育大数据的引入，大大拓展了教育规律探索的视角。在大数据的驱动下，教育研究将出现不同的态势，通过挖掘、分析教育大数据，可以量化学习过程，表征学习状态，发现影响因素，找到干预策略，从更深的层次揭示教育规律。诚然，规律发现并非易事，但可以肯定的是，在多来源、大体量数据的基础上，通过技术手段进行数据汇集和共享进行群体协作，开展大量能够进行标准化、具有对比意义的研究，最终更易发现真实的教育规律。

（3）适应性教学支持。适应性教学是教学的最优化状态。适应性教学中的内容、方法和过程都可以根据学习者的状况来进行定制，让每个学习者都有可能获得适合自己的最大程度的发展。适应性教学的实现，需要基于学习者个体特征和学习状况的全面分析。大数据为追踪和整合这些数据，并对学生进行个性化支持提供了可能。

（4）预警研判应急响应支持。通过对研学行为、研学事务大数据的分析，可以对学生、教师在学习过程中的行进路线或不安全因素进行提前预警或干涉，一旦出现紧急事件，可以快速组织紧急救援和应急响应。

附 录

附录一：区域研学课程实施方案

案例一：凤凰涅槃　生态唐山

一、研学主题

凤凰涅槃　生态唐山。

二、研学类型

社会历史体验类。

三、研学基地

河北省唐山世博园。

四、研学资源

唐山世博园是集观赏、科普、生态、经济、文化、科研六大功能于一体的新型互动式植物园。该园以"欲火涅槃，凤起南湖"为设计理念，将植物园作为一张城市的名片来解读腾飞的唐山、文化的唐山、生态的唐山、生活的唐山。

结合现有地貌构建山、水唐山的景观格局：以山言志，象征唐山；以水寓情，象征渤海，将敦厚善良、坚韧不屈的唐山精神，开拓进取、博大深厚的渤海品格作为植物园景观规划的理念辐射全园，以此来彰显项目的地域特色。

该园将打造成华北地区第一精品植物花园，是一座具有鲜明地方特色、传承地方文化、体现工业文明的国际化植物园。该园设计陆地栽培植物154个科，457个属，500余种，温室植物共14类120种。将结合建设的具体情况采用分期实施的方式，将全园分为东、西两区，前期建设东区，栽植400余种陆地植物。

五、研学目标

（1）了解河北省省情；开阔视野；热爱家乡、热爱祖国；学习河北省创建生态文明的发展史。

（2）研学植物风情馆，使学生既认识了多种植物，也增加了地理知识，更能了解其生长习性。

（3）培养学生对学习的专注力，增进团队信任；使学生发扬团队精神、共同探究学习；体会唐山人民面对大地震不屈不挠、众志成城的抗震精神。

（4）培养学生团队精神；体会唐山人民团结一心、重建家园的伟大精神。

六、研学方式

采用小组合作闯关的形式。

七、研学人数

400～600人。

八、研学时长

1天，6课时。

九、研学问题

你了解唐山精神吗？

十、研学前准备

开营、破冰团建常规器材，研学实践活动常规装备。

1. 教具、学具

（1）蛟龙出海器材：绑腿带、秒表、口哨。

（2）射箭器材：弓箭、箭靶。

（3）放飞梦想器材：水彩笔、简易风筝制作材料。

2. 学生准备

（1）学习准备：自主制订研学旅行计划，阅读唐山世博园的有关资料。

（2）物质准备：根据研学基地气候、行程距离、身体健康情况自主准备必备物品。

（3）装备：研学手册、笔、双肩包。

（4）穿着：校服、运动鞋。

十一、项目活动流程

项目活动一：放飞梦想

1. 项目活动场地

丹凤朝阳广场。

2. 项目活动背景

丹凤朝阳广场是园区内的核心广场，也是最大的广场，让学生了解唐山这座城市的历史和唐山凤凰城的由来。

3. 项目活动目标

锻炼学生的动手能力、绘画能力，了解风向知识，使学生发扬团队精神，协同互助。

4. 项目操作流程

（1）活动名称：放飞梦想。

（2）活动器材：水彩笔。

（3）活动时间：50分钟。

（4）活动操作：分小组制作风筝。

项目活动二：蛟龙出海

1. 项目活动场地

丹凤朝阳广场。

2. 项目活动背景

丹凤朝阳广场是园区内的核心广场，也是最大的广场，让学生了解唐山这座城市的历史和唐山凤凰城的由来，了解唐山人民百折不挠、浴火重生的精神。

3. 项目活动目标

培养学生学习的专注力，增进团队信任，使学生发扬团队精神、共同探究。体会唐山人民面对大地震，不屈不挠、众志成城重建家园的顽强精神。

4. 项目操作流程

（1）活动名称：蛟龙出海。

（2）活动器材：绑腿带、秒表、口哨。

（3）活动时间：40分钟。

（4）活动操作：分小组进行练习、比赛。

项目活动三：研学国内园区

1. 项目活动场地

国内园。

2. 项目活动背景

园区内拥有多个城市的场景，分别介绍了城市特点，了解这些城市的特点，增强地理知识，开阔眼界，完成学习手册中的知识问答。

3. 项目活动目标

通过研学国内园，了解河北省省情；了解其他城市的特点，开阔视野；学习河北省创建生态文明的发展史；培养学生热爱家乡、热爱祖国的思想感情。

4. 项目操作流程

（1）活动名称：填写手册。

（2）活动器材：学生手册。

（3）活动时间：30分钟。

（4）活动操作：通过讲解，在园区寻找学生手册答案。

项目活动四：研学植物风情馆

1. 项目活动场地

植物风情馆。

2. 项目活动背景

植物风情馆景观区分为棕榈植物、花卉植物、兰科植物、雨林植物、沙漠植物、观果植物六大展示区域，总展出面积6156平方米。馆内共布置植物1033种，其中不乏一些明星植物，如拥有各种"世界之最"美誉的猴面包树、大王花。

3. 项目活动目标

通过研学植物风情园，认识植物物种，了解其生长环境，增强地理知识。

4. 项目操作流程

（1）活动名称：填写手册。

（2）活动器材：学生手册。

（3）活动时间：30分钟。

（4）活动操作：通过讲解，在园区寻找学生手册答案。

十二、研学链接

唐山世博园

唐山因唐太宗李世民东征高句丽驻跸而得名，是中国近代工业的摇篮，工业基础雄厚，素有"北方瓷都"之称。这里诞生了中国第一座机械化采煤矿井、第一条标准轨距铁路、第一台蒸汽机车、第一桶机制水泥，孕育了丰厚的工业文明。唐山是中国评剧的发源地，素有"冀东三枝花"之称的皮影、评剧、乐亭大鼓享誉全国，为国家级非物质文化遗产。

唐山先后获得联合国人居奖、中国优秀旅游城市、国家园林城市、全国双拥模范城市等荣誉。曾于1991年成功举办第二届中华人民共和国城市运动会，并于2016年举办世界园艺博览会、金鸡百花电影节、中国—中东欧国家地方领导人会议、中国—拉美企业家高峰会。

唐山为什么又叫凤凰城呢？一只凤凰落到了这块热土上，化成了一座凤凰山，中国的版图上因而繁衍出一座美丽而神奇的凤凰城——唐山。

案例二：海洋之梦　乐岛王国

一、研学主题

海洋之梦。

二、研学类型

自然生态类。

三、研学基地

秦皇岛乐岛海洋王国。

四、研学资源

乐岛是国内规模最大、最具海洋特色，国内唯一融互动游乐、运动休闲、动物展演、科普展示、度假娱乐于一体的海洋主题公园。乐岛按照不同的服务功能划分为海底总动员、爱琴海音乐广场、未来水乐园、美食卡布里、夏威夷海滩、海洋嘉年华、搏海湾、海洋剧场八大功能区域。本次研学依托乐岛内的部分设施，如摩天轮、逍遥水母、海盗船、旋转木马展开探索；在白鲸馆、深海馆展开寻觅，使同学们在游中学，在学中乐。

五、研学目标

认识海洋生物，了解鲸鱼的分布区域、回声定位、发生频率等知识，认识海中鱼的种类。通过参与"勾画梦想""挑战大魔王""我做你做""梦想舞台"等活动项目，增强学员动手、观察、协作、勇于面对等多方面的能力。

通过沙滩堆沙制作沙雕、"勾画海洋国土"及"拯救小鱼尼莫"等项目，树立保护海洋环境的意识，增强环境保护意识。

六、研学方式

活动采用小组合作闯关的形式。

七、研学人数

400～600人。

八、研学时长

1天，6课时。

九、研学前准备

开营、破冰团建常规器材，研学实践活动常规装备。

1. 教具、学具

（1）勾画梦想：水彩笔、白纸。

（2）认真观察：海洋生物喷绘布。

（3）拯救小鱼尼莫：能量传输板、电动小鱼、水桶。

（4）制作沙雕：铲子、水桶。

2. 学生准备

（1）学习准备：自主制订研学计划，阅读海洋生物的有关资料。

（2）物质准备：根据研学基地气候、行程距离、身体健康情况自主准备必备物品。

（3）装备：研学手册、笔、双肩包。

（4）穿着：校服、运动鞋。

十、项目活动流程

项目活动一：旋转木马任务点

1. 项目活动场地

旋转木马。

2. 项目活动背景

渴望实现的理想，期望达到的一种高度，是人们心中的信念和希望。梦想是人类对于美好事物的一种憧憬和渴望，有时梦想是不切实际的，但却毫无疑问是人类最天真、最无邪、最美丽、最可爱的愿望。

3. 项目活动目标

通过活动启发学生对美好事物的联想。

4. 项目操作流程

（1）活动名称：勾画梦想。

（2）活动器材：水彩笔。

（3）活动时间：50分钟。

（4）活动操作：将自己的梦想画在纸上。

项目活动二：海盗船任务点

1. 项目活动场地

海盗船。

2. 项目活动背景

挑战自我，是一种知难而进的自信；是一种卧薪尝胆的魄力；是一种运筹帷幄的睿智；是一种惊心动魄的博取；是一种随机应变的技巧；是一种逢高必攀的潜能；是一种大刀阔斧的展现；是一种一鸣惊人的喝彩。

3. 项目活动目标

面对挑战，勇往直前，敢于承认自身的不足，敢于改正自身错误。

4. 项目操作流程

（1）活动名称：挑战海盗船。

（2）活动器材：无。

（3）活动时间：40分钟。

（4）活动操作：乘坐海盗船。

项目活动三：逍遥水母任务点

1. 项目活动场地

逍遥水母。

2. 项目活动背景

培养学生注重细节的好习惯，提高善于抓住细节的能力。做到这一点，才能把个人潜在的智慧和力量更有效地发挥出来，才能少走弯路，少出纰漏，在通往成功的道路上稳操胜券。

3. 项目活动目标

学会观察身边的细节，注重细节，尤其是学习中的细节。

4. 项目操作流程

（1）活动名称：认真观察。

（2）活动器材：海洋生物喷绘布。

（3）活动时间：30分钟。

（4）活动操作：学生在乘坐逍遥水母时观察喷绘布完成任务。

项目活动四：摩天轮任务点

1. 项目活动场地

摩天轮。

2. 项目活动背景

学习方法通过阅读、听讲、研究、观察、理解、探索、实验、实践等手段获得知识或技能的过程，是一种使个体可以得到持续变化的行为方式。将所学的知识在生活中运用，有时也需要相应的方法。

3. 项目活动目标

活动与学习相结合，将学习的内容与生活相结合。

4. 项目操作流程

（1）活动名称：数学大冲关。

（2）活动器材：学生手册。

（3）活动时间：30分钟。

（4）活动操作：根据年级完成数学任务。

项目活动五：游览深海馆

1. 项目活动场地

深海馆。

2. 项目活动背景

通过阅读、听讲、思考、研究、实践等途径获得知识或技能，这是一种使个体可以得到持续变化的行为方式。将所学的知识在生活中加以运用，有时也需要相应的方法。

3. 项目活动目标

加强学生对海洋动物的了解，认识更多的海洋生物。

4. 项目操作流程

（1）活动名称：认识海洋生物。

（2）活动器材：学生手册。

（3）活动时间：30分钟。

（4）活动操作：游学深海馆，完成学生手册。

项目活动六：白鲸馆任务点

1. 项目活动场地

白鲸馆。

2. 项目活动背景

鲸是海洋哺乳动物中鲸目生物的名字，又分为齿鲸类和须鲸类，鲸目之下包括海豚科。

3. 项目活动目标

加强学生对海洋动物的了解，认识海洋动物中的鲸鱼、海豚。

4. 项目操作流程

（1）活动名称：认识海洋生物。

（2）活动器材：学生手册。

（3）活动时间：30分钟。

（4）活动操作：游学白鲸馆，完成学生手册。

项目活动七：海洋剧场

1. 项目活动场地

海洋剧场。

2. 项目活动背景

欣赏海洋生物表演。

3. 项目活动目标

让学生欣赏感受海洋生物的魅力，感受海洋生物的聪慧。

4. 项目操作流程

（1）活动名称：认识海洋生物。

（2）活动器材：学生手册。

（3）活动时间：30分钟。

（4）活动操作：观看海洋生物表演，完成学生手册。

项目活动八：勾画海洋国土任务点

1. 项目活动场地

沙滩。

2. 项目活动背景

沙雕作为一种艺术形式，起源于美国。20世纪初在美国佛罗里达和加利福尼亚海岸举行了各种沙雕竞赛和活动，人们对不同种类的沙子及沙雕各种技巧有了经验，而沙雕作品具有较强的故事性和趣味性，由于沙雕会在一定时间内自然消解，不会造成任何环境污染，因此被称为"大地艺术"。

3. 项目活动目标

增强动手能力，了解临海现状，加强爱国主义教育。

4. 项目操作流程

（1）活动名称：制作沙雕。

（2）活动器材：铲子、水桶。

（3）活动时间：30分钟。

（4）活动操作：制作沙雕。

十一、研学链接

乐岛海洋王国

乐岛海洋王国是以海洋风光、海洋动物科普体验、海洋文化传播教育、海洋娱乐休闲为特色，集游、娱、购、教于一体的大型海洋主题公园。

2005年被评为国家4A级旅游景区；2007年被河北省旅游局授予"百姓最喜爱的河北省魅力景区"称号；2010年被评为第二届中国最佳休闲主题公园；2016年河北省质量服务名牌企业；2017年河北省全民科学素质教育示范单位。

同时，乐岛成功打造了第一届"乐岛·6789海洋音乐节""乐岛·海豚音乐节"，还与秦皇岛海港区残疾人联合会共同组织"小岛星星"关爱残障儿童的公益活动。

2019中国旅游产业发展年会于1月23日在北京举办。会上揭晓了"2018年中国旅游产业影响力风云榜"，包括"公益推广""休闲度假"和"美丽中国"三篇，共12个类别，河北省荣获6项大奖，其中乐岛海洋王国获2018中国旅游影响力主题公园前十。

案例三：万里长城　山海雄关

一、研学主题

万里长城　山海雄关。

二、研学类型

历史人文类。

三、研学基地

天下第一关景区。

四、研学资源

山海关的导游词中有这样一句，一座雄关、两京锁钥、三关居首、四座城门、五虎镇东、六大战役、七座城池、八个人物。

一座雄关：公元1381年（明洪武十四年），开国元勋、大将军徐达见此处依山傍海，形势险要，便在此建关设卫，命名为"山海关"。

两京锁钥：两京锁钥无双地，万里长城第一关。山海关是北京和沈阳（古称盛京）之间最重要的一个军事要塞，是举世闻名的万里长城第一关。

三关居首：万里长城上有三座最重要的关口，即山海关、居庸关、嘉峪关。从军事战略意义、建筑规模、知名度几个方面衡量，山海关居于首位。

四座城门：山海关有四座城门，分别是东门——镇东门，西门——迎恩门，南门——望洋门，北门——威远门。

五虎镇东：靖边楼、牧营楼、镇东门、临闾楼、威远堂，五个敌楼，一字排开，雄踞在关城之上，像五只猛虎凝视东方，人称"五虎镇东"。

六大战役：山海关的历史上发生了六次重要的战役，都对中国历史的走向产生了巨大的影响。这六大战役分别是 1644 年甲申之战、1900 年庚子之役、1922 年第一次直奉大战、1924 年第二次直奉大战、1933 年榆关抗战和 1945 年山海关保卫战。

七座城池：山海关是一个完整的军事防御体系，它东有东罗城，西有西罗城，南有南翼城，北有北翼城，欢喜岭上有威远城，渤海岸边有宁海城，再加上山海关关城，共七座城池。

八个人物：在山海关 600 多年的沧桑历史中，风云人物如群星灿烂。举其要者，从不同的角度能举出许多不同的人物。这里仅从对山海关的建设与发展，对中国历史进程的影响角度，列举八个人物，分别是徐达、戚继光、袁崇焕、吴三桂、多尔衮、李自成、张学良、林彪。

历史是记载和解释一系列人类活动进程和历史事件的一门学科，是文化的传承、积累和扩展，是人类文明的轨迹。山海关作为秦皇岛地标性历史古城，汇聚了中国古长城之精华。明长城的东起点老龙头，是长城与大海的交汇处。驰名中外的"天下第一关"雄关高耸，素有"京师屏翰、辽左咽喉"之称。研学山海关，就像翻开一本厚重的历史，能够体会到古代劳动人民修建筑长城的智慧、军事家的韬略、爱国志士的悲壮、文人墨客的情怀。

五、研学目标

通过了解历史将领、事件、天下第一关、长城的建筑结构及城防布局，丰富天下第一关的相关知识，了解山海关的历史，感悟劳动人民的智慧，体会天下第一关在历史中的价值，增强国防意识，培养爱国主义精神。

通过实践体验，如搭建一段长城、装填炮弹、城防互攻、毛笔写字等加深对长城结构的了解，增强对长城攻击防御的认识，培养团队协作能力和动手实践能力。

通过研学体会山海关的历史作用，增强学生的爱国情怀。

六、研学方式

采用分组闯关的形式组织活动。

七、研学人数

400～600 人。

八、研学时长

1天，6课时。

九、研学问题

（1）山海关的历史作用。

（2）万里长城的深远意义是什么。

十、研学前准备

开营、破冰团建常规器材，研学实践活动常规装备。

1. 教具、学具

（1）马炮架器材：竹竿、绳子、水瓢、沙包等。

（2）射箭器材：弓箭、箭靶。

（3）神笔马良器材：地书笔、水桶、绳子。

（4）搭建长城：长城砖模型、长城模型。

（5）穿越电网：绳子、支架。

2. 学生准备

（1）学习准备：自主制订研学旅行计划，阅读天下第一关的有关资料。

（2）物质准备：根据研学基地气候、行程距离、身体健康情况自主准备必备物品。

（3）装备：研学手册、笔、双肩包。

（4）穿着：校服、运动鞋。

十一、项目活动流程

项目活动一：认识东罗城

1. 项目活动场地

东罗城。

2. 项目活动背景

学生通过亲手组建罗马炮架，了解古代战争兵器的使用，并通过活动培养动手能力及团队合作能力。

3. 项目活动目标

了解罗城、护城河的作用，了解古时战争兵器投石车的作用。通过亲手搭建投石车，锻炼学生的动手能力，增强学生的爱国意识。

4. 项目操作流程

（1）活动名称：罗马炮架。

（2）活动器材：竹竿、绳子、水瓢、沙包、胶带。

（3）活动时间：30分钟。

（4）活动操作：分小组制作罗马炮架。

项目活动二：认识威远堂

1. 项目活动场地

威远堂。

2. 项目活动背景

威远堂即东北角楼，位于山海关城的东北角，与位于山海关城东南角的靖边楼遥遥相望。

据《山海关志》记载：威远堂始建于明初。"明初徐武宁建关时欲于此建楼，与南角楼并峙"，后因徐达进京未归，工程中途停止。明嘉靖四十四年（1565年），主事孙应元在角楼旧址上建立了"威远堂"。

威远堂的战略防卫地位非常重要，历代都对其进行过不同规模的修葺。清代以后，由于长城在军事战略上的地位逐渐丧失，威远堂也渐渐被废弃，现在仅存遗址。

3. 项目活动目标

通过参观威远堂，亲手搭建长城，加深学生对长城构造的理解，让学生在对长城的结构有所认识，对古代防御体系更加清楚，培养学生的动手能力及团队合作能力。

4. 项目操作流程

（1）活动名称：搭建长城。

（2）活动器材：仿长城砖。

（3）活动时间：40分钟。

（4）活动操作：分小组搭建长城。

项目活动三：了解镇东楼

1. 项目活动场地

镇东楼。

2. 项目活动背景

"天下第一关"城楼又称镇东楼，俗称箭楼，立于山海关城东门之上。

3. 项目活动目标

让学生更加了解天下第一关牌匾的历史、镇东楼的战略地位及作用，通过模拟城防互攻，让学生了解古代战争兵器，增强动手能力，增强学生的爱国情怀。

4. 项目操作流程

（1）活动名称：城防互攻。

（2）活动器材：模拟滚木、礌石。

（3）活动时间：30分钟。

（4）活动操作：学员单独操作，模拟守城。

项目活动四：了解牧营楼

1. 项目活动场地

牧营楼。

2. 项目活动背景

牧营楼在东城上接东罗城南角处，明万历十二年（1584年）建，与临闾楼同为镇东楼的配楼。

3. 项目活动目标

让学生了解"牧营"两个字的含义及牧营楼的作用，了解睥睨和长城垛口的作用，通过模拟垛口射箭让学生了解古人的作战方式，增加学生的爱国意识。

4. 项目操作流程

（1）活动名称：拉弓射箭。

（2）活动器材：仿古弓。

（3）活动时间：30分钟。

（4）活动操作：每位同学都要在垛口拉弓，找寻一下前人在此拉弓御敌时的感觉。

项目活动五：了解靖边楼

1. 项目活动场地

靖边楼。

2. 项目活动背景

靖边楼亦称东南角楼或东南台，位于山海关城的东南隅，是山海关城的防御性建筑。

3. 项目活动目标

参观靖边楼，了解曾经在山海关发生的著名战役以及山海关的战略地位。通过穿越电网活动培养学生团队配合能力，通过战争案例培养学生的爱国情怀。

4. 项目操作流程

（1）活动名称：穿越电网。

（2）活动器材：绳子、支架、铃铛。

（3）活动时间：40分钟。

（4）活动操作：全队人员依次按照规则穿越电网。

项目活动六：了解瓮城

1. 项目活动场地

瓮城。

2. 项目活动背景

山海关城的四座门，即镇东、迎恩、望洋、威远，门外均建有瓮城环卫。

3. 项目活动目标

让学生了解瓮城在战时的作用及战略地位，通过射箭让学生了解古人战争时常用兵器弓箭的原理及体验，增强学生的爱国意识。

4. 项目操作流程

（1）活动名称：射箭打靶。

（2）活动器材：弓箭、靶子。

（3）活动时间：40分钟。

（4）活动操作：学生亲手拉弓射箭，体验冷兵器。

项目活动七：天下第一关广场

1. 项目活动场地

天下第一关广场。

2. 项目活动背景

"天下第一关"匾额是山海关的镇关之宝，有了这个镇关之宝，山海关一关城楼更加高大雄伟。

3. 项目活动目标

让学生了解"天下第一关"这五个字的历史，了解中国书法的魅力，感受中国文字的博大精深，通过毛笔写字锻炼学生的书法能力及团队合作能力，让学生增强对中国传统文化的喜爱之情。

4. 项目操作流程

（1）活动名称：神笔马良。

（2）活动器材：地书笔、水桶。

（3）活动时间：40分钟。

（4）活动操作：临摹"天下第一关"五个字。

项目活动八：孟姜女哭倒长城处

1. 项目活动场地

孟姜女哭长城处。

2. 项目活动背景

孟姜女哭长城是中国民间四大爱情故事之一。

3. 项目活动目标

让学生了解孟姜女传说所要表达的意义，了解"海水潮"对联，了解中华对联文化，通过读对联感受中华文字的魅力。

4. 项目操作流程

（1）活动名称：朗诵对联。

（2）活动器材：对联。

（3）活动时间：40分钟。

（4）活动操作：至少找出五种不同读法。

十二、研学链接

山海关

山海关，又称榆关、渝关、临闾关，位于河北省秦皇岛市东北15千米处，是明长城的东北关隘之一，在1990年以前被认为是明长城东端起点，素有中国长城"三大奇观之一"（东有山海关、中有镇北台、西有嘉峪关）、"天下第一关""边郡之咽喉，京师之保障"之称，与万里之外的嘉峪关遥相呼应，闻名天下。

明洪武十四年（1381年）筑城建关设卫，因其依山邻海，故名山海关。山海关城周长约4千米，与长城相连，以城为关，城高14米，厚7米，有四座主要城门，多种防御建筑。包括"天下第一关"箭楼、靖边楼、牧营楼、临闾楼、瓮城等景观。从1381年建关以来，山海关保卫中原地区已经有600多年的历史，是自古以来的军家必争之地。

附录二："金钥匙"学能成长训练营

STEM教育理念＋学科实践＋学科思维导图＋益智健心＋拓展训练＝乐研慧学的学能高手。

在北京大学专家团队的引领和指导下，教育部"十三五"规划课题组精心打造了全新体验式"学能成长"训练营。以培养"全面发展的人"为核心，以中华传统文化的传承与发展为宗旨，以学科思维导图为教学线索，以"主题项目活动"为形式，以体验式学习为方法，以STEM为统整式课程模式，全面打开学生成长的智慧之门，为心灵成长赋能，助力学生充满信心，放飞梦想。

一、课程设计

基于STEM课程理念，将语文、数学、物理、英语等多学科融合，基于真实的生活场景，以学科实践教学为模式，以体验式学习为方法，包含体验式研学课程、电影课程、汇报表演课程等，使学科知识与研学资源深度融合，激发学生的学习兴趣，提升学生的社会参与度，探究自主、高效的学习策略，培养沟通能力、批判性思维与问题解决能力、合作能力、创造力与想象力等综合素养，引导学生走向自主发展的道路。

二、专业师资

授课教师是教育部"十三五"规划立项课题组的核心成员，综合素质优良，不仅能够引导学生掌握学习方法，更重要的是引导学生转变思维方式，关注学生的学习品质，在丰富多彩的教学情境中引导学生对知识进行理解和掌握，智力因素和非智力因素得到共同发展，良好的品格和意志得到培养。

三、授课方式

创造性地探索运用体验融合式授课。

（一）实施唤醒教育

唤醒学生内心自我成长的需要。在情境中让学生获得一种被需要的神圣感，当使命达成时，就会产生强大的自信心，收获勇敢、责任、协作、爱的种子，爱自己，爱他人，爱父母，爱自然，爱生活，乐观进取，感恩惜福，做爱的天使，给心灵插上绿色的翅膀。

（二）丰富成长经历

凡经历必成长，人生是经历的总和，在学生成长的关键阶段，趣味盎然的项目拓展和心理拓展训练将会深植于学生心灵深处，这段难忘的经历、温暖的故事会成为学生未来发展的一颗金种子，一把开启未来世界奥秘之门的金钥匙。

（三）构建"学科思维导图"

结合初中学段知识趋向于抽象和复杂的特点，将学生引入"学科思维导图"，强调"理解性记忆"和"结构化思考"，有效提升记忆的深刻性。设置整合课程，构建知识框架，引导跨学科思维方式，找准切入点，探究大自然中的学科问题，感悟生活中的学科知识，引导学生辩证思考、高效学习。

四、教学成果

此课程是全国教育科学"十三五"教育部规划课题研究成果，是课题组成员在实践中不断探索，反复研究，又经过实践检验的研究成果，具有一定的科学性、实用性和推介价值。

五、安全保障

（1）训练营组委会将安全问题放在首位，通过制度考核、人员配备、加强监护和投保保险等工作来确保学生在训练营中的身心安全。同时，组委会主任直接安排和监督各项安全工作的进行。

（2）训练营确保营地的环境安全，训练营管理人员和辅导员将执行严谨的安全预案，除营地有治安巡逻值班外，营长、辅导员每晚要进行两次以上查房。

（3）组委会为每位学生办理"旅游安全人身意外伤害保险"，保额为10万元。

（4）训练营享有对学生健康状况的知情权，家长须确保学生在参加本训练营之前未患有心理性疾病、传染类疾病、心脏病等不适宜参加集体活动的疾病，特殊情况须在报名表上特别注明学生的健康情况，协助训练营执委会提供有效的照顾。

（5）营地设置医务室，活动过程中有专门的教师负责疫情防控和健康保障，随时解决学生遇到的不适问题。

（6）专业的课程教师（每10～15人配备一名辅导员教师）。

（7）训练营实行全封闭式管理，统一行动，请假和特殊情况离队的，都需要经过特定的手续或者在教师的监控之下进行。

六、生活服务

（1）伙食标准：酒店专业厨师，营养师配餐，实行分餐制（研学基地另定）；时令水果及晚间的加餐。

（2）住宿标准：4人间（空调、彩电、独立卫浴）。

七、日程安排

第一天（Day1）

活动时间	活动主题	活动地点	活动内容	学科知识链接及活动亮点
上午	入住营地、开营仪式、专家讲座	营地教室	1. 办理入住 2. 举行开营仪式 3. 介绍营期日程安排 4. 提醒学生注意事项 5. 听讲座（吉羊教授） 6. 观看秦皇岛专题片	营地教师陪伴
下午	语文	营地教室	《认识你自己》	认识自己、认识团队
	数学	营地教室	数学扑克游戏	展示自我和数学规律发现
晚上	晚会（破冰团建）	营地广场、营地教室	才艺展示，完成日志Day1	展示自己，融入团队

第二天（Day2）

活动时间	活动主题	活动地点	活动内容	学科链接及活动亮点
上午	语文	集发	《练就火眼金睛》	四级观察法：建立观察的基本框架，感受观察的层次和智慧，收获观察写作的成功感受。获得被需要的神圣使命感，产生强大的自信心，收获勇敢、责任、协作、爱的种子，唤醒爱心
	英语	集发	Guessing game	Feel different kinds of the plants through senses
下午	数学	集发	户外辨图形	对于图形周长面积计算和空间想象能力和数学估算能力的直接应用
	物理	集发	空气的力量	体验大气压的存在及流速与压强的关系
晚上	提升课	帆船基地	诗朗诵，完成日志Day2	晚餐后入住帆船基地

第三天（Day3）

活动时间	活动主题	活动内容	活动地点	学科链接及活动亮点
上午	拥抱大海	观日出 帆船体验 海滩游戏 学科指导	帆船基地	物理：力与运动的关系，浮力的应用，简单机械的作用
下午	英语	Into the arms of the sea	营地教室	Share the feelings of going sailing
下午	语文	《海上日出》	营地教室	抓住景物特征，学习描绘景物的手法。定点观察，确定观察点，学会变换观察角度，或远观，或近看，或仰视，或俯瞰；抓住形状、色彩、姿态，光影变化、动静结合，激发热爱自然的审美情趣，感悟生命的美好，进而学会感恩惜福
晚上	学科综合课	组织上报节目单；学唱《五百里》；完成日志Day3	营地教室	统筹规划，合理安排

第四天（Day4）

活动时间	活动主题	活动地点	活动内容	学科链接及活动亮点
上午	数学	营地教室	速度与激情	数学追击问题和合速度的理解
	语文	营地教室	《移动的摄像头》	变换观察点，移步换景、选点描绘。调动感官（视、听等）多角度观察，采用多种描写手法（正面描写和侧面描写相结合、白描和细描、多种修辞手法综合运用），时间和空间相结合，感受丰富多彩而又层次井然的描写的魅力，收获写作的喜悦

264

续表

活动时间	活动主题	活动地点	活动内容	学科链接及活动亮点
下午	英语	营地教室	Plant a plant	Talk about plants and gardening and express love to the nature
	物理	营地教室	留声机	刻录自己的声音并回放
晚上	语文	营地教室	看电影《地球上的星星》，完成日志 Day4	写作准备

第五天（Day5）

活动时间	活动主题	活动地点	活动内容	学科链接及活动亮点
上午	数学	营地教室	田忌赛马	统筹管理的入门理解
	语文	营地教室	《没有表情的戏精》	结合电影《地球上的星星》，总结训练观察、描写和记叙手法
下午	英语	营地教室	My favorite sport	Let the students know about the importance of good exercise habits
	物理	营地教室	自制显微镜	用瓶盖和毛细管制作一个可以观察洋葱表皮的显微镜
晚上	分享课	营地教室	完成日志 Day5	总结提升

第六天（Day6）

活动时间	活动主题	活动地点	活动内容	学科链接及活动亮点
上午	策马扬鞭	英伦马术俱乐部	观看马术表演。讲座、参观展览、木工秀、多米诺体验、学科指导	了解传统文化，发展学生的观察力、想象力、创造力和协作能力
下午	语文	营地教室	《小马驹向前冲》	由外而内、由浅入深的观察"马"的形象，写小马故事。展开联想与想象，借物喻人，树立做"千里马"的远大理想
下午	英语	营地教室	A black sheep	Learn some idioms about horse in English and experience the differences between different cultures
晚上	分享课	营地教室	完成日志 Day6	总结提升

第七天（Day7）

活动时间	活动主题	活动地点	活动内容	学科链接及活动亮点
上午	数学	营地教室	乒乓球机关炮	函数的简单理解
	英语	营地教室	Animals are our friends	Give students a greater understanding of why animals are important.

续表

活动时间	活动主题	活动地点	活动内容	学科链接及活动亮点
下午	勇者无畏	阿卡小镇	体验高尔夫运动、狩猎（射箭比赛）、丛林野战、学科融合	估测距离、路线。体验力改变物体的运动状态。
晚上	语文	营地教室	阅读《我向往的生活》，完成日志 Day7	想象未来的自己的形象，打造自己心中的阿卡。敢于创新，勇于担当，明确人生的方向

第八天（Day8）

活动时间	活动主题	活动地点	活动内容	学科链接及活动亮点
上午	数学	营地教室	我是神射手	概率思想的引入
上午	语文	营地教室	《皮影小剧场》剧本创作	续写并表演皮影小故事。训练叙事方法，传承传统文化
下午	英语	营地教室	Wander the wonderland	Draw a picture of your wonderland and try to describe it
下午	物理	营地教室	回形针蜘蛛	用回形针做成蜘蛛比赛跳远
晚上	语文	营地教室	皮影表演，完成日志 Day8	进行皮影表演，提升动手能力，感受传统文化的魅力

第九天（Day9）

活动时间	活动主题	活动地点	活动内容	学科知识链接及活动亮点
上午	踏浪拾贝	浅水湾浴场	赶海、海浴、探秘潮汐现象	探究浮力、能量的应用
上午	数学	营地教室	嗨，牛顿！	
下午	英语	营地教室	A diary	Write down the activities that the students did
下午	数学	营地教室	唤醒沉睡的数学能力	树立信心、强化能力
晚上	整合课	营地教室	演出排练，完成日志 Day9	总结提升，成长感悟

第十天（Day10）

活动时间	活动主题	活动地点	活动内容	学科知识链接及活动亮点
上午	我的夏令营	营地	整理、设计自己的夏令营成果	为制作夏令营手册做准备
上午	我的金钥匙	营地	总结交流、评比闭营式彩排	准备闭营式
下午	闭营式	营地教室	汇报演出	不一样的自己
下午	返程	—	送回目的地	平安顺利

八、营务安排

（一）招生对象

13～15周岁身心健康的初中学生。

（二）营地

金钥匙训练营基地。

（三）营期安排

2020年7月。

九、物资清单

（一）服装

学生营服：短袖上衣2件、太阳帽1顶、迷彩装1套、泳装自备。

教师服装：迷彩装1套、休闲装1件、泳装自备。

（二）器材

打印机1台、塑封机1台、1开白纸50张、白板1块、白板笔10支、白板擦、投影仪1台、音箱1个、笔记本电脑1台、摄像机1台、照相机1台。

（三）防暑降温

饮水、压水器、水杯、药品、雨衣雨伞。

（四）研学道具

胶带若干、队旗、旗杆、白板笔、奖杯5个、证书若干、野餐垫、垃圾袋、赶海工具。

（五）学生胸卡

报名时提交电子照片。

十、夏令营防疫安全规定

为严格控制疫情，保证师生身体健康，提出夏令营期间防疫措施如下。

（一）教职人员体检

开营前，所有教职人员无疫区出入记录，并进行全员体检，确保教职人员身体健康，持健康码上岗，无其他异常情况。

（二）贴心照顾

提高工作人员比例，为孩子们的安全保驾护航，让每一个孩子都能得到教职人员的密切关注。

（三）严控入营学生

学生持健康码入营并进行严格防控，提前了解身体状况、接触史、旅游史和家庭成员状况，从源头上严控疫情，并将学员的身体状况备案，如有虚报，将追究其法律责任。

（四）全天候坚守

24小时有教职人员陪伴，随时观察孩子动向及身体情况，守护孩子的每时每刻。

（五）高标准住宿

封闭式营地管理，最大限度地避免学生与外部人员过多接触。

（六）佩戴防疫口罩

全员每日都将严格按照国家卫健委要求场合和口罩类型佩戴口罩，教授学生正确佩戴、摘取方式。

（七）勤洗手

所有教职人员会时刻叮嘱学生在训练前后洗手，将洗手作为培训活动的一项内容，尤其是吃饭前后、去厕所前后、拓展活动前后等。

（八）立体化消毒

对活动场地采用擦拭消毒、喷洒式消毒等多种消毒方式相结合，保证在教室、活动区、室内外厕所、走廊、楼梯、垃圾站、设施等所有学习、活动、住宿场所不留死角。

（九）控制安全距离

拥有完善且宽敞的训练基地，足够保障学生间的安全距离。

（十）安全用餐

食堂员工作业时均须佩戴口罩，食堂内就餐时、排队训练时，都将保持1米的安全距离。避免学生聚集，减少接触。

（十一）交通保障

活动前对学生专属大巴车进行严格消毒，并为学生统一安排座位，保证至少30%的大巴空座率。

（十二）保持良好通风

根据疫情情况，合理安排各项训练。如天气不佳时，安排在室内进行训练，保持室内通风顺畅、无异味。

（十三）心理防疫课程

通过防疫知识和心理疏导引导孩子在特殊时期学会正确思考、冷静分析，学会感恩。

（十四）防疫物资齐全

在各处放置免洗消毒液、消毒喷雾、洗手液等消毒物资，并安排专人定点、定时排查，及时进行物资采购，保证基地日常需求，以确保日日消毒，天天安心。

（十五）控制出入人员

对进出人员管理异常严格，工作人员无特殊情况，拒绝来访。

（十六）配套保险

为学生购买意外伤害保险，确保学生的营队活动安全、健康、快乐。

十一、夏令营文化符号

（一）营旗

（二）营徽

（三）营服

短袖海军迷彩装一套（3件），彩色文化衫2件，营帽一顶（建议速干面料）。

（四）营训

探究学法，提升学力。

我有金钥匙，学玩两不误。

（五）营歌

《少年》。

（六）口令

善于学习，走向成功。

（七）营规

为了平安顺利地完成夏令营活动，特制定以下营规。

（1）学生必须遵守团队纪律，听从辅导员的安排，随时佩戴学生卡。

（2）所有学生要友爱互助，团结一心，爱护夏令营集体荣誉，严格遵守营地纪律，遵守作息时间，不得喧哗打逗。

（3）小组每天轮流写日志，记录当天事件和感想。

（4）夏令营活动期间不得随意离开团队，遇到特殊情况及时汇报。

（5）爱护公共设施，节水节电，勿浪费食物。

（6）特殊体质提前告知，如有身体不适，及时向辅导员报告。

（7）讲文明、懂礼貌，保持良好的精神面貌。

（8）服从管理，严格遵守夏令营安排的一切事宜。

（9）不得吸烟，不得饮用含酒精饮料。

（10）夏令营结束后统一由家长带回，不得提前离营。

（八）学生守则

（1）按照营地计划指令统一执行，任何人不能影响整体行动。

（2）学生之间要团结友爱，互相帮助，建立良好、和谐的关系，增进彼此的友谊。

（3）活动时统一着装，佩戴营帽，一切行动听教师与教官的指令，做到有理有序。

（4）有强烈的时间观念，出操、上课、活动等必须准时到位，若有特殊情况务必向教师请假。

（5）树立安全意识，外出活动时不得擅自离开队伍，听从教师指挥，拍照时务必要注意安全。

（6）学生若有身体不适，即时到医务室就医，务必与教师联系。

（7）手机等贵重物品请交老师保管，学生不得携带现金、零食、电子娱乐产品。

（8）中午、晚上按时就寝，不得窜寝、跑动，不得大声喧哗、打扰他人休息，服从生活老师的管理。

（9）爱护公物，如有损坏按价赔偿。注意节约用水，注意保护环境卫生。

（10）不准私自外出，若有特殊情况需要外出时，要向老师请假，经批准后方可外出。

附录三：区域研学学生实践手册

案例一："科技农业·绿色王国"研学实践手册

一、课程序言

亲近自然是儿童的天性，直接接触自然事物也是儿童教育最有效的手段，因为自然世界有无数的奥秘吸引着儿童的注意，儿童的奇思妙想也大多来自自然事物的启发。集发农业梦想王国为研学课程提供了丰富的资源。

二、课程简介

"科技农业·绿色王国"研学课程以"集发农业梦想王国"为依托，课程分为五部分。第一部分是通过游览光影秘境及光影剧场，了解现代科技打造的科幻空间及光影技术结合的艺术魅力。第二部分是农业三馆连观，通过观赏运用先进种植技术和无土栽培培育出的果、蔬菜等，开阔视野，增长知识。第三部分是南国植物风情，了解新奇的奇花异果及南方热带植物，感受南方水果植物的风情特色。第四部分是非遗教育，通过参观了解活动，认识非物质文化遗产。第五部分是拓展训练，让同学们团结协作、挑战自我，获得成功的乐趣。

三、课程目标

（1）通过研学使孩子们加强团队间的合作，增强团队意识，锻炼沟通能力。

（2）通过光影剧场项目，了解现代科技打造的科幻空间，感受科技与艺术的结合。

（3）通过南国植物园项目，了解南国植物的特色，开阔眼界。

（4）通过探险部落幼儿区，培养学生勇于挑战，敢于实践的心理品质。

（5）通过了解非遗项目，认识家乡的非物质文化遗产，对先人的创造充满敬畏和尊重。

四、研学项目

研学项目一：南国植物馆

（1）杧果是著名的水果之一，它的果实含有（　　）、（　　）、（　　）等营养素。

（2）菠萝蜜是世界上最大的水果，单体最重超过（　　）公斤。果肉可鲜食或加工成（　　）、（　　）、（　　）。它的种子富含淀粉，可煮食；树液和叶片可药用，有（　　）作用。

（3）被称为全身都是"宝"的水果是橙子，它有哪些药用价值？

（4）在南国植物馆内，你对哪种水果印象最深，你平常最喜欢的热带水果有（　　　）。

（5）根据现场观察，画一画椰子树。

研学项目二：热带植物王国

（1）"三角椰子"原产于（　　　）热带雨林，它的别称又叫三角槟榔，它的果实呈黑色圆形，不能（　　　）。

（2）"霹雳黄龙释迦"在南美各地的（　　　）、（　　　）大量种植，它的果肉更是（　　　）。

（3）马梅（妈咪果）别称（　　　），果实巨大，可达到（　　　）千克重。

（4）咖啡独特的香味被称为（　　　）味，有的人认为是霉臭味与（　　　）。

（5）蝴蝶兰的花色分为（　　　）、（　　　）、（　　　）、（　　　）。

（6）"墨西哥铁"又叫美叶凤尾蕉，喜温热湿润环境，不耐低温，因为墨西哥铁四季常青，可制成盆景。你觉得布置在什么地方比较合适呢？

研学项目三：迷宫花园

课程体会分享：谈谈自己的研学感受。

研学项目四：玉米广场

（1）玉米一直都被誉为（　　　），含有丰富的（　　　）、（　　　）、（　　　）、（　　　）、（　　　），具有开发高营养、高生物学功能食品的巨大潜力。

（2）玉米味道香甜，可做各式菜肴，如（　　　）、（　　　）等，它也是（　　　）和（　　　）的主要原料。

（3）玉米是人类的主要（　　　）作物，由于它适应性强，在世界各地都有（　　　）种植，现代科学的应用大幅度提高了玉米的亩（　　　），在解决人类粮食（　　　）问题中发挥了重大作用。特用玉米一般指高赖氨酸玉米、糯玉米、甜玉米、爆裂玉米、高油玉米等具有较高的（　　　）价值、（　　　）价值或（　　　）价值的玉米。

研学项目五：萌宠乐园

（1）狐獴栖息于草原和开阔平原，（　　　）数量可达十多只，社会化动物，夜间休息，白天活动。

（2）小浣熊是（　　　），喜欢栖息在靠近河流、湖泊或池塘的树林中，夜行动物，吃东西前总会将食物用水（　　　）。

（3）龙猫又称毛丝鼠，草食性动物，喜欢（　　　）的环境，清洁身体的方式是（　　　），有啮齿动物咬嘴的习惯。

（4）旱獭在2016年被列入濒危物种，习惯从洞中推出大量沙石堆在洞口附近，形成

（　　　）。白天活动，草食，食量大。取食时，有年长者坐立在旱獭丘上观望，遇危险即发出尖叫声（　　　）。

（5）萌宠乐园的新奇动物一定给你留下了深刻的印象，那就来总结一下吧，请按照总分段式的要求写一段话（至少写出三种动物）。

研学项目六："三馆"连观

"三馆"连观之活菜工厂

（1）在活菜工厂中无土栽培的方式有（　　　）。（最少写出4种）

（2）鱼草菜共生区用（　　　）灌溉草或蔬菜，通过（　　　）及草根截获吸收、过滤水中鱼类便（　　　），净化水质促进鱼的健康生长，生长的草、叶菜用于（　　　），形成一种（　　　）循环模式。

（3）活菜工厂中的移动模块是采用（　　　）的叶菜高效种植技术模式。

"三馆"连观之果蔬农科馆

（1）"椒傲世界"区域种植国内外各种果形、各种颜色的（　　　）、（　　　）、（　　　）等品种。设（　　　）、塔式栽培、（　　　）、山体式栽培、隧道式栽培、树式栽培、潮汐式基质栽培等多种模式相结合。

（2）"茄国风情"中有（　　　）种植的表现形式，展现出茄子的种类有（　　　）。

（3）蔬菜树式栽培也叫（　　　），是把具有无限生长特性的直立和蔓生草本蔬菜进行单根（　　　）或（　　　）培育。

（4）在果蔬工厂中你发现的葫芦新品种有（　　　）葫芦、（　　　）葫芦、（　　　）葫芦、（　　　）葫芦、（　　　）葫芦。

"三馆"连观之四季果蔬

根据果园内获取的信息，选出三种自己喜欢的水果，并填写表格。

名称	原产地	性味	作用

案例二："山海港城·印象河北"研学实践手册

一、课程序言

秦皇岛园博园集园林艺术和地域文化于一身，全方位展示创新园博、低碳园博、海园博、智慧园博和百姓园博，成为展示当代园林建设科技水平和艺术成就的示范区和低碳绿色生态试验区。同时，通过智慧数字化管理系统，可以实现网络购票、二维码无票入园和园区智慧导览，扫描植物二维码可以了解苗木品种及习性，实现全园语音系统解说、无死角智能监控、车位数量监测和车辆分区域引导，流连其中，一园一景皆是艺术，一草一木都有知识，研学于此真是河北地域文化之旅。

二、课程简介

"山海港城·印象河北"研学课程以探索园林艺术和河北区域历史文化为主题，选取承德园—张家口园—唐山园—石家庄园—邯郸园—沧州园—保定园—衡水园—秦皇岛园，开展定点、定向研学实践体验，活动以项目式学习为主要形式，探索发现—解决问题—成果展示。以体验式学习为活动流程，参观讲解、自主探究、体验感悟、交流分享，以统整课程为活动内容，园林艺术、历史文化、地理知识、数学应用、语文表达。以成长手册定向任务为线索，以分队比赛的形式完成研学任务。

三、课程目标

通过参观游览，领悟园林艺术的精美，受到艺术美的熏陶。通过项目研学，了解河北省主要城市的地域文化，培养家国情怀。通过项目实践，体验河北历史文化基因，增长见识，开阔视野。通过团队建设，增强团队协作意识、人际关系调处能力。了解河北省行政区划分，分别写出各市的名称。

四、研学项目

研学项目一：塞上明珠·木兰秋狝

（1）写出清朝八旗的名称。

（2）在辽阔的草原上人们用石头堆成的道路和境界的为（　　　），后来逐步演变成祭山神、路神和祈祷丰收、家人幸福平安的象征。

（3）承德野生动物种类颇多，包括（　）、（　）、（　）、（　）、（　）、（　）等，其分布呈区域性特点，以围场和雾灵山自然到户区最为集中。

（4）古代指秋天打猎为（　　），春天打猎为（　　），夏天猎为（　　），冬天猎为（　　）。

（5）补充能代表承德市地域文化的城市名片。

附 录

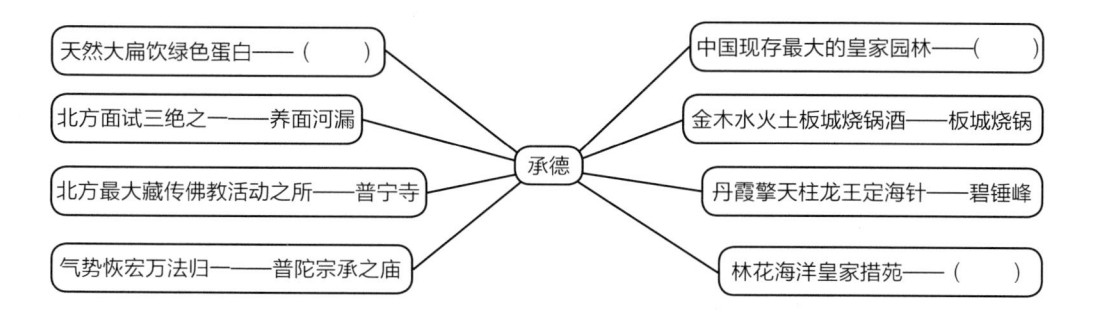

```
天然大扁饮绿色蛋白——（　　）
北方面试三绝之一——荞面河漏
北方最大藏传佛教活动之所——普宁寺        承德
气势恢宏万法归——普陀宗承之庙

中国现存最大的皇家园林——（　　）
金木水火土板城烧锅酒——板城烧锅
丹霞擎天柱龙王定海针——碧锤峰
林花海洋皇家措苑——（　　）
```

研学项目二：锦绣长城·大美丝路

（1）张库大道：从张家口（　　）出发至（　　）并延伸到（　　）的古商道。其始于（　　），盛于（　　），从最早的官马驿路，到草原丝绸湖，这条商业运输线的形成带动了张家口的城市发展，使其迎来了经济繁荣的第一次契机。

（2）詹天佑是我国杰出的（　　），他主持修建了（　　）设计施工的铁路干线——京张铁路。京张铁路全长（　　）公里，由于地势险要，铁路要经过很多高山，不得不开凿隧道，其中数居庸关和八达岭两个隧道的工程最艰巨。居庸关（　　），詹天佑决定采用（　　）的办法。八达岭隧道长 1100 多米，有居庸关隧道的三倍长。他跟老工人一起商量，决定采用（　　）先从山顶往下打一口竖井，再分别向两头开凿，两头也同时施工，把工期缩短了一半。

（3）第 24 届冬季奥林匹克运动会，简称（　　），将于 2022 年 2 月 4 日—20 日在中国（　　）市和（　　）市举行。

（4）补充了解张家口市的城市名片。

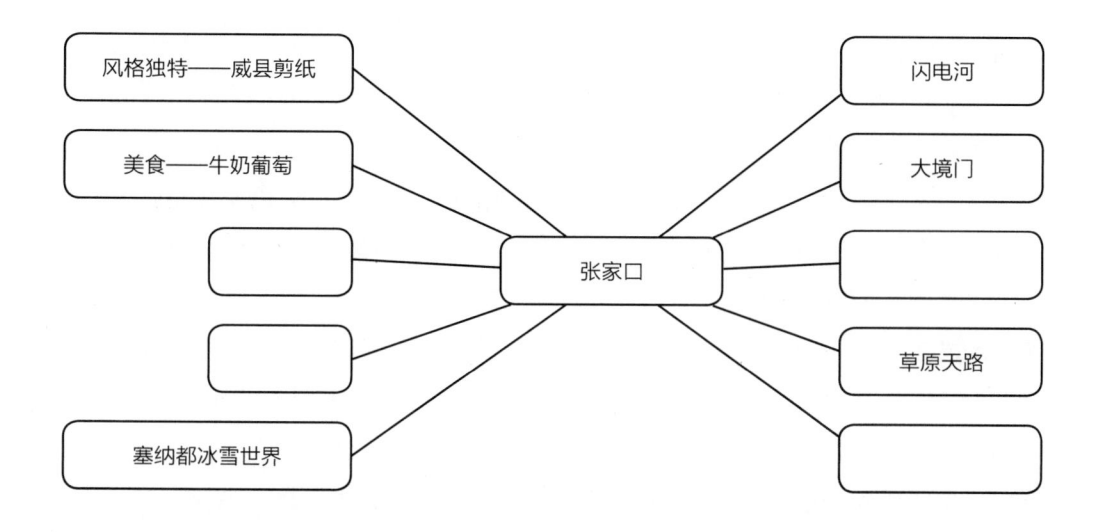

```
风格独特——威县剪纸                    闪电河
美食——牛奶葡萄                        大境门
（　　）                  张家口        （　　）
（　　）                                草原天路
塞纳都冰雪世界                          （　　）
```

275

研学项目三：南湖春·凤凰涅槃

（1）＿＿＿＿年＿＿＿＿月＿＿＿＿日 3 时 42 分 53.8 秒，中国河北省唐山市丰南县一带发生了强度里氏＿＿＿＿级地震，地震造成 242769 人死亡，16.4 万人重伤。唐山被夷成废墟，地震罹难场面惨烈到极点，为世界罕见。然而，唐山人在灾难面前所表现出来的＿＿＿＿、＿＿＿＿、＿＿＿＿、＿＿＿＿的抗震精神，是震时及震后建设中支撑、激励、鼓舞和引导唐山人民最终战胜地震灾害，重建家园的精神力量。

（2）唐山＿＿＿＿、＿＿＿＿、＿＿＿＿并称为冀东民间艺术三枝花，为国家级非物质文化遗产。

（3）了解补充唐山的城市名片。

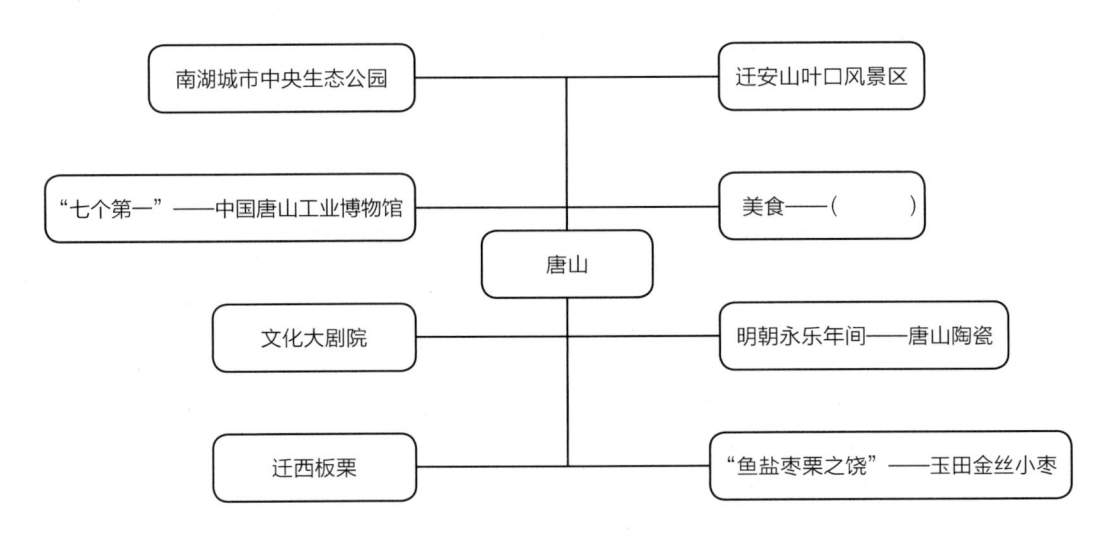

```
┌──────────────────────┐                    ┌──────────────────┐
│ 南湖城市中央生态公园 │────┐          ┌────│ 迁安山叶口风景区 │
└──────────────────────┘    │          │    └──────────────────┘
                            │          │
┌──────────────────────────┐│          │    ┌──────────────────┐
│"七个第一"——中国唐山工业博物馆│────┤          ├────│ 美食——（    ）   │
└──────────────────────────┘│          │    └──────────────────┘
                            │  ┌────┐  │
                            ├──│唐山│──┤
                            │  └────┘  │
┌──────────────────────┐    │          │    ┌────────────────────────┐
│ 文化大剧院           │────┤          ├────│ 明朝永乐年间——唐山陶瓷 │
└──────────────────────┘    │          │    └────────────────────────┘
                            │          │
┌──────────────────────┐    │          │    ┌────────────────────────────────┐
│ 迁西板栗             │────┘          └────│ "鱼盐枣栗之饶"——玉田金丝小枣 │
└──────────────────────┘                    └────────────────────────────────┘
```

研学项目四：民族团结·和谐统一

（1）"和辑园"占地＿＿＿＿平方米，以"＿＿＿＿、＿＿＿＿"为主题，以河北省石家庄市历史著名人物＿＿＿＿生平功绩"＿＿＿＿"政策精神为线索，充分展现了石家庄丰厚的历史文化底蕴。

（2）石家庄是河北省＿＿＿＿，地处河北省西南部，旧称石门。石家庄市辖 8 个区、11 个县，代管 3 个县级市，是河北省＿＿＿＿、＿＿＿＿、＿＿＿＿中心。

（3）合辑百越是赵佗建立＿＿＿＿后为了巩固政权及缓和外地中原人与当地越人的矛盾所采取的灵活政策。主要内容有让越人参加政权管理、遵从越人习俗、鼓励与越人通婚、因地制宜以越人"＿＿＿＿"。这些政策完全符合当地人民的根本利益，因而在长达 90 多年的时间里，当地人没有反叛的举动，促进了岭南社会的变革和进步。

（4）编钟是中国古代重要的打击乐器，兴起于＿＿＿＿，盛于＿＿＿＿，直至＿＿＿＿。

（5）补充了解石家庄的城市名片。

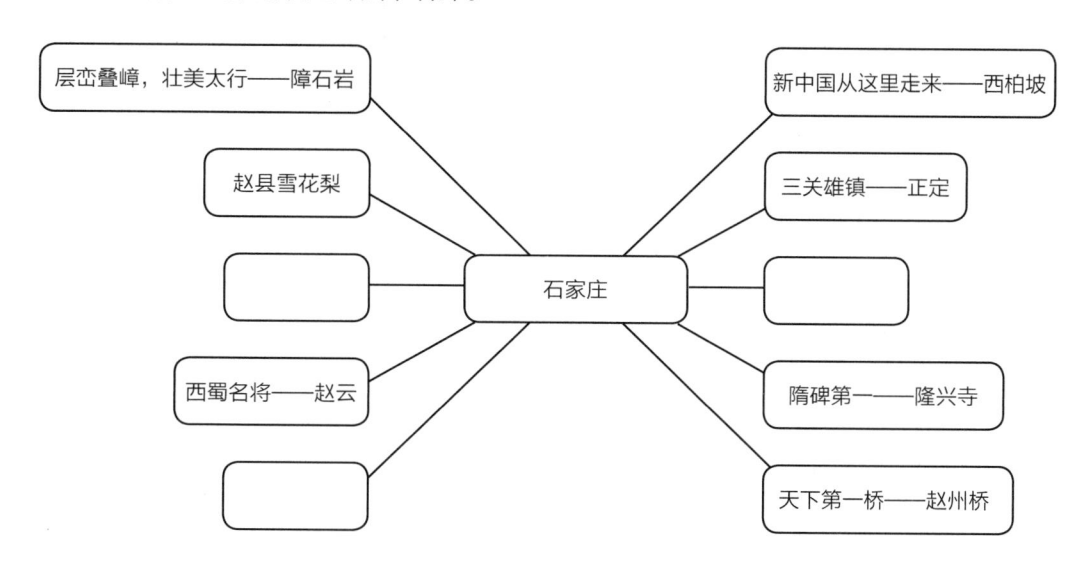

```
层峦叠嶂，壮美太行——嶂石岩          新中国从这里走来——西柏坡
        赵县雪花梨                    三关雄镇——正定
          □                石家庄        □
       西蜀名将——赵云              隋碑第一——隆兴寺
          □                           天下第一桥——赵州桥
```

研学项目五：典故之都·邯郸古城

（1）邯郸市位于河北省_____。邯郸古城距今已有_____多年的建城历史。1993年经国务院批准，撤销邯郸地区，实行地市合并，将邯郸地区所辖各县划归邯郸市管辖，称邯郸市。

（2）邯郸是中国_____、_____、指南针的故乡、钢铁之都、五大祭祖圣地之一、第一批国家试点_____城市、中国优秀_____城市、国家_____城市。

（3）邯郸作为国家历史文化名城，其广袤地域的辉煌历史、深厚丰腴的文化为邯郸留下了众多的名胜古迹和历史故事，经过千百年的披沙拣金，凝聚成立脍炙人口的_____。由邯郸历史和相关史书中所滋生、蕴积、提炼出的具有邯郸地方特色或与邯郸有密切关系的成语典故达条之多，如"胡服骑射""邯郸学步""_____""_____""黄粱美梦"等，它们因言简意赅、精辟神妙、富于哲理、寓于情趣、耐人寻味而成为中国汉语言艺术中的一枝奇葩。

（4）请从邯郸园中找到10个成语典故写下来。

研学项目六：千年儒城·孔视横滨

（1）衡水的深厚文化造就了一代名人，涌现出儒学大师_____，唐代经学家孔颖达，诗人高适，文学巨匠_____等。

（2）汉武帝刘彻即位后，衡水广川大儒董仲舒以"_____"震惊庙堂，成为辅国能臣，创立以"_____"为核心的新儒体系，成为群儒之首、儒者之宗；上承_____，下启朱熹，是中国历史上三大圣人之一。

277

（3）春秋战国时期，诸侯宴请宾客时的礼仪之一就是请客人射箭。那时，成年男子不会射箭被视为耻辱，主人请客人射箭，客人是不能推辞的。后来，有的客人确实不会射箭，就用箭投酒壶代替，久而久之就代替了射箭，成为宴饮时的一种_____。

（4）在大禹时代洪水泛滥，他治理洪水以后，曾以山川大势划全国为"九州"，"九州"中的头一个就是_____。河北这块土地是古冀州的组成部分，以后不少朝代都在这里设过冀州，所以河北就简称"___"。

（5）补充了解衡水的城市名片。

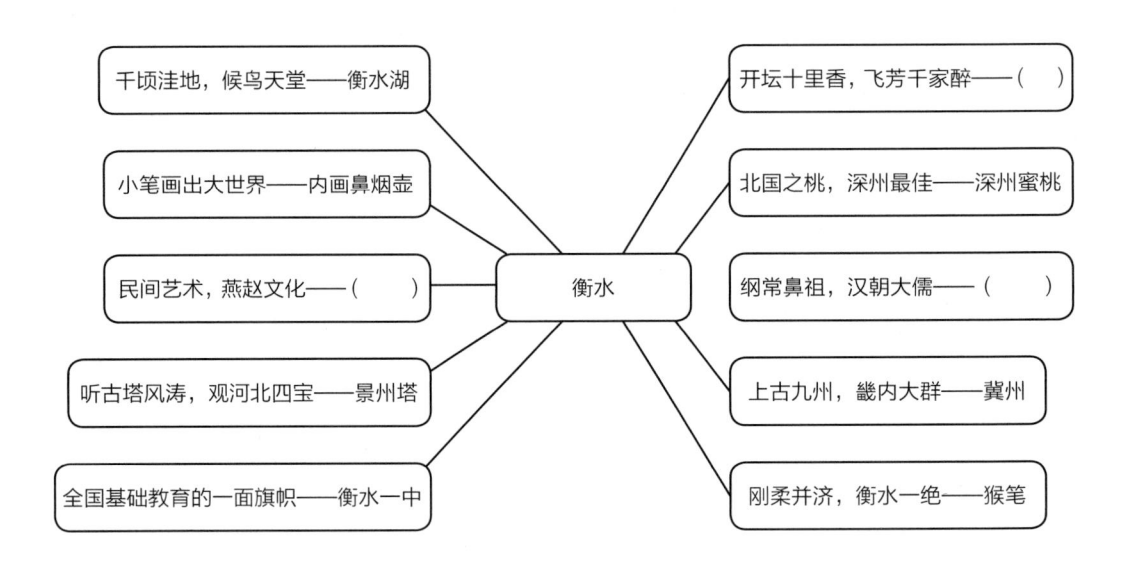

```
千顷洼地，候鸟天堂——衡水湖            开坛十里香，飞芳千家醉——（    ）

小笔画出大世界——内画鼻烟壶            北国之桃，深州最佳——深州蜜桃

民间艺术，燕赵文化——（    ）    衡水    纲常鼻祖，汉朝大儒——（    ）

听古塔风涛，观河北四宝——景州塔        上古九州，畿内大郡——冀州

全国基础教育的一面旗帜——衡水一中      刚柔并济，衡水一绝——猴笔
```

研学项目七：一水置胜景·书香隐蓬莱

（1）保定是国务院命名的中国_____名城，有深厚的文化底蕴，市区内拥有众多名胜，如大慈阁、直隶总督署、清西陵、狼牙山、_____、_____、古莲花池等。

（2）宋熙宁四年（1071年），著名的理学家_____来星子任南康知军。他为人清廉正直，襟怀淡泊，不与世俗同流合污，平生酷爱_____。周敦颐来星子后，在军衙东侧开挖了一口池塘，全部种植荷花。周敦颐来星子时已至暮年，又抱病在身，所以每当公余饭后，他或独身一人，或邀三五幕僚好友，于池畔赏花品茗，爱莲花之洁白，感宦海之混沌，并写下了一篇_____的散文《爱莲说》。

（3）诵读《爱莲说》。水陆草木之花，可爱者甚蕃（fán），晋陶渊明独爱菊。自李唐来，世人甚爱牡丹。予独爱莲之出淤泥而不染，濯（zhuó）清涟而不妖，中通外直，不蔓不枝，香远益清，亭亭净植，可远观而不可亵（xiè）玩焉。予谓菊，花之隐逸者也；牡丹，花之富贵者也；莲，花之君子者也。噫！菊之爱，陶后鲜有闻。莲之爱，同予者何人？牡丹之爱，宜乎众矣！

（4）补充了解保定的城市名片。

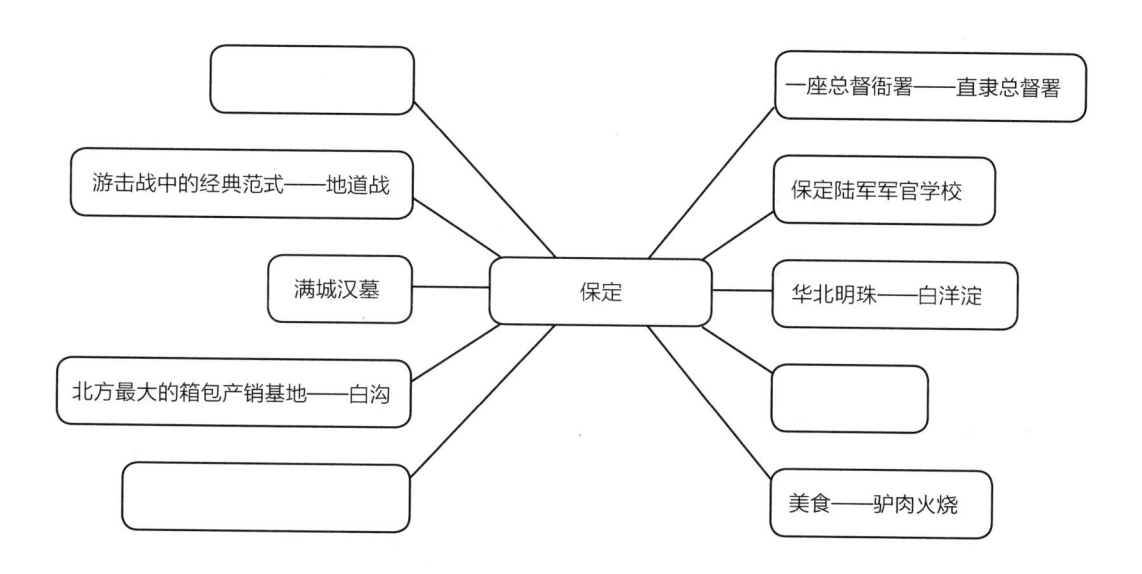

```
                    ┌──────────┐
                    │          │
                    └──────────┘
                                      ┌─ 一座总督衙署——直隶总督署
   游击战中的经典范式——地道战 ─┐      │
                                 │     ├─ 保定陆军军官学校
           满城汉墓 ──────────┤保定├─ 华北明珠——白洋淀
                                 │     │
   北方最大的箱包产销基地——白沟 ─┘     ├─ ┌──────────┐
                                      │  └──────────┘
                    ┌──────────┐     └─ 美食——驴肉火烧
                    │          │
                    └──────────┘
```

研学项目八：武乡风貌·出彩沧州

（1）沧州市是国务院确定的_____城市之一，也是石油化工基地和北方重要陆海交通_____，是环渤海经济区和_____都市圈重要组成部分。已成为西煤东运新通道的出海口和冀中南、鲁西北等地区对外开放的_____。

（2）沧州民间武术，兴于明，盛于清，至乾隆时，武术之乡已形成，至清末，则声扬海外，有"_____"之誉。沧州武术拳种流派众多，特色鲜明，源起或流传于沧州的有八极、_____、六合、_____、明堂、太祖、功力、_____等52种，占中国拳种的40%。沧州武术既有大开大合的勇猛气势，又有推拨擒拿的绝技巧招，讲究实战，具有刚猛剽悍、力度丰满、长短兼备、朴中寓鲜的风格特点。沧州武术，遍及华夏，远涉亚、欧、美、非一些国家和地区。

（3）_____的杂技艺术有很悠久的历史，元朝建立之后，沧州吴桥杂技开始_____起来，现已成为国内外公认的著名"_____之乡"。

（4）补充了解沧州的城市名片。

区域研学理论与实践

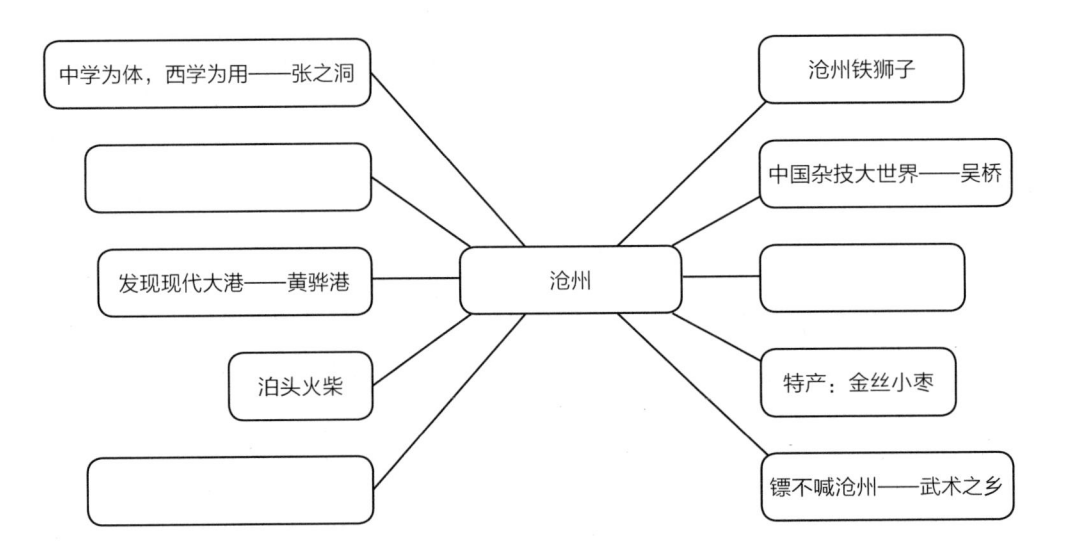

沧州思维导图：
- 中学为体，西学为用——张之洞
- （空白）
- 发现现代大港——黄骅港
- 泊头火柴
- （空白）
- 沧州铁狮子
- 中国杂技大世界——吴桥
- （空白）
- 特产：金丝小枣
- 镖不喊沧州——武术之乡

研学项目九：天开海岳·渤海明珠

（1）秦皇岛是国家历史文化名城，因秦始皇_____驻跸而得名，两千余载的岁月长河，留下了夷齐让国、秦皇求仙、魏武挥鞭等历史。秦皇岛曾协办北京亚运会和北京_____，是中国_____协办过奥运会和亚运会地级市。

（2）诵读毛泽东诗词《浪淘沙·北戴河》。大雨落幽燕，白浪滔天，秦皇岛外打鱼船。一片汪洋都不见，知向谁边？往事越千年，魏武挥鞭，东临碣石有遗篇。萧瑟秋风今又是，换了人间。

（3）补充了解秦皇岛的城市名片。

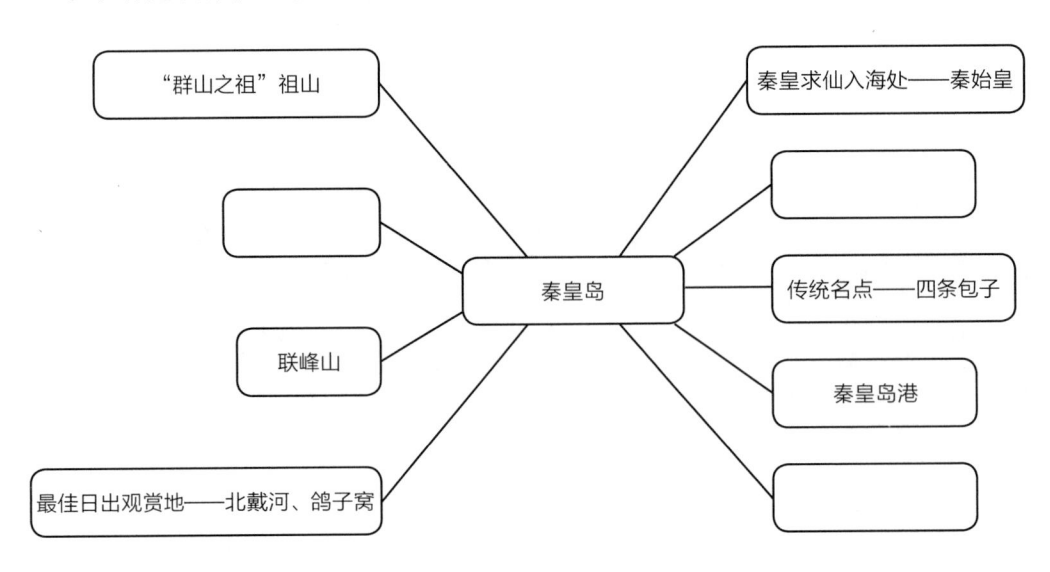

秦皇岛思维导图：
- "群山之祖"祖山
- （空白）
- 联峰山
- 最佳日出观赏地——北戴河、鸽子窝
- 秦皇求仙入海处——秦始皇
- （空白）
- 传统名点——四条包子
- 秦皇岛港
- （空白）

280

参考文献

[1]《国民旅游休闲纲要（2013—2020年）》（国办发〔2013〕10号）。

[2]《促进旅游业改革发展若干意见》（国办函〔2014〕121号）。

[3]《关于推进中小学生研学旅行的意见》（教基一〔2016〕8号）。

[4]《关于做好全国中小学研学旅行实验区工作的通知》（基一司函〔2016〕14号）。

[5]《研学旅行服务规范》（LB/T 054—2016）。

[6]《研学旅行指导师（中小学）专业标准》（T/CATS001—2019）。

[7]《研学旅行基地（营地）设施与服务规范》（T/CATS002—2019）。

[8]《中小学德育工作指南》（教基〔2017〕8号）。

[9]《中小学综合实践活动课程指导纲要》（教材〔2017〕4号）。

[10]《第一批"全国中小学生研学实践教育基地或营地"公示名单》（教基厅函〔2017〕50号）。

[11]《教育部办公厅关于公布2018年全国中小学生研学实践教育基地、营地名单的通知》（教基厅函〔2018〕84号）。

[12]《新时代中小学教师职业行为十项准则》（教师〔2018〕16号）。

[13]《中小学教师职业道德规范》（教师〔2008〕2号）。

[14] 韩玉灵，邓德智，王彬，王亚超.研学旅行指导师理论与实务［M］.北京：中国旅游出版社，2020.

[15] 袁舒琪，李文等.研学旅行课程标准［J］.地理教学，2019（7）.

后 记

2013年，国务院办公厅印发了《国民旅游休闲纲要（2013—2020年）》，该纲要中提出了逐步推行中小学生研学旅行的设想。从此我们开始了区域研学的实践与研究。在实践探索中，我们以全国教育科学"十三五"规划课题"区域研学资源开发的实证研究"为引领，边实践边研究，边研究边总结，取得了可喜的成效。经过几年的不懈努力，在全球抗击新型冠状病毒肺炎疫情的时代背景下，"区域研学的理论与实践"几经易稿，终于与大家见面了。本书既是课题研究的成果，也是区域研学的实践经验，既有课题组研究人员的付出，也是区域研学实践者的劳动成果。

在课题实践研究中，我们得到了教育部有关领导、国内教育专家的关怀与指导，得到了河北省教育科学研究所、秦皇岛市教育局的支持与帮助，不论在政策支持层面还是在理论与实践研究层面他们都给予了鼎力扶持与指导，在此表示衷心的感谢！

在本书编写过程中，得到了原国家教委党组副书记、副主任柳斌同志的关怀与厚爱，他在百忙当中为本书题写书名并题词。中国科学院院士、北京大学物理研究所所长甘子钊为本书写了前言。教育专家田宝军同志、课程专家潘新民同志亲自为本书审阅稿件并提出了重要的修改意见。在本书创编过程中也参考和引用了一些专家、学者论著当中的一些观点，我们一并表示衷心的感谢和诚挚的敬意。

由于时间仓促，作者水平有限，书中难免有疏漏和不足之处，敬祈读者批评指正。

作者
2020年10月